本书由山东交通学院博士科研启动基金资助出版
山东省软科学研究计划项目（2018RKB01492）
山东省社会科学普及应用研究项目（2020-SKZZ-82）
济南市哲学社会科学规划项目（JNSK18C35）相关研究成果

NONGYE HUIZHAN JINGJI
YINGXIANG LUJING JILI YU XIAOYING YANJIU

农业会展经济

影响路径、机理与效应研究

◎衣莉芹　著

知识产权出版社
全国百佳图书出版单位
—北京—

图书在版编目（CIP）数据

农业会展经济影响路径、机理与效应研究 / 衣莉芹著 . -- 北京 : 知识产权出版社 , 2021.4
ISBN 978-7-5130-7478-0

Ⅰ . ①农… Ⅱ . ①衣… Ⅲ . ①农业—展览会—影响—地方农业经济—经济发展—研究—中国
Ⅳ . ① F327

中国版本图书馆 CIP 数据核字（2021）第 060096 号

内容提要

本书以农业会展这一新生业态的经济影响为核心问题，从理论上探讨了农业会展对地方经济增长和产业结构优化的影响路径和机理，进而针对同一案例进行多维度的实证分析：检验了农业会展与地方经济发展之间的长期关系、测算了农业会展活动对地方经济的乘数效应、解答了农业会展对地方种植户的影响问题。

责任编辑：李石华　王志茹　　　　**责任印制：**孙婷婷

农业会展经济影响路径、机理与效应研究

NONGYE HUIZHAN JINGJI YINGXIANG LUJING JILI YU XIAOYING YANJIU

衣莉芹　著

出版发行：知识产权出版社有限责任公司
网　　址：http://www.ipph.cn
http://www.laichushu.com
电　　话：010-82004826
邮　　编：100081
社　　址：北京市海淀区气象路50号院
责编邮箱：lishihua@cnipr.com
责编电话：010-82000860转8072
发行传真：010-82000893
发行电话：010-82000860转8101
经　　销：各大网上书店、新华书店及相关书店
印　　刷：北京中献拓方科技发展有限公司
印　　张：13
开　　本：787mm×1092mm　1/16
印　　次：2021年4月第1次印刷
版　　次：2021年4月第1版
定　　价：58.00元
字　　数：210千字

ISBN 978-7-5130-7478-0

前言

20 世纪 90 年代以来，全球各地会展业发展热潮逐步形成。会展业因其独特的平台产品属性、显著的外部性和广泛的产业关联性而被冠以“经济助推器”“经济引擎”等美誉，也受到了我国政府和企业的重视。近年来，国内会展业迅猛发展。2002 年以来，我国的会展经济以年均 15% ~ 20% 的速度增长，我国迅速成为世界会展经济的核心区域之一。

我国农业经济发展势头持续良好，农业现代化战略不断推进，农业科技化和产业化迫切需要农业的进一步改革与创新。2010 年，《中共中央 国务院关于加大统筹城乡发展力度进一步夯实农业农村发展基础的若干意见》提出，要“发展农业会展经济，支持农产品营销”；2017 年，《中共中央 国务院关于深入推进农业供给侧结构性改革，加快培育农业农村发展新动能的若干意见》提出，着力发展农村新产业新业态，促进三产深度融合，实现农业的全环节升级、全链条升值。农业会展兼具农业经济平台与三产融合新业态的双重身份与重任，必然在三农发展中产生深远影响。可见，农业会展活动的发展关涉亿万农民的生存生活大计和乡村振兴的国家发展大计。

农业会展活动具有悠久的历史。目前，国内的农业会展活动已从过去单一的展示逐步发展为集展览、交易、技术研讨、投融资考察及洽谈等多功能于一体的综合性平台。据统计，2014 年我国境内举办中等规模以上的农业会展活动达 267 次，其中举办 10 届以上的农业会展活动占总数的 1/3 左右。整体来说，我国农业会展已形成部分农业会展品牌。但是，真正能够有效带动区域经济整体发展的农业会展为数不多。这说明业界对农业会展经济影响的认识还不够深入。农业会展既是一般会展业向农业的拓展，又是现代农业的高端产业形式。如何使农业会展成为引领地方农业全面升级和布局结构调整优化的重要抓手等相关问题，已引起业界的思考和学者们的关注。

自 2007 年起，笔者涉足会展经济与管理专业的教学与研究，转眼已 13 年有余。在飞速发展的时代，笔者从事一项与新兴行业有关的研究工作，在焦虑彷徨中也倍感进步的喜悦与人生的充实。后来，之所以专注于农业会展研究方向并撰写本书，缘于在农民家庭中成长起来的对农村、农民和农业的那份深情，而选择中国（寿光）国际蔬菜科技博览会（简称“菜博会”）作为研究案例，则缘于家乡与我国著名的蔬菜之乡寿光毗邻，对菜博会的历年活动一直有所关注。另外，诸多亲友从事蔬菜种植或相关工作，在他们的言谈中，时常闻及菜博会对其生产和生活存在或多或少的影响。因此，笔者着力探究农业会展的经济影响问题。

农业会展作为会展经济与现代农业结合的产物，对区域经济和农业经济具有显著影响。然而，目前对农业会展经济影响的研究还不够系统和深入，相关理论和实证研究较少。本书围绕农业会展产生的地方经济影响这一核心问题，针对同一案例，从下述四个方面进行了多维度的理论与实证分析。首先，从理论上探讨农业会展对地方经济增长和产业结构优化的影响路径和机理，以厘清农业会展的经济增长效应和产业结构效应，为后续研究奠定理论基础。其次，实证分析农业会展与地方经济发展之间的长期关系，具体通过统计分析 2000 — 2016 年菜博会与寿光经济发展的相关时间序列数据，验证农业会展对地方经济发展存在影响关系。再次，实证分析农业会展活动的经济效应，采用投入产出模型评估第 17 届菜博会对寿光的直接经济效应和间接经济效应，用具体数据解答了农业会展活动对地方经济影响大小的问题。最后，构建寿光蔬菜种植户对菜博会经济影响感知假设模型，并利用实地调研数据检验模型，最终得出感知视角的菜博会对寿光种植户的经济影响的有关结论，解答了农业会展对地方种植户居民影响效应的问题。

本书意在抛砖引玉，为深化农业会展研究尽一份绵薄之力。但由于本人的学识水平和研究精力有限，本书一定存在一些不足和纰漏之处，敬请各位同仁和读者不吝指教。

本书的出版，要非常感谢我的博士导师山东农业大学的周玉玺教授，是他给予我宝贵的指导和鼓励；感谢我的师妹窦蕾博士在种植户感知研究中建模方面提供了特别有价值的建议和帮助；感谢李石华编辑为本书出版付出的辛劳和心血。

衣莉芹
2020 年 12 月 3 日

目 录

第一章 引 言

第一节 研究背景和研究意义

一、研究背景

1. 会展业热潮形成并持续

会展业（MICE）是会议、展览、节事及奖励旅游的总称，通过举办各种形式的会展活动，形成大量的商流、物流、客流、资金流和信息流，直接推动相关产业发展，进而带动区域整体经济发展。随着企业全球化和世界经济一体化的发展，会展业因其独特的平台产品属性、显著的外部性和广泛的产业关联性而被冠以“城市面包”“经济助推器”“经济引擎”“引爆行业”等美誉，必然受到全球政府和企业的重视，因而近年来国内外会展业得到了迅猛发展。国际展览业协会（UFI）发布的《2014 年全球展览业统计报告》指出，2012 年展览空间在 500 平方米以上的展览数量为 3.1 万个，吸引了 440 万个展览商和 2.6 亿个访问者。根据国际大会及会议协会（ICCA）统计，2008—2012 年全球举办国际会议[1]54844 个，参加者 2196 万人，会议登记费收入 124.04 亿美元，会议总支出为 564.21 亿美元。会展业自身获得发展的同时，由于其广泛的产业关联性，会展活动对区域经济发展产生了重要影响。

2002 年以来，我国的会展经济以年均 15% ~ 20% 的速度增长，我国迅速成为世界

[1] 国际大会及会议协会统计国际会议的标准有国际性会议，至少 3 个国家轮流举行，与会人数至少为 50 人以上。

会展经济的核心区域之一。据中国国际贸易促进委员会发布的《中国展览经济发展报告（2016）》，2015 年全国举办展览 9505 场，展出面积 11907 万平方米，提供社会就业岗位 1971 万人次，直接产值 4358 亿元，拉动效应 3.9 万亿元。会展业迅速成为第三产业中一个举足轻重的产业，已被列入国家的“十二五”规划，在服务业体系中的地位得到提升。当前，会展业已经成为许多区域政府改变经济增长方式、促进产业结构升级的战略选择。2015 年 4 月，国务院发布了《关于进一步促进展览业改革发展的若干意见》，提出到 2020 年基本建成结构优化、功能完善、基础扎实、布局合理和发展均衡的展览业体系的总体目标。同年 9 月，国务院同意建立由商务部牵头的促进展览业改革发展部际会议制度。党的十八届五中全会提出的建设“贸易强国”的战略目标中，明确将包括会展业在内的服务贸易作为发展重点。会展政策利好频出，必将推动会展业的持续繁荣。

2. 农业产业化和现代化呼唤新型业态

农业是国民经济其他部门进一步发展的基础，而且发挥着其他经济、社会和生态等方面的功能。改革开放以来，我国农业经济发展势头持续良好，农业产量大幅提高，农业增加值逐年上升。农业综合生产能力和农产品加工能力大幅提升，农业企业和农贸企业不断做大做强。在我国，农业在国民经济中地位更加突出，因此需要不断夯实农业作为国民经济基础的地位。“十三五”规划纲要指出，农业是全面建成小康社会和实现现代化的基础，必须加快转变农业发展方式，走产出高效、产品安全、资源节约和环境友好的农业现代化道路。农业现代化的实质是农业科技化和产业化。农业科学技术的创新和推广需要助推剂和媒介，农业产业化经营的实现需要产业集聚的主导力，因此农业现代化需要新型业态以培育区域经济增长机制和发展功能。2010 年，中央一号文件首次提出要“发展农业会展经济，支持农产品营销”；2017 年，中央一号文件强调把深入推进农业供给侧结构性改革作为新的历史阶段农业农村工作主线，提出农业供给侧结构要推进调优产品结构、调好生产方式、调顺产业体系的“三大调整”战略和培育新产业新业态的政策支持，着力发展农村新产业新业态，促进三产深度融合，实现农业的全环节升级、全链条升值。政策反映产业需求和趋势，可见当前农业对会展自身功能以及农业会展新业态的旺盛需求。

3. 农业会展发展是必然趋势

农业会展是会展经济与现代农业结合的产物，是促进农业现代化和相关服务产业发展的一种新型经济形态。农业会展的发展自然顺势而上。根据国际展览业协会对 2015 年欧洲贸易展的统计，作为 27 个产业分类之一的农业类会展，2015 年的举办数量为 159

个，占欧洲贸易展总量的7%。[1]近年来，在我国农业经济和农产品贸易增长迅速的产业条件下，在国家政策激励和各地区政府推动下，农业会展经济发展迅速。根据《中国农业展会发展报告（2015）》统计结果，2014年度全国举办中等规模（室内面积2000平方米）以上农业展览267次，农业展览总面积约695万平方米，参展商总数约23万家，观众总人次达2377万，会展内容涵盖种植、畜牧、农垦、农机、渔业、科技、种子等八大主要农业生产领域，覆盖种、养、加农业产业化模式。农业会展对我国经济绩效的直接贡献突出，山东省表现尤为明显。山东省是农业大省，也是农产品交易大省，农产品出口总额连续十多年位居全国第一，占全国农产品出口总额将近30%。中国寿光菜博会截至2016年已举办17届，共实现贸易额2059亿元。

目前，我国农业会展数量和规模快速增长，已形成了着力优化农业产业结构和打造农产品品牌的青岛农业会展模式、依托产业加强配套建设蔬菜交易集散地的寿光农业会展模式、通过建设平台满足市民对优质农产品需求并带动周边农业发展的上海农业会展模式等农业会展市场品牌。但是，整体来看，真正形成品牌并有效带动区域整体经济发展的农业会展为数不多。这说明政府和业界关于农业会展对地方经济影响的认识还不够深入。农业会展既是一般会展业向农业的拓展，又是现代农业的高端产业形式。如何使农业会展成为引领地方农业全面升级和布局结构调整优化的重要抓手等相关问题，已引起业界的思考和学者们的关注。

在上述产业发展的经济背景下，本书探究农业会展的产业特征，进而剖析农业会展对地方经济发展的内在作用机制，为各区域制定农业会展促进经济发展、经济转型政策措施提供理论依据，从而提高农业会展对地方经济的影响效应。

二、研究目的

农业会展发展对地方经济发展产生了重要影响，而经济发展主要体现在经济增长和产业结构优化这两个方面。因此，笔者尝试解答下述四个问题。

第一，农业会展影响地方经济发展的内在作用机理。本书从理论上探讨农业会展对地方经济增长和产业结构优化的影响路径和机理，以厘清农业会展的经济增长效应和产业结构效应，进而为扩大和提升农业会展对地方经济影响的政策提出奠定理论基础。

[1] 数据来源：根据国际展览业协会网站数据整理。

第二，通过实证分析农业会展与地方经济发展之间的长期关系，验证农业会展对地方经济发展影响关系的存在。本书利用菜博会和寿光经济发展的相关时间序列数据（2000 — 2016 年），分别对农业会展发展与地方经济增长和产业结构转型的动态关系进行检验，明确其长期相关关系。

第三，实证分析农业会展对地方经济的影响，获取农业会展对中小型城市经济影响的量化结果，解答农业会展活动对地方经济影响大小的问题。本书通过实地调研第 17 届菜博会参与者及支出数据，利用投入产出模型评估本届菜博会对寿光的经济影响，以得到农业会展对地方的直接经济效应和间接经济效应，为政府和行业决策者全面认识农业会展的经济影响提供量化结果。

第四，实证分析种植户的农业会展经济影响感知及态度，解答农业会展对地方种植户影响效应的问题。本书构建寿光蔬菜种植户对菜博会经济影响感知假设模型，利用实地调研数据检验模型，最终获得感知视角的菜博会对寿光种植户的经济影响的有关结论。

三、研究意义

当前，农产品已不再是唯一的盈利手段。农业的生产过程和生产环境、新的生产技术和产品品种、农业的历史文化资源等，都可转化成经济资源。农业会展是促进或实现资源转化的高效媒介。同时，农业会展作为一种新兴的产业形态，它的发展对区域经济产生了重大影响。农业会展的繁荣和发展在一定程度上反映了产业融合趋势和未来经济发展方向。作为农业大国，而且国家经济发展正处于转型时期，创新与变革成为时代的主旋律，农业产业领域更新换代的速度也随之加快。在此背景下，以新兴的农业会展为研究对象，有非常重要的理论意义和现实意义。

1. 理论意义

从理论上看，农业会展具有会展活动的一般特征，也有自身的特殊性和复杂性。系统探讨农业会展对地方经济发展的影响具有一定的理论价值，有益于从理论上理清农业会展影响地方经济发展的内在作用机制。农业会展的产品功能、产业结构特征、产业关联及影响经济发展的作用机制等各方面都有自身的特殊性。这也决定了其影响地方经济发展的复杂性。除了通过产业总值对经济增长做出直接贡献以外，农业会展业还通过拓展经济增长路径、升级产业结构等方式发挥影响效应。已有相关研究多数是对所产生经济现象的描述和总结，经济理论层次上的分析还较少。只有深入分析农业会展对地方经济增长和产业结构优化的作用路径和传导机制，才能真正理解其在国民经济体系中的重要地位，才能制定相应政策正确引导以实现其对地区经济发展影响的最大化。本书将是对当前农业会展经济理论研究的有益补充。

更进一步来看，本书将为建立全面而准确的农业会展对区域经济影响的评价体系奠定基础。农业会展产业关联性强，对农业及区域整体经济的带动力非常大。结合产业结构优化调整方向，根据农业会展对不同产业的关联带动效应结果，构建农业会展产业链，并科学评价其区域经济影响，是一项技术含量很高的系统性研究工作，也是实现农业会展业成熟发展的重要理论基础。

2. 现实意义

从现实来看，农业会展业在国内外都获得了快速发展，成为当地农业经济和城市经济发展的重要影响因素。当前，我国正处于转方式、调结构、促发展的经济背景下，农业会展的产业属性和产业关联特点，决定了其独特的优势和重要的地位。因此，本书具有重要的现实意义。

第一，有助于中小城市相关管理部门认识到农业会展业的时代意义，并重视其发展。大型会展一般选择大城市举办，而中小城市更需要经济发展的契机和引擎。相对而言，农业会展对中小城市的发展更有意义。农业发展的区域特性决定了大部分专业性农业会展都选址于中小城市。这一产业选择实际上为许多中小城市带来了机遇。农业会展业应该得到更多关注和投入。

第二，有助于改善现有的农业会展经济运行方式，提高经济运行质量，促进经济效应最大化的实现。农业会展如何对地方经济发展产生影响，在促进经济增长和产业结构调整中的作用机理和路径是什么，这种影响的效果有多大，农业生产者感知到多少，本书通过实证说明上述问题。所得结论在指导农业会展举办地把农业会展作为促进区域经济发展的战略手段时，有助于密切结合农业生产与技术创新推广、农产品贸易、其他服务业发展的实际，更加准确和全面地预测其经济效应，并明确促进其发挥经济效应的努力方向。

第二节 国内外研究动态

一、国外会展经济影响研究综述

1. 国外会展经济影响评估研究

旅游业经济影响评估研究出现较早，以体育活动为主的事件经济影响评估于 20 世纪 90 年代掀起研究热潮，但会展活动的经济影响评估研究早期并不多见。最早的文献是阿尔伯特·J. 德拉比塔（Albert J. Dellabitta）等对罗德岛州高桅帆船庆典的经济影响评估[1]，之后零星文献出现，最近 20 年来相关研究持续增多。精确测算会展活动的经济贡献是一个挑战，学者们从不同视角开始了尝试。会展活动经济影响评估的主要目的是为国家和地方管理决策者认清会展活动的经济效应大小并确定是否资助会展业发展提供证据。实证研究能够给出数字说明，是更为清晰的论据。现结合国外会展经济影响研究理论成果，评述实证研究现状。[2]

在实证研究的地域分布上，美国高达 12 个，占实证研究总量的 50%，其他依次为澳大利亚 4 个，韩国 3 个，加拿大 2 个，新加坡、英国及英格兰各 1 个。由此可见，会展经济影响实证研究主要分布于会展业发达的北美、澳大利亚及韩国。美国会展业自 20 世纪 90 年代以来呈现膨胀式发展，突出表现在场馆建设方面。据国际展览业协会统计，2012 年，北美的展览数量占全球市场的 38.4%，居于首位。根据国际大会及会议协会 2013 年度统计报告，美国主办 829 个国际会议，数量排名全球第一，所以美国被称为“会展业新兴国家”。随着世界经济重心东移，亚洲与太平洋地区的会展业迅猛发展，尤其是在旅游业备受重视的澳大利亚、韩国和新加坡等国家。因此，上述实证研究的地域分布反映了会展经济影响研究与会展业的发展水平及其在地区经济中的重要性存在较大关联。需要指出的是，由于本书的参考文献囿于英语语言，未参考德国、法国和意大利等欧洲会展强国的相关研究。

在实证研究的评估对象选择上，以具体会展活动和整体会展业为主。数量最多的是

[1] DELLABITTA A J, LOUDON D L, BOOTH G G. Estimating the economic impact of a short-term tourist event[J]. Journal of travel research, 1977（16）: 10−15.

[2] 基于会展活动商贸属性的考虑，此部分实证研究文献统计与分析时未包括体育事件类活动。

针对具体会展活动的地方经济影响评估，其次是特定地域内整体会展业的经济影响研究，其中又细分为评估会展业的全国范围影响和省市等地方影响。近年来，新增加的研究对象，如马里恩·乔普（Marion Joppe）对一定时间段内某地多次会展活动的经济影响评估；[1]特伦斯·J.雷普汉（Terance J. Rephann）基于会展场馆的建设期和运营期经济活动影响评估。[2]另外，澳大利亚 URS 有限公司的研究报告《悉尼扩建会展设施的经济影响分析》尝试量化研究因会展设施拨备不足而失去的产业支出而非新建会展设施带来的经济影响，会展设施拨备不足导致产业潜在支出减少了 4.77 亿美元的经济活动、2.18 亿美元的州总产出以及 3037 个工作机会。[3]2010 年，牛津经济研究院（Oxford Economics）从反面视角论证了会展业具有巨大的经济影响，签证障碍使美国展览中的交易额会减少 26 亿美元。[4]斯蒂芬·W. 利特温（Stephen W. Litvin）等采用案例分析描述了涨潮效应（Rising Tide），即节庆期间来自饭店出租率提高的经济贡献。[5]

在研究区域范围上，会展经济影响文献中实证的研究区域分别为全国、州、市（县），部分研究在多个区域水平上做了影响评估。涉及全国范围影响的评估研究有 7 项，都是针对较为宏观的会展业或展览业总量数据进行分析；针对具体会展活动的实证，大多评估其地区影响，包括主办地所在州域的 8 项和所在市（县）域的 16 项（见附录）。研究区域的选择必然对研究结果产生一定影响。一是研究区域的大小影响会展活动产生的经济效应的大小，从范围上看，市（县）、州、全国的影响是不同的，但是关于研究区域大小影响经济效应变化的方向有两类截然相反的观点。大多数学者认为区域越大，会展活动产生的经济影响总量越大。小城镇举办的事件对大区域的影响，能给出更完整的描述，因为小区域依赖于周围区域的支持。旅行者在更大的区域内有较多消费，而这些花费均因此事件发生而产生。若研究区域小，则导致数据扭曲，

[1] JOPPE M, CHOI H S C, YUN D. Economic impact of consumer and trade shows in Toronto[R]. Toronto：Tourism Toronto in Partnership with International Center, 2006.

[2] REPHANN T J. Appalachian Agricultural Exposition Center economic impact study[R]. Virginia：Weldon Cooper Center for Public Service, 2014.

[3] URS Australia Pty Ltd. Economic impact of expanded convention & exhibition facilities in Sydney[R]. Sydney：Property Council of Australia, 2007.

[4] Oxford Economics. The economic impact of international non-participation in the exhibition industry due to US visa issues[R]. Center for Exhibition Industry Research, 2010.

[5] LITVIN S W. Festivals and special events：making the investment[J]. International journal of culture, tourism and hospitality research, 2013, 7（2）：184-187.

不能准确反映事件的收益。[1] 特伦斯 · J. 雷普汉对农业会展中心的经济影响分别做了州域和县域的影响分析，结果显示，州域经济影响高于县域经济影响。[2] 与其截然相反，部分研究者坚持选择小区域更能凸显会展活动的经济效应的观点。拉里 · 德怀尔（Larry Dwyer）等认为，通常情况下，会展活动对举办地经济的影响是最大的。一个事件可能大幅度增加当地经济活动，但在全州内部的净影响可能更少，甚至为负，而州域效应又超过全国效应。[3] 二是区域经济特点也是经济影响评估结果存在大小差异的重要原因。事件在农村地区和重要城市举办，产生的影响是不同的。迪帕克 · 查布拉（Deepak Chhabra）等指出，节事通常是许多农村经济发展的战略选择，但节庆活动的经济影响大小除了依赖于节庆的特征，如举办天数等，还取决于当地经济的特征，如主办地有无其他吸引物以及区域内经济关联性的强弱。实证中，两个节庆活动经济影响有限的主要原因是本地区的产出、增加值和收入的乘数低，表现出大量漏损，反映了其农村特征。迪帕克 · 查布拉等还认为，主办地经济特点不同，会展活动产生的经济效应差异较大。[4] 金哲元（Chulwon Kim）等提及先前研究中的短期事件的产出乘数位于 1.61 ~ 3.39，个人收入乘数位于 1.83 ~ 8.87，较高的乘数通常位于城市地区，农村地区乘数较小主要因为产业部门数量有限，从其他地区购买投入品的倾向大。节庆访问者支出较多的住宿、饮食等主要部门的影响，被增加雇员、外地购进投入品等大量引致效应部分地抵消了。[5]

国外会展经济影响实证评估框架以数据调研及处理、选择评估方法及模型、确定经济变量指标、量化结果的讨论与分析等四个步骤为基础（见图 1-1）。数据调研及处理方面，由于会展活动的独特性，调查了解访问者的数量、比例及其动机、活动和支出方式是常规调研方法。其中，调查对象和调查内容的准确界定一直是业界讨论的热点。首

---

[1] JANECZKO B, MULES T, RITCHIE B. Estimating the economic impacts of festivals and event : a research guide[R]. Gold Cost : CRC Sustainable Tourism, 2002.

[2] REPHANN T J. Appalachian Agricultural Exposition Center economic impact study[R]. Virginia : Weldon Cooper Center for Public Service, 2014.

[3] DWYER L, FORSYTH P, SPURR R. Estimating the impacts of special events on an economy[J]. Journal of travel research, 2005, 43（4）: 351–359.

[4] CHHABRA D, SILLS E, CUBBAGE F W. The significance of festivals to rural economies : estimating the economic impacts of Scottish Highland Games in North Carolina[J]. Journal of travel research, 2003, 41（4）: 421–427.

[5] KIM C, SCOTT D, THIGPEN J F, KIM S S. Economic impact of a birding festival[J]. Festival management and event tourism, 1998, 5（2）: 51–58.

先，范围支出者的界定是一个难题。按照来源地分为外地支出者和本地支出者，但并非所有的外地访问者都属于范围支出者，关于外地访问者，计入主要动机是参与事件或者因为事件延长停留期间者。时间转换者是指因事件发生而改变原访问日期使其到访与事件发生一致者，偶然者是被主办地其他因素吸引而在事件发生期间到访的人。显然，这两类访问者的访问动机并非事件，应该被排除。阿依尔·U. 格兰（Ayele U. Gelan）认为，当地居民的参加是事件驱动的，应该把当地居民算入直接开支类别。其次，范围支出界定方面。范围支出指的是会展范围支出者的支出中注入本地企业的部分。[1]道格拉斯·C. 弗雷希特林（Douglas C. Frechtling）强调，必须是访问期间用于购买本地产品和服务的支出，那么需要考虑漏损问题，主要涉及上交的税和进口支出，以及参与者用于购买主办地以外的产品和服务的支出。[2]这反映了支出的原因和去向。关于本地展览者、本地访问者等支出者，考虑到进口替代效应或本地消费的转换，不同研究者做了不同处理。

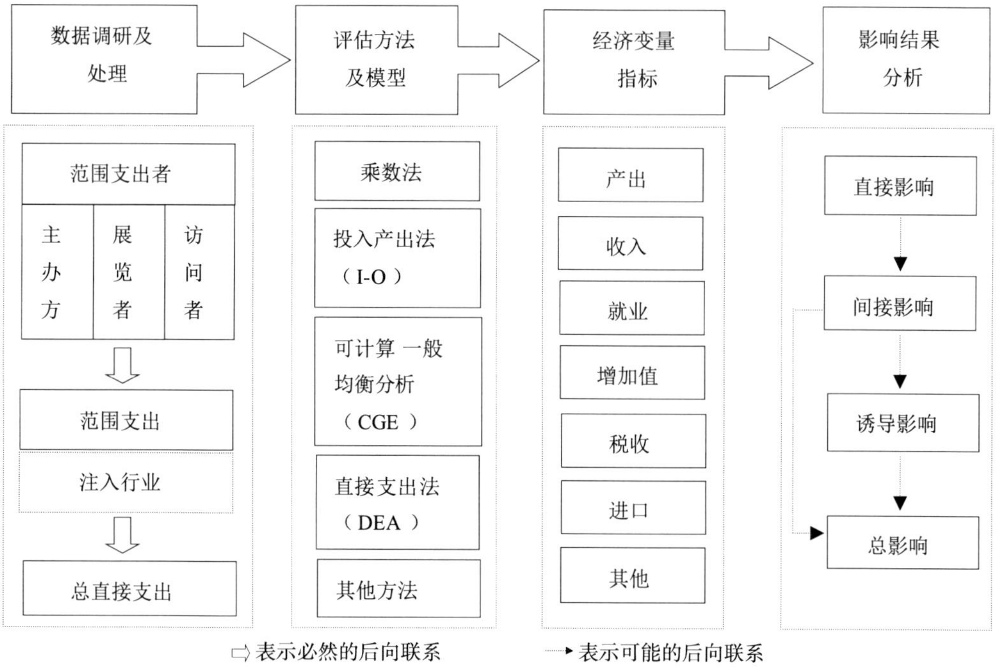

图 1-1 会展经济影响评估框架

[1] GELAN A U. Local economic impacts : the British Open[J]. Annals of tourism research, 2003, 30（2）: 406-425.

[2] FRECHTLING D C. An assessment of visitor expenditure methods and models [J]. Journal of travel research, 2006, 45（1）: 26-35.

评估方法不断被创新和改进，但也存在许多争论。少数文献采用直接支出法（Direct Expenditure Approach，DEA）对支出、住宿收入进行直接分析，乘数法和投入产出分析模型（Input-output Analysis，I-O）的使用较为灵活，在间接经济效应分析中的应用数量更多。可计算一般均衡模型（Computable General Equilibrium，CGE）理论上较投入产出分析法模型更为完整，但在评估会展经济影响时使用限制较多，相关文献中不多见。成本收益分析模型（Cost-Benefit Analysis，CBA）在当前较为完善，但某些指标无法量化，在会展领域中无法实施。现有方法和模型均存在一定缺陷，许多实证研究都对其进行了专门调整和改进。

在经济指标选择上，通过经济影响分析，广泛的宏观经济变量都具有乘数效应，如产出、收入、就业、增加值、进口、税收等效应。据此统计，产出和就业这两个经济变量更受关注，其次依次是收入、增加值和税收，进口被选用得最少。就业效应指标颇受争议。就业乘数反映每一单位额外会展支出对当地或全国就业的效应。会展支出影响较大的餐饮、购物、住宿等作为劳动密集型行业，其就业乘数非常高，但是研究结果中的就业影响相关数字却不太负责，需要做出正确解释。其原因可由约翰·L.克朗普顿（John L. Crompton）等对规划影响分析（Impact Analysis For Planning，IMPLAN）评估就业的三点告诫来说明：第一，就业乘数包括全职和兼职工作，未做区分。短期会展活动产生额外需求时，企业不可能雇用全职员工，通常通过积极调整管理方式以替代招募新员工，如加班、调休、雇用临时工等，雇用极少数额外的临时员工是对就业影响的最佳状态。第二，它假定现有员工得到了充分利用以及新消费的增加不可避免地导致就业水平提高，而实际是在许多情况下多数行业处于充分就业不足的状态，不必增加员工。第三，一个潜在误导性推论是他们暗示新工作均被当地居民填充，然而一定比例的外来者被雇用是可能的。[1] 基于上述三点考虑，就业系数被夸大了。笔者查阅的涉及就业效应的实证文献中均假定现有行业充分就业，未区别全职和兼职工作，而且除了马里恩·乔普等调查了组织者和雇工中的本地员工数，其他研究均未考虑新增就业中非本地居民的比例。[2] 所以，就业乘数效应中的等效全职工作影响应被缩小，但缩小程度还需要慎重对待。会展相关行业的不同工作特征决定了其员工的增加数量，应对其作以区分，如饭店业经常采用调整管理方式的手段应对短期

[1] CROMPTON J L, LEE S, SHUSTER T J. A guide for undertaking economic impact studies：the Springfest example[J]. Journal of travel research, 2001, 40（1）: 79-87.

[2] JOPPE M, CHOI H S C, YUN D. Economic impact of consumer and trade shows in Toronto[R]. Toronto：Tourism Toronto in Partnership with International Center, 2006.

的新增需求，极少增加员工；而物流、设计搭建行业面对短期新增需求时必然增加员工，至少是雇用大量临时员工。

在研究结果的讨论方面，国外相关研究集中于评估结果的有效性，具体体现在对高估、低估和其他影响评估结果的可能因素所做的探讨与争论。首先，大多数学者认为当前实证分析高估了会展活动的经济影响。其一，忽略了挤出效应（Crowding Out Effect）。旅游者热衷的目的地的酒店、餐馆等平时可能就处于饱和状态或接近其接待容量，若在此地举办大型会展活动，访问者的消费支出对本地经济而言可能只是替代而非补充。❶其二，忽略了支出受益范围的界定。会展活动中，如会展场馆的盈利和访问者用于住宿、餐饮、交通、购物等方面的大量支出，最终去向可能不会留在本地。实际上，这些公司大部分具有全国连锁性质，上述支出没有提高本地居民的福利，而是增加了全国各地股东的积累。其三，忽略了成本分析。所有的实证分析中均未考虑机会成本。会展活动还会引起相关的市政成本的增加，如治安、交通秩序维护等也是应该考虑的负面因素，否则会高估会展经济影响。

与此同时，研究者们也致力于避免低估会展活动经济影响的分析。其一，区别分析消费替代性。如果观众只是将可能花在本地其他活动上的钱支付在会展活动上，这是经济中消费的重新分配，不是真正的净增长。但对于特别事件，尤其是定期举办的产生新交易或独特交易的，以及周边不存在替代性产品的，其替代性几乎不存在，可忽略。其二，考虑进口替代效应。部分研究者对保留支出的分析显示其已认识到新场馆或会展活动促进进口替代的可能性，并做了尝试性估测，但是估测进口替代的重要性却非常难，包括展览者进口替代性支出的调查和当地居民去外地购买本地没有的相关商品的调查，即使做了调查，因消费者喜好差异巨大，结果的可靠性也会受到限制。其三，考虑所达成交易额的影响。目前只有牛津经济研究院做过相关研究，2010 年量化分析了受美国签证限制未参加展览者可能达成的交易额及其影响❷，2012 年在《英国展览业经济影响》报告中再次提出，会展活动达成的贸易额为英国经济带来了极大收益，这些增加的贸易销售额会在英国供应链中产生更多的经济活动和就业。这两项研究对全面评估会展经济影响做了新探索。❸其四，提议考虑会展供给效应。任何直接吸收外地资金进入本地的活动，

---

❶ MATHESON V A. Upon further review：an examination of sporting event economic impact studies[J]. The sport journal, 2002, 5（1）：1–4.

❷ Oxford Economics. The economic impact of international non–participation in the exhibition industry due to US visa issues[R]. Center for Exhibition Industry Research, 2010.

❸ Oxford Economics. The economic impact of the UK exhibitions industry[R]. Oxford：Oxford Economics, 2012.

都同时具有需求和供给效应，因为活动使本地的居住和商业发展更具有吸引力。问题是当前还没有经济模型量化供给效应，主要原因在于难以从所有吸引因素中隔离出某个独特活动设施的影响程度。❶

除了上述高估和低估的可能因素，会展经济影响评估结果还受制于以下四个方面。其一，所选择案例中会展活动的性质及规模大小。会展活动规模越大，参与者越多，注入主办地的大量相关支出对区域经济产生更大影响。除了规模，会展行业的经济影响还取决于会展活动的全国范围供应链的长度。❷这与会展活动的性质息息相关，如专业展览和协会会议，吸引大量参与者的消费支出是二者共同的作用，而专业展览中参展商的展台设计、搭建、宣传等支出注入了更多生产企业，拓展了供应链，影响范围更广。其二，主办地的经济特征及影响区域范围。农村地区会展活动的本地经济影响远远低于城市地区，而城市地区中社区经济基础的综合性越强，访问者支出留在本区域的份额就越大。❸在忽略机会成本的情况下，会展活动在主办城市的经济影响要小于其所在州或全国范围，因为在更大范围内访问者的支出更多而漏损更少。其三，所选择的评估方法和模型。实证分析一般根据评估目标、主题区域的问题类型、数据可用性以及研究假定的条件等因素来选择合适的方法和模型，然而正是由于上述因素，任何方法和模型都存在缺陷，使研究结果在一定程度上失真于会展活动的实际经济影响。其四，基础数据的有效性。无论选择何种方法，调研方法自身的缺陷、调研对象反馈的主观性等使数据的失真必然存在，而错误数据在模型中被合成，最终影响评估结果的有效性。

2. 国外会展经济影响感知研究

目前，国外会展影响感知研究对象集中在大城市举办的大型节事活动，研究内容集中在基于不同利益主体的感知和态度之视角的会展活动社会影响、经济影响和环境影响等三个方面的综合影响。❹对于地方而言，会展活动的成功与否，不仅受到活动类型、规模、档次、质量等客观因素的限制，相关利益主体的态度也是至关重要的影响因素。这些群体包括参展商（行业生产者、供应商、销售商），观众（专业观众、普通观众），

---

❶ SMITH B. The economic impact of Houston Livestock Show and Rodeo an estimate based upon the performance in the Spring of 2010[R]. Houston：Houston Livestock Show and Rodeo, 2010.

❷ SMITH B. The economic impact of Houston Livestock Show and Rodeo an estimate based upon the performance in the Spring of 2010[R]. Houston：Houston Livestock Show and Rodeo, 2010.

❸ GARTNER W C, HOLECEK D F. Economic impact of an annual tourism industry exposition[J]. Annals of tourism research, 1983, 10（2）: 199-212.

❹ BYRD E T, BOSLEY H E, DRONBERGER M G. Comparisons of stakeholder perceptions of tourism impacts in rural eastern North Carolina[J]. Tourism management, 2009, 30（5）: 693-703.

居民，政府等[1]，其肯定态度和支持行为将成为会展活动效用最大化的重要力量。利益相关者的积极态度有益于扩大农业会展活动自身和地方的经济影响，也有助于提升会展活动品牌地位以及促进地方形象宣传推广。[2]由于会展活动统计数据收集和获取难度较大，相关研究的深入性和系统性仍显不足。已有研究大多数着眼于居民视角和旅游者视角。

不同利益相关者感知研究。节事活动旅游者感知研究出现最早、数量最多。三类主要利益相关者中，旅游者是一般综合性节事活动消费者的主要群体，而且相关研究基于旅游者消费对地方经济效应的外生性，研究目标以增强节事活动吸引力为核心。事先经过策划的奥运会、世博会等大型节事活动经济带动效应巨大，是旅游者节事活动影响感知研究的重点领域。早期研究主要涉及节事活动客流预测、参与动机、行为特征等，后期旅游者消费感知态度研究迅速增多，并以节事产品或服务品牌为对象开展研究。旅游者的消费满意度与到访行为、推荐意图是节事活动成功举办与可持续发展的基础，而旅游者的消费态度是影响其行为意图的主要因素。旅游者节事活动影响感知本质上是消费者感知，多数研究对收益与成本、质量与价格等方面进行权衡与评价[3]，即通过调查节事活动旅游者在消费具体节事活动产品和服务时所感知到的收益与成本等主观评价进行测量。

社区居民视角的研究是当前国内外节事影响感知研究的热点。节事活动参与者中，除了数量可观的外来游客，社区居民也占了较大比重。[4]既有研究表明，居民所持节事活动态度能够对事件活动的收益、地方的形象树立等方面产生较强的持续影响。积极的居民态度不仅能有效吸引外地游客前来消费扩大节事活动经济影响，还能降低节事活动的举办成本。居民对节事活动的态度感知主要取决于对节事活动带来的收益和所要支付的成本的认知与比较。[5]通常居民感知的积极经济影响主要体现在带来可观的直接财政收入及促进经济发展的诸多方面，如吸引各类投资，改善基础设施，增加就业机会，提高居民收入，提供休闲生活平台，拓宽消费渠道[6]，改善生活质量，带动旅游业、餐饮业

[1] GURSOY D, JUROWSKI C, UYSAL M. Resident attitudes：a structural modeling approach[J]. Annals of tourism research, 2002, 29（1）：79–105.

[2] ANDERECK K L, VALENTINE K L, KNOPF R C, et al. Resident's perceptions of community tourism impacts[J].Annals of tourism research, 2005, 32（4）：1056–1076.

[3] LI X, PETRICK J F.A review of festival and event motivation studies[J]. Event management, 2006, 9（4）：239–245.

[4] FREDLINE L, JAGO L, DEERY M. The development of a generic scale to measure the social impacts of events[J]. Event management, 2003（1）：23–37.

[5] WAITT G. Social impacts of the Sydney Olympics[J]. Annals of tourism research, 2003, 30（1）：194.

[6] ROLLINS R, DELAMERE T. Measuring the social impact of festivals[J]. Annals of tourism research, 2007（3）：805–808.

等相关产业，消极经济影响主要是涉及影响生活成本的商品和服务价格、房价等上涨方面。另外，也有研究者认为居民支持度与其地方归属情感的高低息息相关。[1]

利益相关者对节事活动的经济影响感知是识别节事活动影响以及衡量利益相关者认同程度和支持程度的重要表征。已有节事活动经济影响感知研究以居民这一利益相关者群体为主要研究对象，一方面着眼于居民感知态度的分类，如社区居民对节事活动支持（合作）、不支持（不合作）、抵抗态度等；另一方面着眼于探究居民的经济影响的具体内容，如增加就业机会、优化基础设施、改善居民生活等积极影响[2]，以及公共支出的机会成本、收益重新分配的不公平等消极影响。[3]

3. 国外会展经济影响其他视角研究

会展业对相关行业的影响研究主要集中于旅游业和服务业，但研究方法与研究内容各有侧重，如提出互动机会模型，运用社会学观点论证互利改变大会与主办城市关系；[4]兼用静态和动态分析模型验证艺术展观众和旅游流之间存在正相关关系的假设，表明艺术展与文化旅游之间的积极关系；[5]使用标准重力模型对1995年至2006年200个大型体育事件主办国家的双向旅游流进行分析，发现受事件类型、参与国、主办国发展水平、举办时间处于淡旺季等因素影响对各主办国产生的经济效益差异较大；[6]以世博会为例探讨了服务技术在会展业系统创新中的应用，并认为会展业能促进服务经济的发展。[7]另外，区域产业集群是会展业的经济基础，而会展业为区域产业集群提供市场平台，促进劳动分工，进而深化区域产业集群的发展。[8]

---

[1] DECCIO C, BALOGLU S. Nonhost community resident reactions to the 2002 Winter Olympics：the spillover impacts[J]. Journal of travel research, 2002（4）：46–56.

[2] KIM H J, GURSOY D, LEE S B. The impact of the 2002 World Cup on South Korea：comparisons of pre– and post– games [J]. Journal of tourism management, 2006, 27（1）：86–96.

[3] SOUTAR G N, MCLEOD P B. Residents' perceptions of impacts of the America's Cup [J]. Annals of tourism research, 1993, 20（3）：571–582.

[4] HILLER H H. Conventions as mega–events：a new model for convention–host city relationships [J]. Tourism management, 1995, 16（5）：375–379.

[5] MARTA LF, et al. Cultural tourism and temporary art exhibitions in Italy：a panel data analysis[J]. Stat methods appl, 2011, 20：519–542.

[6] JOHAN F, MARIA SG. The impact of mega–sport events on tourist arrivals[J]. Tourism management, 2011, 32（6）：1364–1370.

[7] CHIOU C C, PERNG C, TSENG TF. Applying service science on systematic innovation for the Convention and Exhibition Industry：the cases of world expo[J]. International journal of electronic business management, 2012, 10（4）：247–260.

[8] LIU X. An economic analysis of the specialization and marketization of Convention and Exhibition Industry [J]. International business and management, 2012, 5（1）：86–92.

二、国内会展经济影响研究综述

国内会展业的发展实践和研究在时间上都滞后于国外。随着中国经济的迅猛发展，各类交易会、全球性会议、区域年会纷纷在中国举办，世界杯、2008年北京奥运会、2011年上海世博会更促进了会展业的繁荣。会展经济影响也随之进入学者们的研究视野，近年来出现大量研究成果。

1. 会展经济影响理论与实证探讨

会展经济影响理论及实证研究逐渐深入，从会展基本功能层次发展到影响机理和影响路径方面的探讨。经济乘数效应是会展经济影响产生的依托理论，会展业发展的各因素之间高度相关，会展收入占国内生产总值（GDP）的比重逐年上升是会展业经济影响的主要体现。[1]余向平较早运用凯尔斯经济学乘数效应和萨缪尔森经济学乘数与加速效应相互作用原理来解释会展业的产业带动效应，从经济学原理角度证实会展业对社会经济发展的重要作用。[2]之后，赵驹等用熊彼特的创新理论阐释会展业对区域经济创新的作用机理；[3]陈章喜等利用灰色关联模型分析澳门会展业经济带动的结构效益，阐释了会展业对第三产业以及澳门产业适度多元化的带动作用。[4]另外，会展产业关联效应体现在经济拉动能力和拉动效果上，后者与区域产业结构和区域产业专业化程度密切相关，可运用区域间投入产出模型（IRIO）揭示我国会展业区域关联效应的演化特征与动力机制。[5]

2. 会展与城市经济关系研究

会展与城市经济发展是相互依存、相互促进的辩证关系，其中会展的经济增长贡献、产业结构优化效应明显。[6]会展业发展既对城市经济增长产生一次性直接经济影响，即由会展业基础设施投资活动或自身增加值拉动的经济增长，又产生持久性间接经济影响，即由会展业对产业链上除会展业之外的其他相关行业带来的增加值等推动城市经济增长。顾

[1] 孟凡胜，宋国宇，井维雪．会展业发展的影响因素及对城市经济影响的实证研究 [J]. 技术经济，2012，31（4）：32-37.

[2] 余向平．会展业的产业带动效应及其经济学分析 [J]. 商业研究，2006（18）：173-176.

[3] 赵驹，胡亚涛．基于产业关联理论的会展业效应——以重庆市为例 [J]. 财经科学，2012（12）：73-79.

[4] 陈章喜，王江．澳门会展业的经济效应与粤澳会展业合作 [J]. 产经评论，2012，3（2）：73-81.

[5] 李铁成，刘力．区域间投入产出模型（IRIO）的我国会展业经济影响分析 [J]. 旅游学刊，2014，29（6）：34-45.

[6] 储祥银．会展与城市经济间关系研究：以北京为例 [J]. 商业研究，2009（9）：123-125.

海兵等运用投资乘数和旅游乘数的计量经济学模型预测分析了2020年冬奥会前后十年对北京市生产总值的影响，结论如下：会前随着投资的逐渐增加和最终消费的增长，冬奥会拉动北京生产总值增长的百分点逐渐增大，年均贡献2.1%，在举办年份达到峰值3.0%；冬奥会后，其对地方滑雪产业的长期促进作用得以逐渐释放，将为北京市生产总值年均贡献1.6%。[1]会展业与三次产业的灰色关联分析结果显示，会展业与地区生产总值，第一、第二、第三产业都有很强的关联关系，以现有雄厚的工业基础为依托的重庆会展业与第二产业的关联度最大[2]，表明会展业的发展不能脱离城市经济特性。另外，会展业的关联度和带动效应与第三产业的发达程度呈正相关关系。[3]综合上述文献可见，现代会展是区域合作与协调的重要方式，是实现新区域主义理念的有效途径和重要载体。[4]

3. 会展对相关行业影响的研究

由于旅游业与会展业具有产业特征相似、业务关联性强的特征，相关研究较多，其中以研究大型会展活动这一特殊事件对城市产业和城市旅游发展的影响为主，研究结果均表明会展活动对相关行业影响显著。例如：昆明世博会超常规地提高了昆明旅游业的地位[5]，会展活动的举办不仅使展馆附近形成星级酒店的空间聚集带，而且提升酒店业的整体经济效益。[6]另外，基于外部效应、成本效应、品牌效应、创新效应、人才效应和制度效应，会展对举办城市及周边区域现代服务业产业集群产生明显影响[7]，而基于经济拉动效应、资源集聚效应和展后效应，涉外会展对外向型经济的地区分布影响较大，企业出国参展的促进作用具有规模效应等。[8]

4. 会展活动经济影响评估分析

国内研究的视角和范畴与国外研究有所不同。部分国内学者做了综述研究，主要有王起静围绕事件经济影响评估步骤梳理了国外相关文献，王朝辉等综合评述国外重大事件的旅游影响研究进展，衣莉芹等详细述评国外会展经济影响评估实证研究的

---

[1] 顾海兵，张晓燕．冬奥会对北京经济的影响预测 [J]. 经济与管理研究，2016，37（9）：27-36.

[2] 赵驹，胡亚涛．基于产业关联理论的会展业效应——以重庆市为例 [J]. 财经科学，2012（12）：73-79.

[3] 李智玲．会展业的带动效应研究 [J]. 经济管理，2011，33（6）：125-131.

[4] 曾武佳．现代会展与区域经济发展 [D]. 成都：四川大学，2006.

[5] 戴光全．节庆、节事及事件旅游 —— 理论・案例・策划 [M]. 北京：科学出版社，2005.

[6] 罗秋菊，李晓莉．会展与酒店效益及配置关系研究——以中国出口商品交易会（广交会）为例 [J]. 旅游科学，2005，19（2）：66-72.

[7] 王颖．上海世博会对长三角地区现代服务业集群的影响研究 [J]. 上海经济研究，2008（5）：39-42.

[8] 蔡婕萍，许和连．上海市涉外会展对外向型经济发展影响分析 [J]. 华东经济管理，2013，27（8）：1-5.

视角、方法、评估结果的讨论。[1] 实证研究也逐渐丰富，关于展览业的直接经济贡献方面，上海展览业的拉动效应为 1：8.4；不同展览的经济带动作用有较大差异，介于 1：3.03 ～ 1：15.12，观众数量和参展商支出水平是拉动效应的关键影响因素，而且参观人数多的品牌国际展的经济拉动作用更大。[2] 关于展览会的经济影响，罗秋菊等做了国内城市大型活动经济影响的首例实证研究，其以广交会为例，利用投入产出法测算得到 2008 年第 104 届广交会对广州市的直接和间接经济效应合计为 163.24 亿元，其中直接与间接经济效应之比为 1：1.95，参与者对广州的经济拉动作用依次为采购商、参展企业、参展个人、承办方、交易团。[3] 另外，李铁成等运用区域间投入产出模型，通过归并会展业波及的 12 个产业部门，评估了我国 30 个省区会展产业的区域及区域间影响力，并估测第 104 届广交会的间接经济影响为 162.43 亿元。[4]

5. 会展影响感知研究

国内会展经济影响感知研究较为零散，分别探讨了居民对节事活动影响的感知维度、事件举办前后的感知变化等问题。奥运会、世界杯、休博会、奥帆赛等多项感知动态研究显示，大型节事活动举办前后居民感知的变化特点，一方面支持度持续而反对者减少[5]，另一方面由于预期过高，节事活动后居民的感知收益弱化而低于节事前。[6][7] 参展商、专业观众视角的研究大多从参与决策、节事活动绩效等研究点开展，影响感知方面仅有极少研究，节事活动主题化也是专业观众和参展商两类终端客户的效益感知差异的影响因素。定性分析发现，主题细化的会展效益感知高于主题宽泛的。[8] 不同参展商

---

[1] 衣莉芹，周玉玺．国外会展经济影响评估实证研究述评 [J]. 旅游科学，2015，29（4）：78-95.

[2] 胡平，杨杰．会展业经济拉动效应的实证研究——以上海新国际博览中心为例 [J]. 旅游学刊，2006，21（11）：81-85.

[3] 罗秋菊，庞嘉文，靳文敏．基于投入产出模型的大型活动对举办地的经济影响——以广交会为例 [J]. 地理学报，2011，66（4）：487-503.

[4] 李铁成，刘力．区域间投入产出模型（IRIO）的我国会展业经济影响分析 [J]. 旅游学刊，2014，29（6）：34-45.

[5] 陈方英．城市居民对重大事件感知与态度的纵向变化研究——以青岛市举办 2008 奥帆赛为例 [J]. 旅游学刊，2010，25（10）：77-85.

[6] KIM H J，GURSOY D，LEE S B. The impact of the 2002 World Cup on South Korea：comparisons of pre- and post- games [J]. Journal of tourism management，2006，27（1）：86-96.

[7] 许春晓，柴晓敏，付淑礼．城市居民对重大事件的感知变化研究——2006 杭州世界休闲博览会期间的纵向研究 [J]. 旅游学刊，2007，22（11）：89-94.

[8] 罗秋菊，保继刚．展览会主题定位与终端客户效益感知——以东莞两个典型展览会定性分析为例 [J]. 旅游科学，2006，20（5）：48-53.

簇群对节事产品和服务价值理解和评价不同状态下的消费感知特征具有差异性。[1]

节事活动旅游者、社区居民、专业观众既是节事活动运营中的重要组成部分，也是深受影响的三个群体，其感知对事件节事活动的成功和持续举办具有重要意义。另外，节事活动形式多样、内容丰富，现有研究涉及节事活动的类型却较为单一，更缺乏对不同类型节事活动影响感知差异的比较研究，限制了对节事活动不同功能特征及经济影响扩张策略的认知水平，并进一步制约了节事活动的可持续发展。

综合上述国内外会展经济影响研究文献，大多数研究集中于大城市举办的大型会展活动的经济影响的量化评估、会展经济与地方经济以及其他行业的相互关系分析两个方面。对于会展经济影响机理的探讨仅有很少涉及，对会展主题行业的影响仅提及会展作为营销工具对本产业销售的促进，未发现关于会展对主题行业影响的深入研究。另外，经济影响评估方法不断修正的同时，经济影响研究视角越来越宽泛。这表明研究逐步深入，看待会展业的经济影响越来越理性。在此基础上，系统研究行业会展对举办城市，尤其是对中小城市的经济影响的内在机理和路径，既可补充现有研究成果，也有利于更大程度地引导其发挥积极作用，规避可能产生的负面效应，实现会展与主题行业健康发展及其总效益的最大化。

三、农业会展研究综述

1. 国外农业会展相关研究

国外涉及农业会展的文献较少，有关研究较为零散。农业会展的功能是研究者关注的核心问题。交易会是一种古老的营销方式。即使在网络时代的今天，不同经济部门中这一方式仍然重要。农业会展是重要的销售场所和 B2B 交流的地方，也是客户关系管理的途径。瓦尔加・列文特（Varga Levente）开展了东欧农业会展的观众和参展商族群研究，选取 5 个农业会展案例，分析参展商和观众的类别、特征及其联系，重点辨析其对农业会展的不同需求：农业会展作为一个多功能工具，对于参展商而言其主要角色是广义宣传和关系管理，其次是签订商业合约，对于访问者中外行参与者主要是追求娱乐，而农场主应该被视为潜在客户。[2] 澳大利亚昆士兰的农业会展在过去 3 年（2009—2011

[1] 琚胜利，陆林，汪定保，等.弱市场阶段的会展展商消费感知测度——以中国（芜湖）国际旅博会为例 [J]. 城市问题，2005（4）：53-58.

[2] LEVENTE V. Visitor and exhibitor clusters at eastern-European agricultural fairs[J]. Annals of the university of oradea economic science，2011，1（2）：264-280.

年）的访问者数量提高了13.7%，鼓励了赞助者和参展商对农业会展的支持。他们普遍认为支持和参与农业会展活动是对其业务和产品的促进和宣传，而且76%的赞助商和参展商认为达到了预期目标。[1]西方农业会展多以节庆形式为主，所以兼具经济功能和社会功能。沃伦·J. 盖特斯（Warren J. Gates）在《农业交易会功能中的现代化》中曾经指出，农业交易会在19世纪晚期到20世纪早期对美国农村生活推动起到了积极作用。[2]

近年来，随着会展场馆建设热潮掀起，一部分对农业会展经济影响的分析依托于论证农业场馆设施建设可行性项目的研究，如约翰逊咨询机构就密苏里州布坎南县规划建设农业会展中心提供的可行性报告中指出，该场馆及相关设施建设将产生5470万美元总支出，对于所在县产生3000万美元总支出。若不建设该中心，则意味着放弃3000万美元注入本县，另外的风险是本地居民将继续外出旅行和消费，每年外出参加节事的居民数量高达10000人，直接支出接近170万美元，总支出达310万美元。

另一部分则围绕农业会展中心评估农业会展活动对场馆所在地区及邻近县市的经济影响。宾夕法尼亚州农业会展中心每年举办活动多于200个，其中许多活动具有农业焦点意义。农业会展中心就2012年12月至2013年11月举办的主要会展活动调查了观众、参展商、参赛者、摊主以及场馆的运营支出，结果显示会展中心对区域经济有极大的积极经济效应。这一年中的14个主要会展活动为道芬县和坎伯兰县增加了9840万美元。[3]参与者直接支出给餐馆、酒店等当地经济部门的为直接经济影响。当地经济部门收到这些支出，将花费一部分用于当地购进产品、支付员工工资以及其他商品业务交易，此部分形成间接影响。受直接或间接影响的当地经济部门的员工也将直接增加自己在当地的消费支出，如百货、衣物、娱乐等产生的额外经济活动，从而形成诱导影响。这种"直接—间接—诱导"影响的波状效应构成了农业会展活动的经济乘数效应。

澳大利亚农业部资助的昆士兰农业组织协会的研究报告《澳大利亚农业展览会的经济与社会影响》指出，农业展览会为社区带来显性的经济和社会收益，提升举办地居民生活质量，并构建社会资本。经济影响体现在以下几个方面：社区居民参与展览会并支出金钱；赞助者促销业务和产品；展览商销售产品和服务；社区组织者募集资金；参展

---

[1] Queensland Chamber of Agricultural Societies Inc. An economic & social impact study of Australian agricultural shows[R]. Mudgeeraba：Queensland Chamber of Agricultural Societies，2012.

[2] GATES W J. Modernization as a function of an agricultural fair：the Great Grangers' Picnic Exhibition at Williams Grove，Pennsylvania，1873—1916[J]. Agricultural history，1984，58（3）：262–279.

[3] Pennsylvania Farm Show Complex & Expo Center. The economic impact of the Farm Show Complex & Expo Center，Harrisburg [R]. Harrisburg：Penn State Center for Economic & Community Development，2014.

者、竞赛者、旅游者们参观并停留在举办地。[1]

特伦斯·J. 雷普汉收集了美国弗吉尼亚州的阿巴拉契亚农业博览中心（Appalachian Agricultural Exposition Center）5 年（2009—2013 年）的营业数据，利用投入产出法和规划影响分析，依据影响来源不同分别对场馆建设期影响、设施运营期影响、访问者对本地商品和服务的支出影响做了分析，而且对农业会展中心的经济影响分别做了州域和县域在总产出、增加值、劳工收入、就业、税收等方面的影响分析。结果显示，州域经济影响高于县域经济影响，原因在于州域更少的直接消费漏损和较多的投入物交易机会使乘数更高。运营阶段因为本州内居民到访不计入，会展支出的州域影响低于县域影响。[2]

2. 国内农业会展相关研究

近十几年来，随着我国农业会展数量迅速增多、规模不断扩大、品牌逐渐形成，一些农业经济和会展经济研究者开始关注农业会展问题的分析，收获了一批研究成果。通过中国知网搜索相关文献，笔者检索到 4 篇学位论文、16 篇期刊论文、百余份年鉴与报纸相关资料，通过梳理发现研究涉及农业会展功能、产业状况、发展模式以及农业会展经济相关研究等方面。

农业会展基本功能方面较早被业界人士关注。他们围绕农业会展的功能与作用做了一般性论述。姚永江认为，农业展览是农业科技普及与推广、交流与传播的有效方式，其《农业展览作用、任务、方向的初探》是最早的关于农业会展的理论文献。全国农业展览馆原馆长白鹤文指出，农业会展能够促进国内、国际两个市场接轨，也能有效加速农业专业化和现代化。农业会展产业发展现状以及发展模式的研究集中于都市型农业发达的大城市和全国层面，如 2010 年“北京市农业会展的发展现状与前景研究”课题组对北京的农业会展历程、特征、优势及趋势做了分析。2011 年农业农村部农业贸易促进中心出版的《中国农业会展理论与实践问题》从全国层面对农业会展发展的理论和实践做了较为系统的梳理和分析。农业会展经济方面的研究比较零散，涉及视角较多，主要有较早对农业类展会发展情况、面临的产业发展规划和市场竞争机制等问题的分析；探讨基于第三方视角的农业会展绩效评价指标体系，以及农产品出口额、农业总产值与各省举办农业会展次数的正相关关系，并得到“区域农业会展的活跃程度与农产品贸易

[1] Queensland Chamber of Agricultural Societies Inc. An economic & social impact study of Australian agricultural shows[R]. Mudgeeraba：Queensland Chamber of Agricultural Societies，2012.

[2] REPHANN T J. Appalachian Agricultural Exposition Center economic impact study[R]. Virginia：Weldon Cooper Center for Public Service，2014.

（主要是出口）的发达程度之间的关系明显”的结论。[1]中国会议酒店联盟常务副会长武少源指出，会展对城市的真正带动效用在于第一产业，如葡萄大会促进了葡萄种植产业结构的改变，但尚未见关于农业会展对第一产业影响的系统分析。

3. 国内外农业节事感知研究

相对于大城市的大型节事活动，一些小城镇甚至村落的节事活动吸引的旅游者和其他参与者数量不多，但也为当地社区带来显著的经济效益和社会效益，可以发展成为标志性节事。乡村地区的节事举办中“人的因素”的重要性要远远大于“物的投入”。[2]另外，乡村地区的地理空间封闭性使乡村地区农业节事影响的居民感知研究愈加重要。农业节事活动参与者在节事期间不可避免地与当地居民进行直接或间接交流，部分居民承担了一定的外围服务工作，如在住宿、餐饮、购物、当地原生态文化生活等方面的商业或非商业的服务。因此，居民对农业会展活动经济影响的感知反映了会展活动举办的必要性和有效性，他们对会展活动的支持态度必然对当地会展业的可持续发展具有更加重要的影响。鉴于居民感知和态度的重要性，西方学者已开始探讨相关问题。例如，多安·古尔索（Dogan Gursoy）等研究发现，事件活动的经济、社会和环境影响与乡村居民的感知态度密切相关，尤其是居民获得的经济收益、对休闲资源的使用程度。[3]安德鲁·莱普（Andrew Lepp）通过乌干达比戈迪村案例的研究，将乡村居民态度的影响因素归结为居民是否参与、是否获得收益以及社区是否得到发展等 3 个方面。[4]目前，国内已开展的农业节事居民感知研究主要基于人口统计因素的差异进行感知比较，探讨居民人口统计学特征与影响感知之间的联系。[5]理查德·R. 珀杜（Richard R. Perdue）等采集了 16 个乡村社区的数据，建立了居民对旅游影响的感知与对旅游的支持度之间的关联模型，验证了居民从旅游中获取的收益与对旅游发展支持度之间的正相关性。[6]戴林琳和盖世杰测度了节事旅游对乡村地区空间、文化

[1] 刘启正．我国农业会展绩效评价与发展对策研究 [D]. 北京：中国农业科学院，2012.

[2] GETZ D，ANDERSSON T，CARLSEN J. Festival management studies : developing a framework and priorities for comparative and cross-cultural research[J]. International journal of event and festival management，2010，1(1)：29-59.

[3] GURSOY D，JUROWSKI C，UYSAL M. Resident attitudes : a structural modeling approach[J]. Annals of tourism research，2002，29（1）：79-105.

[4] LEPP A. Attitudes towards initial tourism development in a community with no prior tourism experience : the case of Bigodi，Uganda[J]. Journal of sustainable tourism，2008，16（1）：5-22.

[5] 宋振春，陈方英．两种类型旅游节事居民感知的比较研究——对泰安泰山国际登山节和东岳庙会的问卷调查 [J]. 旅游学刊，2008，23（12）：63-69.

[6] PERDUE R R，LONG P T，ALLEN L R. Resident support for tourism development[J]. Annals of tourism research，1990，17（4）：586-599.

和经济影响方面的居民感知，并构建结构方程模型分析节事发展与当地居民感知态度之间的关联性。❶

从研究的理论与方法来看，国内外学者经过科学的理论分析与实证研究认为，节事与旅游领域之间的知识和方法可以转移。❷❸因此，可以认为前述旅游、休闲、事件影响感知方面的理论与方法同样适用于综合性农业会展活动经济影响感知的研究。

近年来，农业会展活动作为一种特殊的旅游产品，已经成为地方树立形象、发展产业经济、吸引旅游客源的重要措施。目前，我国每年举办的农业会展活动类型多样，数量庞大。如火如荼的产业实践给地方带来了广泛而深入的影响。与行业盛况不相匹配的是，农业会展影响的理论和实证研究极少。近年，相关影响感知研究着眼于社区居民乡村旅游开发感知，以农业会展活动影响感知为研究对象的文献数量寥寥。大多数农业节事活动的区域性、短期性、一次性造成学者们并不重视农业节事活动的影响研究。乡村地域的节事研究极为有限，缺乏全面性和深入性。

综合国内外研究现状，首先是对大型会展活动的研究较多，对行业会展的研究较少；产生影响方面更多地集中于第三产业的带动性，而对第一产业的影响研究极少；对大城市、国家的影响研究多，而对小城市的影响研究少；地区经济水平越高，产生的乘数效应越大，在这一观念影响下，人们更关注大型事件、大城市。其次是农业会展的经济影响方面，探索性研究多，验证性研究少；定性分析为主，定量分析极少。可见，当前有关该领域的系统研究十分必要，本书从经济影响视角系统地研究农业会展对地方（小型城市）经济发展产生的影响，做探索性研究。诚望能够服务于农业会展产业的学术研究，为后续更深层次研究提供参考和借鉴。

---

❶ 戴林琳，盖世杰. 基于结构方程模型的乡村节事及节事旅游影响的居民感知研究——以北京长哨营村为例 [J]. 北京大学学报（自然科学版），2011，47（6）：1121-1128.

❷ HINCH T，JACKSON E L，HUDSON S，et al. Leisure constraint theory and sport tourism[J]. Sport in society，2005，8（2）：142-163.

❸ 陶卫宁，张淑珊. 基于休闲限制理论的澳门居民 MGP 相关休闲行为研究 [J]. 旅游学刊，2016，31（6）：50-59.

第三节 研究内容、方法与技术路线

一、研究内容

第一章为引言。首先，结合农业会展发展的经济背景，阐明选定本研究课题的目的，即要解决的四个科学问题。产业发展需要理论指导，而理论研究相对滞后，凸显农业会展对地方经济发展影响研究的理论和现实意义。其次，综述会展经济影响以及农业会展相关文献研究，为本研究提供借鉴，帮助理清研究思路。再次，概括本研究的主要内容、具体研究方法、技术路线。最后，总结本研究的创新之处和不足之处。

第二章和第三章为理论基础与产业实践。首先，阐释农业会展与经济发展两个核心概念，总结且深入分析农业会展的节事活动属性与经济特征，并梳理经济增长、产业结构和产业关联、认知行为等基础理论，为合理界定研究范畴与开展后续研究奠定理论基础。其次，分析农业会展发展现状，阐述了国内外农业会展发展概况，总结我国农业会展发展现状及特征，引入寿光菜博会作为实证案例，分别详述寿光蔬菜产业、菜博会发展现状以及菜博会对寿光市的经济意义。

第四章和第五章的理论研究部分，解答本书的第一个科学问题，即农业会展影响地方经济发展的内在作用机制。一方面分析农业会展对地方经济增长的影响机理。农业会展业已经成为一个新的经济增长点，对经济增长的贡献是毋庸置疑的。农业会展对地方经济增长的影响路径包括 5 条直接路径和 3 条间接路径。在探讨影响路径的基础上，结合经济增长基本理论，进一步分析农业会展对经济增长的影响机理，具体体现在农业会展活动产生的规模经济效应、产生成本降低效应、拓宽要素供给渠道、促进市场竞争效应、提升区域经济一体化、推动产业增长极的培育、形成组织优化效应等方面。另一方面基于农业会展活动广泛的产业关联特征分析其对地方产业结构优化的影响机理。农业会展与众多行业存在紧密的投入产出关系，所以发展农业会展既能发挥产业带动作用，又能促进农业产业高级化。首先，概述产业结构高级化的形式，即三次产业合理化发展和传统农业产业升级，强调农业会展本身具备的产业特征对产业结构高级化的独特效应。其次，分析农业会展对地方产业结构的影响机理。再次，基于产业关联理论从产业链和产业融合两个视角分析农业会展对产业结构的影响。最后，探讨农业会展对农业产业升级的影响。

第四章和第五章的实证研究部分，解答本书的第二个科学问题，即检验农业会展与地方经济发展影响关系的存在。在前述定性分析之后，分别实证检验了农业会展与地方经济增长、产业结构优化的长期动态关系。一方面基于相关性研究的思路，探讨菜博会与寿光经济增长的特定关系。在变量选择上，以历年菜博会签约额作为寿光菜博会发展水平的衡量指标；以地区生产总值作为寿光经济增长的衡量指标；以第一产业产值、第三产业产值分别作为寿光第一产业、第三产业经济增长的衡量指标。对这些变量进行协整检验、格兰杰因果检验，结果显示农业会展与地方经济增长存在长期均衡关系，对地方第一产业发展的拉动作用显著，对第三产业增长、地区生产总值增长具有明显的正向影响。另一方面为验证农业会展与产业结构的关联性及其对产业结构优化的贡献度，在变量选择上，以历年菜博会签约额、参与人次数作为菜博会发展水平的衡量指标，以寿光产业结构转型度作为寿光产业结构优化调整的衡量指标，相继进行了相关关系分析与协整分析。结果显示，长期看来，农业会展发展水平与地方产业结构转型存在长期的动态均衡关系，农业会展活动成果增长对产业结构转型具有重要的促进作用。

第六章为农业会展对地方经济影响中乘数效应的量化分析，解答本书第三个科学问题，即农业会展活动对地方经济影响的大小。农业会展参与者在举办地的消费支出将产生乘数效应，这是农业会展对地方经济主要的贡献之一。本章选择截面数据分析，为第四章和第五章在时间序列上的实证检验做了量化补充，其研究结果也是本书理论研究的实证支撑。本章在阐述农业会展的直接经济效应、间接经济效应、国内外评估现状之后，重点评估菜博会对寿光市的经济效应，分步骤展开研究方法投入产出分析模型选择、数据调研与处理、研究结果与分析。本部分利用投入产出分析模型测算菜博会对寿光市的经济影响。直接经济影响和间接经济影响组成农业会展对地方的经济影响。首先，评估菜博会的直接经济影响，各类参与者的消费支出即是直接经济影响。根据菜博会的实际，参与者主要由参展商、采购商、销售商和普通观众组成。本书采用问卷调查和深度访谈法获得各类参与者的数量和支出相关数据，结合国内外评估中的数据处理研究进展和本案例实际，合理剔除非范围支出者和非范围支出，统计测算参与者的平均消费额和消费结构，汇总获得总直接效应。其次，选择投入产出模型，由 2012 年山东省投入产出表获取直接消耗矩阵，运用 MATLAB 软件计算得出完全消耗系数矩阵，再根据参与者消费对相应部门的投入，汇总分部门的直接经济效应，进一步结合完全消耗系数矩阵测算得到间接效应。

第七章为蔬菜种植户感知视角的农业会展经济影响研究，解答本书第四个科学问题，即农业会展对地方种植户居民的影响效应。前述研究表明农业会展对区域经济发展的影响效果，但农业生产者是否感知到农业会展的经济影响，其感知状态是否进一步影响其支持意愿。此问题分析既是前述农业会展经济影响效果的验证，也为后续农业会展持续发展的政策建议提供现实依据。因此，本章首先综合分析国内外会展活动有关经济影响感知的文献，明确相关研究进展；其次提出理论假设，结合已有研究成果和预调研结果，设计并修正调查问卷，依场馆距离差异选择了9个样本村，开展实地深度访谈和问卷调查，对调查样本数据进行描述性统计分析，并构建种植户农业会展活动经济影响感知测量维度模型进行分析和检验；最后得到种植户感知视角的农业会展经济影响相关结论。

第八章为研究结论与政策建议。基于农业会展经济增长效应、产业结构效应以及菜博会实证分析中直接经济效应与间接经济效应的评估结果与研究结论，在宏观上对从区域经济层面提升农业会展的经济影响提出相应政策建议。根据寿光蔬菜种植户对菜博会经济影响的感知结果和结论，在微观上从农业会展活动层面提出相应发展建议。最后，对进一步研究进行展望。

二、研究方法

1. 文献分析法

文献分析法是本书基本的研究方法。在研究过程中，为系统分析农业会展对地方经济发展的影响，笔者大量查阅并梳理了国内外相关文献，掌握本领域的研究动态，既为本研究的思路设计和研究方法选择提供了一定参考，也为部分研究内容提供理论指导。

2. 问卷调查法

本书中两次使用问卷调查法。其一，选取第17届菜博会参展商、销售商、采购商和普通观众等所有参与者进行抽样调查，获取会展活动参与者的消费支出状况，为评估农业会展活动经济影响效应提供数据信息。其二，选择部分村镇作为典型样本村，进行蔬菜种植户菜博会经济影响感知调研，得到分析种植户农业会展活动经济影响感知状态的基础数据。

3. 案例分析法

基于农业会展相关统计较少的现状，限于数据的可得性，本书通过菜博会这一农业会展案例的分析，对农业会展发展及其经济影响进行经验性归纳和整理，得到农业会展对地方经济影响的特点以及结果等有关规律性的结论。

4. 计量分析法

只有通过数据和模型验证后，经济理论分析才具有说服力。本书运用协整分析法，分别对莱博会发展水平与寿光市经济增长的相关指标、莱博会规模水平和收益水平与寿光市产业结构转型的相关指标进行分析，以验证农业会展业对地方经济增长、产业结构的动态影响；运用投入产出模型测算第 17 届莱博会的乘数效应，分别获得单体农业会展活动的直接经济效应和间接经济效应的实证结果；设立种植户经济影响感知理论假设、构建感知结构方程模型，分析各维度经济影响的贡献度及总体认知对支持意愿的影响。最终，根据计量分析结果总结相关研究结论。

三、技术路线

本书的逻辑思路见图 1–2。

需要说明的是，本书第四章至第七章内容之间存在紧密联系。首先，由于经济增长与产业结构之间相互关联，所以第四章与第五章的理论研究与实证研究彼此支撑。其次，第六章的研究结果进一步为第四章、第五章提供数量支撑。第四章、第五章的时间序列分析说明，分别存在农业会展与地方经济增长、产业结构转型的长期均衡关系，而第六章的实证评估拟对单体农业会展活动的乘数效应进行分析，利用截面数据的研究结果论证农业会展对地方经济增长以及三次产业的直接和间接带动效应。第七章农业会展对种植户的经济影响感知分析，是从经济社会质量的改善方面论证农业会展影响地方经济发展的研究，农业生产者感知到的经济影响在一定程度上代表了农业会展对农业生产和社区生活的影响效应。农业会展的创办和持续发展需要得到社区居民和活动参与者的支持，而其支持意愿与活动影响认知相关联，因此在第七章进一步分析了兼具社区居民、专业观众和旅游者等角色的种植户的认知态度及行为意向。第七章的研究既可检验前述经济影响的效果，也为后续政策建议提供补充性依据。

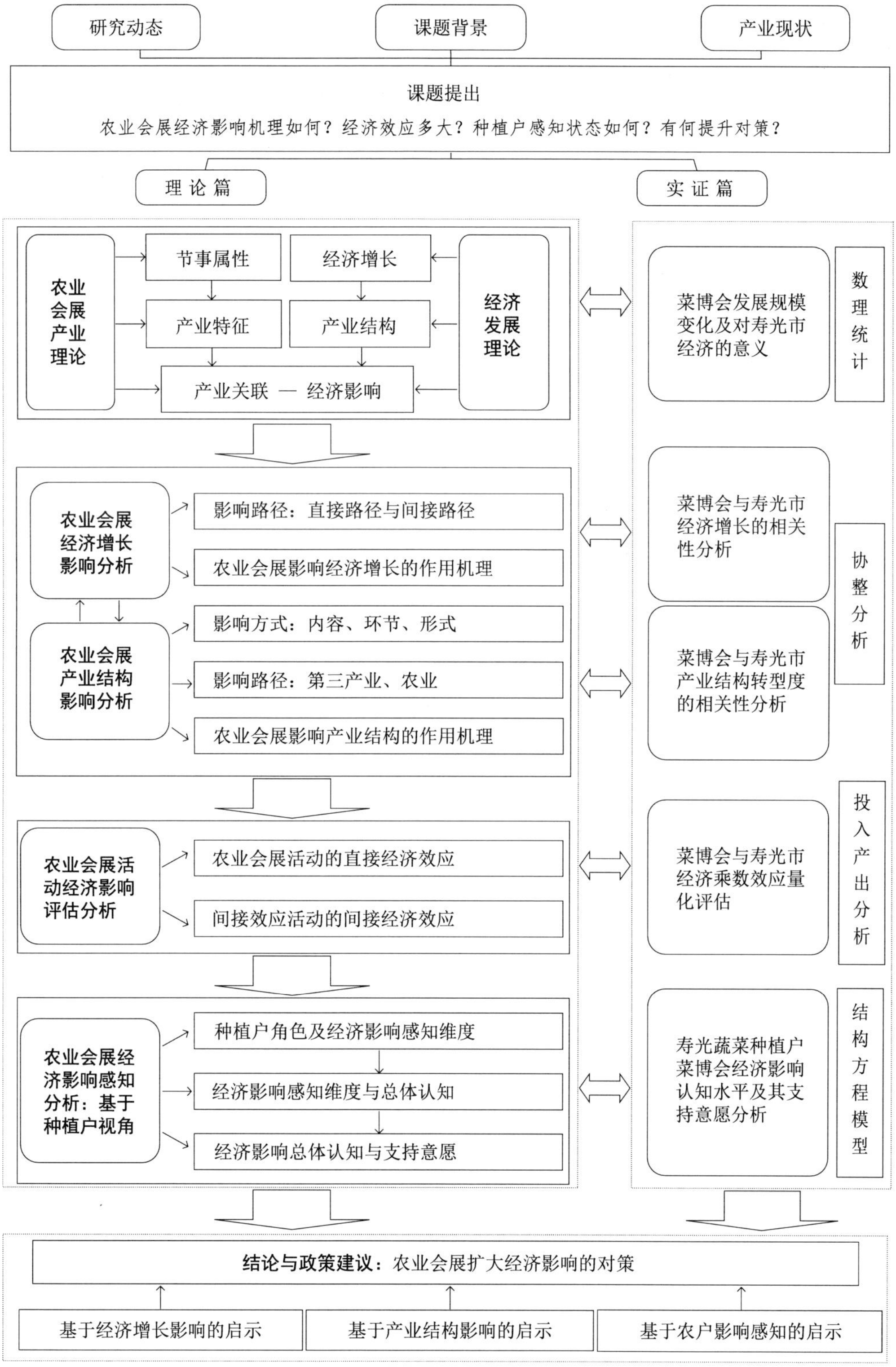
研究动态
课题背景
产业现状
课题提出
农业会展经济影响机理如何？经济效应多大？种植户感知状态如何？有何提升对策？
理论篇
实证篇
农业会展产业理论
节事属性
产业特征
经济增长
产业结构
产业关联 — 经济影响
经济发展理论
菜博会发展规模变化及对寿光市经济的意义
数理统计
农业会展经济增长影响分析
影响路径：直接路径与间接路径
农业会展影响经济增长的作用机理
农业会展产业结构影响分析
影响方式：内容、环节、形式
影响路径：第三产业、农业
农业会展影响产业结构的作用机理
菜博会与寿光市经济增长的相关性分析
菜博会与寿光市产业结构转型度的相关性分析
协整分析
农业会展活动经济影响评估分析
农业会展活动的直接经济效应
间接效应活动的间接经济效应
菜博会与寿光市经济乘数效应量化评估
投入产出分析
农业会展经济影响感知分析：基于种植户视角
种植户角色及经济影响感知维度
经济影响感知维度与总体认知
经济影响总体认知与支持意愿
寿光蔬菜种植户菜博会经济影响认知水平及其支持意愿分析
结构方程模型
结论与政策建议：农业会展扩大经济影响的对策
基于经济增长影响的启示
基于产业结构影响的启示
基于农户影响感知的启示

图 1-2 本书的逻辑思路

第四节　创新与不足之处

一、创新之处

该研究课题具有探索性。通过研读与梳理相关资料和文献可知，行业会展经济影响的系统研究仍显不足，也缺乏会展活动对中小城市经济影响的研究。目前，国内外相关研究的对象集中于大型活动对大城市的经济影响。与大型活动不同的是，行业会展除了对区域经济增长具有直接贡献之外，还通过提升会展主题行业而作用于产业结构优化过程。对农业大国来说，农业会展的上述经济意义更为突出和深远。另外，农业会展活动的举办地多为中小城市，基于其与大城市的经济基础和经济关联性的差异，产生的经济影响效果大小以及关联带动的产业类型也必然不同。本书在农业会展的经济影响机制分析基础上，以菜博会为例进行相关实证研究。

量化评估农业会展活动的经济影响，基于投入产出法测得农业会展活动对地方经济的拉动效应和推动效应、具体关联的行业部门及效应大小。通过实地调查获取第 17 届菜博会主要参与者的消费支出数据，剔除非范围支出者和非范围支出，得到直接经济效应的量化结果，并利用投入产出模型评估得到菜博会对寿光市的间接经济效应的量化结果，进而得到菜博会不同参与者对寿光市的经济拉动作用以及菜博会对七个产业部门的带动效应的具体数据结果，为后续农业会展经济影响扩大对策提供依据。

区别于社区居民视角的节事会展影响感知研究，本书尝试进行农业生产者的农业会展活动经济影响感知研究。根据认知行为理论基础，本书结合农业会展经济影响特性，提出理论假设，并构建蔬菜种植户的菜博会经济影响感知测量维度模型，通过验证性因素分析和路径关系检验，得到了相关研究结论，即农业会展活动对地方经济影响显著，主要体现在农业生产改进、销售促进、产业发展及区域经济环境等四个维度；农户感知的农业会展活动不同维度经济影响对总体认知的贡献具有差异性，农户更重视活动对其所从事行业生产方面的影响；农户的农业会展活动经济影响认知高度正向影响其支持行为，农户的经济影响感知是支持行为的决定性因素。这将在一定程度上揭示种植户农业会展活动经济影响的感知规律以及经济影响感知对支持意愿影响的内在机理。

二、不足之处

会展业作为我国的新兴产业，缺乏相关统计数据，造成本研究中农业会展对经济增长和产业结构影响分析部分实证计量时数据不充足，从而影响了研究的深入。另外，具有现代经济特征的农业会展活动举办的时间不长，能够持续举办的为数不多。大部分农业会展的案例具有数据的连续性不强、时间序列较短等特征，对开展相关研究造成一定限制。基于菜博会数据的连续性，本研究选择其作为实证研究对象，但菜博会始于 2000 年，只能获取 16 年的数据用于检验其与寿光市经济增长，第一、第三产业及蔬菜产业增长的协整关系和格兰杰因果关系，用于检验其与寿光市产业转型度的相关性。相对较短的时间序列数据必然对研究结果的科学性产生一定的影响。

农业内部行业之间的异质性很强，农业会展活动种类繁多，涉及的会展参与者群体类型多种多样，而且农业会展活动自身也具有一定的复杂性，所以本研究结果的适用性受到一定限制。本研究中农业会展对地方经济增长和产业结构影响的具体特征并不能完全适用于所有类型的农业会展活动，而且以菜博会为实证对象的量化研究结果只能代表农业贸易展、博览会和交易会等大部分类型的农业会展活动对地方经济的影响效应，而不涵盖农业节庆、农业会议和农业消费类会展活动等。

第二章 核心概念与理论基础

农业会展作为会展业的重要组成部分，在国内外区域经济发展中均具有重要地位，但一直以来农业会展尚没有标准性定义。国外农业会展活动的综合性较强，一般指的是展示与农业和畜牧业相关联的器械、动物、运动和休闲娱乐的公共事件。国内农业会展是指以推动农业发展和农产品贸易为主题的各类展览、展销、会议和节事等活动。这一定义体现了农业会展所具有的时空聚集性、组织性以及最终的经济目的性的内涵。为有效对接经济增长的影响因素、产业结构优化的影响因素，以分析农业会展对经济增长、产业结构的影响机理，本章将总结现代农业会展的经济特征。

阐释农业会展和经济发展这两个核心概念，明晰农业会展的节事属性和经济特征，都是研究农业会展经济影响的前提。农业会展对地方经济发展的影响主要体现在经济增长效应和产业结构效应，而这两个方面的影响均源于农业会展广泛的关联特性，因此本研究的理论基础主要包括经济增长理论、产业结构及优化和产业关联理论等。

第一节 核心概念界定

一、农业会展

会展在欧洲兴起时是会议和展览的总称，简称为“C & E”（Convention and Exposition）或者“M & E”（Meeting and Exposition）。随着美洲经济的发展，会展又简称为MICE，即公司会议（Meeting）、奖励旅游（Incentive Tour）、协会和社团会议（Convention）及展览会（Exhibition）。全球化经济的发展带动会展覆盖的范围逐步扩大，在原有基础上增加了内容。目前，国际统计标准口径的会展仍简称为MICE，但其中的“E”既代表展览会，又代表事件活动（Event），所以国外会展的概念狭义上指的是会议和展览，而广义上的界定是MICE，也被称为大会展。国内会展研究源于节庆活动，在奥运会、世界博览会等大型活动的影响冲击下，政府和业界开始关注会展。较早涉及大会展研究的代表学者刘大可认为，会展活动包括展览、大型活动、会议、节庆活动、其他特殊活动五类。由此可见，会展业是一个综合性非常强的行业，农业会展作为其重要组成部分之一，内容涉及上述各类活动。

国外的农业会展包括牲畜展、交易会、涉农运动比赛以及娱乐活动。农业会展，对小城镇来说，是重要的文化生活的组成部分；于大城市而言，则是流行事件。因此，农业会展（Agricultural Show 或 Livestock Show）被定义为展示与农业和畜牧业相关联的器械、动物、运动和休闲娱乐的公共事件，通常也被称作 Agricultural Fair。因为具有贸易平台属性，农业会展在北美相当于县交易会或州交易会（County Fair 或 State Fair）。

国内农业会展的界定源于学者和协会。虽然农业会展种类较多，也具有地域属性，但根据行业运营性质和经济功能特点，国内学者给出的定义是，农业会展是以农业和农产品贸易为主要内容，以会议、展览、展销、节庆活动等为主要形式，以一定的场馆设施和展示基地为基础，专业公司策划组织，各类市场经营主体和消费群体参加的商贸经济文化活动。2009年，中国国际贸易促进委员会农业行业分会发起我国农业会展分类的认定工作，并对“中国农业会展”做了界定。中国农业会展是指在中国境内举办的，以推动农业发展和农产品贸易为主题的各类展览、展销、会议和节事等活动。可见，学者界定时更突出农业会展的运营性质、涉及内容和举办形式，而协会主要围绕农业会展的经济功能这一核心，同时考虑地域范畴和内容范畴。

目前，虽然国际上关于会展和农业会展的内容范畴有了界定，但是对农业会展的概念仍没有统一的界定。本书主要研究农业会展对地方经济的影响，故考虑研究目的，农业会展的界定不仅参考中国贸促会农业行业分会的定义，而且包括下述内涵：一是时空上的聚集性。农业会展活动必须发生于特定时间和特定空间，即所有活动主体采取某种方式的行动在特定时间和特定空间内进行参与，呈现时间和空间维度上的聚集性。二是组织性。农业会展活动是通过特定程序或依照特定计划有组织地发生的，并非出于偶然或随机事件。三是最终的经济目的性。农业会展活动及其所有参与者的行为都有明确的目的，无论是经济上与政治上，还是物质上与精神上，其目的得到满足的同时，直接或间接地实现了参与者个体或所在地域的经济目的。

二、经济发展

经济发展是指追求自身利益最大化的人们，通过不断的技术经济组织和社会经济制度创新，使其经济总福利在经济总规模持续扩张的过程中得以不断改善。它包含三个方面的内容：第一，国民经济量的增长，主要体现在国民生产总值、人均国民生产总值等指标的变化；第二，经济社会结构的转变，包括产业结构、城乡人口结构、就业结构、收入分配结构、社会阶层结构等指标的深刻变化；第三，经济社会质量方面的改善，如生活质量改善、生态环境良好、文化程度提高和人的素质提高等。可见，经济增长是经济发展的第一个层次的要求，即地区经济要实现数量上的增长；结构优化是第二个层次的要求，即要实现结构升级；第三个层次是经济社会质量的提高，建立在前两个层次基础之上。

经济发展与经济增长。根据经济发展的定义，它包含了经济增长。经济增长是一个数量概念，注重的是经济总量与增长速度，其理论支撑主要是生产要素创造价值论、要素配置与利用效率理论和扩大再生产理论。经济增长看重短期经济变化。而经济发展的内涵要求兼顾经济总量的增加与经济质量的提升和经济结构的优化，它既是一个数量概念，又是一个质量概念。经济发展的方式涵盖多种制约要素，通过结构优化、技术、制度和管理的创新以及资源节约等要素单一或多重地组合形成实现路径。经济发展着眼于长期的经济变化。

经济发展与产业结构。产业结构是一个国家或地区的各种生产要素在各个产业部门、行业之间的构成比例的关系。[1]它是经济社会结构的最主要形式之一，因而产业结构优化一般被视为衡量经济发展的最主要指标之一。产业结构优化是指产业结构从低层次向高层次跃迁的过程，包括从第一产业为重心逐渐转变为以第二产业或第三产业为重心，从劳动密集型转向资本或技术、知识等高级生产要素密集型，由生产初级产品为主转向生产中间产品乃至最终产品为主。[2]

经济发展与经济社会质量。经济社会质量是一个多维度概念，它内涵丰富，任何单一指标都无法作出全面的科学的评判。但是，高质量的经济发展应是人民生活的高质量，使更多的人民群众从经济发展中得到好处，所以提高居民生活质量，实现发展成果的共享，是判断经济社会高质量发展的基本标准。[3]

---

[1] 刘伟，李绍荣．产业结构与经济增长 [J]. 中国工业经济，2002（5）：14–21.

[2] 李翔，邓峰．中国产业结构优化对经济增长的实证分析 [J]. 工业技术经济，2017（2）：3–9.

[3] 任保平，文丰安．新时代中国高质量发展的判断标准、决定因素与实现途径 [J]. 改革，2018（4）：5–16.

结合基本概念分析与特定研究目的，本书中经济发展概念的界定是相对广义的，它是由三个层次指标共同构成的相对完整的体系。第一层次，是指经济发展的主要度量指标是经济增长。第二层次，是指与经济增长密切相关的产业结构优化，即三次产业构成比例及内部结构的变化。本书从寿光市产业结构现实出发，其产业结构优化的标志是第三产业比重提升，第二产业比重适度下降，第一产业内部结构高级化等。第三层次，是指经济增长和产业结构两个指标以外的包括生产效益的提高、人们生活的改善等经济社会质量的提升指标。本书以寿光蔬菜种植户对菜博会影响认知情况衡量农业会展活动对寿光经济发展中生产生活质量变化的影响。综上所述，对区域经济增长、产业结构以及居民生产生活的影响，是一种经济活动对经济发展的推动作用的基本表现。笔者基于此概念的界定设计本书的研究框架。

第二节　农业会展的属性及经济特征

一、农业会展的节事活动属性

农业会展活动的节事范畴界定。梳理国内外相关文献发现，节事相关学术研究已有近 50 年的历史。虽然至今节事这一概念尚无标准定义，但它的事件、节庆和活动等多层含义一直得到国内外学者们的一致认可。早期的西方学者通常将节庆（Festival）和特殊事件（Special Event）作为一个整体进行讨论，简称“FSE”。目前，节事的概念逐渐从旅游业中脱离出来，成为一个独立的研究领域。

与农业会展活动相关的两个主要概念是标志性事件和特殊事件。20 世纪 70 年代中期的旅游相关研究领域中，J. R. 布伦特 · 里奇（J. R. Brent Ritchie）等学者将事件（Event）作为一个新的学术概念提出，并在后续研究中不断明确标志性事件（Hallmark Event）的概念，即那些在特定时间范围内一次性或连续举办的以提升目的地关注度、吸引力和利润的大型节事活动，吸引节事活动感兴趣者更多的注意并参与才是活动成功的关键，时间的便利性、内容的独特性、声望的特殊性等都起到决定性作用。[1] 1986 年，巴巴里 · 伯恩斯（Barry Burns）和特沃 · 穆勒（Trevor Mules）首次提出了特殊事件（Special Event）

[1] BRENT RITCHIE J R. Assessing the impact of hallmark events : conceptual and research issues[J]. Journal of travel research，1984，23（1）：2–11.

的概念，他们也认同事件活动时间上的集中性这一特征，还进一步围绕特殊事件的巨大效应的分析，总结了影响方面的三个特征，即影响的带动性、峰值问题及其影响、直接影响小于间接影响。❶后来，大型商品交易会、展览和文化体育活动等被界定为标志性事件。事件研究领域卓有建树的唐纳德·盖茨（Donald Getz）于2007年出版了《节事研究》，书中强调了节事活动的三个特性，即时间性、计划性和体验性，并进一步明确节事这一概念的外延，即节事包括文化庆祝、政治活动、艺术娱乐活动、商业贸易节事、教育科学节事、体育节事、休闲节事、个人节事、边缘节事以及抗议示威活动等在内的广泛的形式。❷这充分表明节事研究对象的广泛性，而其中的商业贸易节事包括会议、展览、交易会和世博会等会展活动。可见，农业会展活动是节事研究对象之一。国内相关研究多数参考西方学者的研究文献，存在事件、大型活动和节事等多个概念，其中节事应用更为广泛，因此基于农业会展活动的事件属性，第四章至第六章的部分内容以及第七章的研究思路均参考了国内外节事活动的相关研究成果。

二、农业会展的经济特征

1. 资源集聚的特性

各种资源的集聚是所有会展活动最突出的特点之一。所集聚资源的丰富与否与水平高低往往体现出会展活动的等级和效果，所以资源的集聚状况也决定了一个会展活动的发展潜力。

农业会展活动是一种大规模的集体性的交流方式，吸引农业行业中各部门或者一条农业产业链上各个环节的企业，在某一特定的地域空间内汇集大量农业相关产品、技术、资金、信息和人才。无论是综合性农业博览会还是专业性农业会展活动，都力求集聚产业领域最新的成果、技术、品牌和业态，形成最活跃的产品流、技术流、资金流、人才流和信息流。❸农业会展各类参与主体在大量资源集聚的环境中展开互动，包括农业产品、技术、资金、信息、服务等供需双方之间、同行之间的互动。企业、机构之间通过见面和洽谈，达成买卖合同、技术成果转让、投资项目等协议。农业会展促进双方

---

❶ BURGAN B，MULES T. Economic impact of Sporting Events[J]. Annals of tourism research，1992，19（4）：700–710.

❷ GETZ D. Event tourism：definition,evolution and research[J]. Tourism management，2008，29（3）：403–428.

❸ 王晓文，张玉利，王菁娜．会展经济效应的作用机制研究——一个以创业活动为传导路径的观点[J]. 旅游科学，2011（8）：49–57.

的了解，提供潜在的商业机会。

农业会展活动为拓展市场、宣传产品品牌、技术交流和知识创新创造机会，增强面对面的交流和实时具体信息的集聚。知名农业会展的品牌效应以及对周边区域的辐射力，还会产生对资源的向心力，强化农业会展对农业生产要素的集中性，提高资源利用效率，聚集经济效应，产生成本节约、收入提高以及效用增加。[1]

总之，农业会展可被视为农业相关资源集聚的平台，为供需双方提供了交流机会，为同行提供了观摩机会，可实现闲置状态的过剩性供给能力，激发潜在状态的创新性供给能力，所以农业会展通过资源集聚促进了产业交流和资源整合。

2. 产业集合的形式

根据我国最新的国民经济行业分类，会展业属于服务业。按照《国民经济行业分类与代码》（GB/T4754-2011），会议及展览服务业（L7292）属于商务服务业。另外，大会展（MICE）中的节庆和赛事等属于其他未列明的商务服务业。会展活动类型多样，但其核心企业主要包括会展场馆、会展组织者以及会展服务商三类。除此之外，会展活动还需要一系列配套产业和相关产业共同完成会展商品和服务的生产与销售。可以说，会展业以产业集合的形式存在。会展组织者（Organizer）相当于系统集成商（Integrator）的角色，是最终产品集成商，负责每一个会展项目（产品和服务）的总策划与组织工作，即为其余两类企业的产品和服务设计规则并制定标准。会展服务商（Provider）相当于细分产品和服务的制造商，是节点企业，提供各种中间产品，包括会展设计、策划、搭建、物流和广告等会展服务公司。会展场馆是会展组织者和服务商提供产品的价值得以实现的载体，其本质也是服务商之一，但载体的角色更为突出，为每一个会展产品提供必要空间、设施和相关服务。

3. 平台经济的本质

平台经济也称为“双边市场”或“双边平台”，指的是借助于一定的交易空间或场所，促成双方或多方客户之间的交易，收取一定的费用而获得收益的商业模式。[2]近年来，平台经济快速兴起，并成为全世界聚焦的一种新型经济模式。它通过搭建双边或多边平台，以连接两类或更多类型的终端顾客进行交易或者信息交换。农业会展就是一种双边平台。会展活动本身不生产产品，但通过促成农业及相关行业领域企业双方或多方供求之间的交易，以展位费、门票费和招商费等形式收取恰当的费用而获得收益。农业

[1] 王晓文，张玉利，王菁娜．会展经济效应的作用机制研究——一个以创业活动为传导路径的观点 [J]. 旅游科学，2011（8）：49-57.

[2] 徐晋．平台经济学——平台竞争的理论与实践 [M]. 上海：上海交通大学出版社，2007.

实体会展或网络会展作为一种真实或虚拟的交易场所，使参展商和观众在很大程度上突破了空间限制。各种农业会展活动有效地为服务对象搭建平台，使连接交易的买卖双方、投融资双方等进行贸易或者信息交流。会展活动中资源的集聚性满足了参与者对信息匹配度高、规模效益好和多样性偏好等方面的需求。

4. 邻近关系的媒介

农业会展搭建了农业经济主体之间的邻近关系，从而推进创新。邻近关系分为地理邻近和关系邻近。前者可进一步细分为永久性地理邻近和临时性地理邻近两类，分别指的是行为主体间存在的空间距离和行为主体暂时性接触而形成的空间上接近的机会。农业会展则是参与者——农业经济主体（农业及相关行业的企业、机构及个人）建立临时性地理邻近关系的媒介。关系邻近是企业在亲属、朋友、合作伙伴等关系上建立起的一种隐性的邻近。❶ 在一定条件下，地理邻近可转化为关系邻近。农业经济主体之间在农业会展平台上达成合作关系时，就会出现上述转化，形成叠加邻近关系或多维邻近关系。

在全球化背景下，创新要素是发展现代农业、提升农业竞争力的高效条件，在农业生产和农业发展中具有决定性作用。经济主体之间的不同关系对创新的影响具有明显的差异性。地理邻近对农业经济主体的创新作用，主要通过下述传导机制：地理邻近增加了农业经济主体面对面交流的机会，易于实现知识、技术等信息的集聚与扩散，引发周边企业进行效仿，甚至做更进一步的竞争性创新的探索；地理邻近的农业经济主体之间空间距离短，会降低要素流通的时间和成本，激励农业经济主体创新；地理邻近会强化其他邻近关系，易于形成农业经济主体多维邻近关系，利于其深入创新；地理邻近过度，可能造成创新“锁定”效应。农业会展等临时性地理邻近可以增加交流的机会，利于发现新契机，以打破创新锁定。❷

因此，农业经济主体在农业会展活动中形成更多的关系邻近，催生创新思想。另外，农业会展活动通过推动产业集群，即促使外地知名的大型公司、科研机构等因优势产业吸引而在举办地成立分支机构，与原有集群企业形成多维邻近关系，既利于消除在集群创新过程中出现的单一关系邻近对创新造成的锁定，又在全球化背景下为创新提供更多渠道。

❶ 史焱文，李二玲，李小建．地理邻近、关系邻近对农业产业集群创新影响——基于山东省寿光蔬菜产业集群实证研究 [J]. 地理科学，2016，36（5）：751-759.

❷ 同❶.

5. 农业发展的目的

农业会展作为会展的重要组成部分，其基本特征为举办目的以农业发展和农业贸易为主。农业会展的主题须为农业产业的内容，包含农业生产、加工、销售、科学技术、服务和休闲等的专业性会展或综合性会展。按照会展的一般类型，农业会展可划分为农业节庆、农业会议、农业展览、农业会展旅游等。农业会展区别于其他会展，有利于三农问题的解决，对区域经济具有更重要的意义。农业会展不仅拉动地方第三产业的发展，还通过有效地促进农业贸易，推动农业技术推广，催生休闲农业、旅游农业等新产业形式，以带动地方农业产业发展，因此对区域经济增长和产业结构调整具有的上述特殊作用是农业会展范畴特点的体现。

第三节　理论基础

一、经济增长理论

经济增长的概念有狭义与广义之分。狭义的经济增长指的是经济在数量方面的增长，而广义的经济增长则指经济在质量和数量两方面的增长。经济学家一般仅从数量上定义经济增长。《现代经济词典》中，采用道格拉斯的观点，经济增长被定义为在一段较长时期内区域经济产生的物质产品和劳务的数量的持续增加。《新帕尔格雷夫经济学大辞典》（1996）指出，经济增长利用国民收入（NI）、国内生产总值和国民生产总值（GNP）这三个指标来衡量。国内经济学家张维达认为，经济增长是指一个国家和地区生产产品和劳务总量的增加，即国民经济产出的增加。从一定意义上来说，经济增长意味着国民经济数量的增长和规模的扩大。可见，大多数国内外经济学家给出的是狭义经济增长的定义，是从数量方面下定义，并赋予以下内涵：经济增长是一个持续的过程；经济增长是变化的；经济增长是一国或地区的总产量或者人均产量在一定时期内的持续增加，可用经济增长率来测度。[1]

1. 经济增长的影响因素

经济增长的影响因素研究体现于经济增长理论的发展过程中。在古典经济学阶段，

[1] 姚丽．区域经济一体化的经济增长效应空间计量研究 [D]. 长春：东北师范大学，2015.

特别关注经济增长的经济学家主要有亚当·斯密（Adam Smith）、大卫·李嘉图（David Ricardo）和托马斯·罗伯特·马尔萨斯（Thomas Robert Malthus）等。亚当·斯密认为，增加生产性劳动者的数量和提高劳动者工作熟练程度和技能是促进经济增长的两条途径。大卫·李嘉图和托马斯·罗伯特·马尔萨斯认为，资本积累是经济增长的源泉。新古典经济学派只是从供给视角分析，其代表人之一英国经济学家阿尔弗雷德·马歇尔（Alfred Marshall）将影响经济增长的因素从资本积累扩展到资本增加、人口数量、智力水平以及分工协作等微观层面。现代经济学阶段，经济学家开始了需求方面的经济增长分析。被称为现代经济增长理论基石的索洛—斯旺模型，以外生的技术变化来解释经济增长，认为促进经济增长的资本积累包括技术进步推动的全要素增长率的提高。保罗·罗默（Paul Romer）和罗伯特·卢卡斯（Robert Lucas）等提出内生增长模型，体现了“内生技术变化”思想。新增长理论将技术变为内生化的解释，强调经济增长更依靠知识溢出、人力资本投资、劳动分工和专业化等内生技术变化的力量。保罗·罗默扩展了外部性的研究，指出技术可以不用追加成本而被反复使用；知识和技术既不是私人经济品，也不同于公共品，具有非竞争性和部分排他性特征；具有非凸性，即知识生产和传播不能完全由市场来控制。因此，知识积累作用于经济的外部效应会导致持续增长。罗伯特·卢卡斯在《论经济发展的机制》中提出的内生增长模式强调了人力资本的外部效应，并将源于人力资本外部效应的递增收益称为经济增长的“发动机”。

2. 产业集聚与经济增长

产业集聚是指同一产业在某个特定地理区域内高度集中，产业资本要素在空间范围内不断汇聚的一个过程。一种是市场创造集聚模式，即专业化市场出现并吸引产业的生产过程及相关要素企业集聚形成纵向产业链式的产业集群；另一种是资本迁移集聚模式，即在产业转移的背景下规模较大的企业为接近市场或节约成本重新选择生产区位时，可能引发同类企业和相关企业随之迁入而形成产业集群，通常缘于资本迁移和流动而形成。目前，后者在国内常见，起推动作用的迁移性资本主要是外商直接投资或大型企业投资。已有产业集聚通常在原材料集中地、市场集中区、拥有大量廉价劳动力的地区或交通枢纽节点，为充分利用地区的某种优势而形成，其目的在于加强地区内企业之间的纵向或横向经济联系，企业之间相互提供有利的外部条件。

阿尔弗雷德·马歇尔较早指出，集中在一起的厂商比单个孤立的厂商更有效率，即产业集聚可以带来外部经济增长。区域经济学家埃德加·M. 胡佛（Edgar M. Hoover）认为，产业集聚的外部性吸引部分同类部门加入集聚体，继而吸引上下游部门加入，最终带动整个区域经济增长，并使区域经济不断自我强化。因此，通过产业集聚体或者产业集群具有的较强的外部性或溢出效应，区域还能获得区域递增收益。较大区域范围内，企业资本投资逐渐转向集聚地区，形成增长极以及中心—外围的空间格局。综合看来，产业集聚主要通过规模效应、创新效应、竞争效应和增长极效应影响区域经济增长。

产业集聚的规模效应主要体现在外部规模经济和内部规模经济上。具有经济联系的企业在地理空间上集中，可以促进区域内行业的分工与合作，具体表现在下述五个方面。第一，减少原材料的搜索成本，降低产品的交易费用。第二，利于分工细化和协作加强，提高劳动生产率。第三，合作关系稳定、服务效率保障，及时了解行业竞争信息。第四，企业集群的对外谈判能力提高，可低代价获取公共物品或服务。第五，就业机会和发展机会较多，产生人才磁场效应，可短期内低成本找到所需人才，并积累人力资源优势。

增长极往往通过产业和企业集聚产生。增长总是集中于一些增长点上，然后向外扩散，最终影响整个经济。弗朗索瓦·佩鲁（Francois Perroux）、布德维尔（Boudeville）首先提出的增长极理论认为，推动型产业嵌入某地区，产生增长中心，形成里昂惕夫乘数效应和极化效应两种增长效应，推动地域经济增长。法国经济学家布德维尔强调产业集聚对区域经济增长的影响，其影响路径为产业群的简单延伸导致产业在空间上聚集，产业之间的联系延伸到城市区位，由于集中外溢效应而对周围腹地产生影响，其中密切关联的产业在地理上聚集，即经济活动的空间聚集比分散更有效，并有益于经济增长。

产业集聚产生创新效应。同行企业之间以及上下游企业之间的互动是企业创新的源泉。集聚区内的新产品、新技术能够被迅速传播、模仿和改进。企业之间了解交流更多，产品服务的缺陷更易显露、被关注，市场机会更易被发现、挖掘，创新的灵感更易被激发、捕捉，研发的动力和压力加大。集聚区内，不同企业的管理人员与技术人员的交流会强化各企业的创新思维。这也是知识技术外溢性的体现。上述创新效应推动集聚区以及整个区域经济获得发展优势。

产业集聚的竞争效应。产业集聚往往形成集聚区，区内企业之间具有地理邻近和关系邻近的优势，容易获得波特竞争理论中生产要素、需求条件、相关与支持产业、企业战略结构和同业间竞争等企业竞争优势条件，为提高本企业、本行业甚至本区域的竞争力提供了可能。另外，集聚区内同类企业之间的市场争夺、业绩评价与比较加剧了竞争，增加企业发展的压力与动力，利于企业持续发展，接近或引领行业前沿。因此，集聚区的企业具有更强的竞争优势。

总体看来，农业会展活动的经济特征决定了其在一定程度上具有资本积累、技术变化、知识溢出等经济增长影响因素的作用。农业会展活动是主题行业人流、物流、技术信息流在一定时空内的集聚，将具有主题产业集聚的规模效应、创新效应、竞争效应、增长极效应，必然影响区域经济增长。因此，这是农业会展活动经济增长效应分析的理论基础。

二、产业结构及优化

1. 产业结构

产业结构以分工为基础，指的是各产业的构成及各产业之间的联系和比例关系。在经济发展过程中，分工逐步细化形成越来越多的生产部门。这些不同的生产部门受到各种因素的影响和制约，会在增长速度、就业人数、在经济总量中的比重、对经济增长的推动作用等方面表现出很大差异，因此在每个国家或地区不同的经济发展阶段、发展时点上组成国民经济的产业部门是不一样的。在长期的经济发展历程中，生产力经历了不同发展阶段，三次产业的构成和比例也发生了具体的变化。产业结构变动的趋势是第一产业在总产值中的比重逐步降低，第二产业、第三产业在总产值中的比重逐步增加。从更深层次来看，产业结构反映着国民经济中各产业的质量分布状态，即技术水平和经济效益的分布状态。产业结构的演进能够体现产业数量状态和质量状态两方面的优化。

2. 产业结构优化

产业结构优化指的是产业结构的高级化，主要是一个国家的经济发展重点或产业结构重心由第一产业向第二产业和第三产业逐次转移的过程，标志着国家经济发展水平的高低和发展阶段、方向。

一方面，产业结构优化具体反映在各产业部门之间产值、就业人员、国民收入比例变动的过程中。在经济发展的转变过程中，一种经济形态总是与某个主导产业相对应，是由前期较低层次的产业占主导地位的低级经济形态，向后期较高层次的产业占主导地位的高级经济形态转变的过程，这是产业经济的高级化。[1]要实现高级化发展，产业结构与资源供给结构、技术结构、需求结构相适应的状态，并依据产业关联技术经济的客观比例关系，来协调现存不合理的产业结构，促进国民经济间的协调发展。[2]目前，我国经济应兼顾产业协调发展和最高效率原则，大力发展属于朝阳产业的第三产业，提升产业的附加值，实现资源配置的最优化和宏观经济效益的最大化。

另一方面，产业结构优化以产业升级为核心。细分产业内部结构协调与产业生产高

[1] 杨公朴，夏大慰．现代产业经济学 [M]. 上海：上海财经大学出版社，2005.

[2] 陈志平，刘松萍，余国扬．会展经济学 [M]. 北京：经济科学出版社，2005.

技术化也是区域产业结构优化的具体表现。当前，农业经济生产总值和生产率对技术革新的依赖性越来越大，此时生产结构的变动率也必然很高。技术创新对产业结构的影响一般有两条路径：其一，新发明引起一系列与之配套的发明和改进，从而引起产业结构相当大的变动；其二，新发明满足了潜在的需求，创造新的需求，引起生产和生活的新变化，进而使产业结构发生变化。[1] 因此，技术革新首先出现在个别或少数行业，其影响从某一部门或行业逐步向另一部门或行业传递。

3. 产业结构优化与经济增长

沃尔特·罗斯托（Walter Rostow）指出，经济增长是一个结构转变以及由此引致加速增长的过程。现代经济增长在本质上是产业部门变化的一个过程，它植根于现代技术所提供的生产函数的累积扩散之中。这些发生在技术与组织之中的变化只能从产业经济部门的角度来加以分析。首先，技术创新总是与某一特定的产业经济部门紧密相连，其强烈的渗透性、超前性和可分享性改变着劳动技能和劳动工具，造成生产急剧扩张，改造相应产业部门，导致一系列新兴产业部门出现。产业经济部门既是技术创新的载体，又越来越依赖于技术创新。因此，技术创新的速度和效果与其所依托产业经济部门的特点及关联性息息相关。其次，现代经济增长是主导产业经济部门依次更替的结果。[2] 率先采用新技术，本身又具有较高经济增长率的产业部门，往往成为产业结构各个发展阶段中的主导产业部门，其发展带动着其他产业部门发展。主导产业部门与其所带动的产业部门一起构成一个综合体系，综合体系内产业部门之间联系紧密、相互促进，影响波及区域整体经济。最后，技术创新是产业经济部门相互作用而使产业结构升级的结果。主导产业的形成和扩展主要是由于技术引进或创新而引导企业大规模集结和各生产要素的优化组合，进而引起产业结构变动以及传统产业改造与更新。

4. 产业结构优化的影响因素

一切影响经济增长的因素都会不同程度地影响产业结构的变动。各种影响因素互相促进或制约，同时也决定现有产业结构的现有状态和变化趋势。

资源禀赋与资本规模。自然资源禀赋是社会生产过程所依赖的基础条件、经济增长的先决条件，必然影响地区的产业部门种类和发展程度。但是，随着科学技术的发展，资源更为丰富，甚至有了更多可选择的替代资源。同时，国家间、区域间贸易发展也具有一定的弥补作用。两个方面共同减少了自然资源的制约。针对我国大部分地区产业结构处于从第二、第三、第一产业向第三、第二、第一产业转换阶段，自然资源禀赋的作

[1] 毛健．经济增长中的产业结构优化 [J]. 产业经济研究，2003（2）：26-56.

[2] 陈志平，刘松萍，余国扬．会展经济学 [M]. 北京：经济科学出版社，2005.

用与影响趋于减小，而资本规模的作用、影响具有越来越重要的意义。一个地区的资本规模包括资本的积累程度、利用外部投资的规模，后者更是至关重要。在当前经济发展阶段，依靠自我积累缓慢发展的路径已逐渐被淘汰，取而代之的模式是外部大量资本进入，带动现代技术、信息、人才等资源快速流动，结合内部优势有序组合所需要素和资源，形成一个地区经济或某产业的“增长极”，进而带动该地区整体经济或该产业迅猛发展。

技术进步的主要标志是科技创新。科技创新与发展是影响产业结构变化的最主要因素。知识与技术的革新不断催生新产业，形成不同时期的主导产业，从人类社会经历的四次技术革命及后果中可见一斑。技术创新和扩散促成了产业从动密集型向资本密集型和技术密集型渐次转变，也影响不同时期各产业的地位及变动。科技创新实现了知识形态向物质形态、潜在生产力向现实生产力的转变。科技创新催生新产品、新工艺、新制度和新业态，提高了生产效率，推动着产业成长和发展。以农业为例，当前，自然科学、技术科学、社会科学及经济科学向农业科学的渗透与交融，不断产生新的交叉点，拓宽农业产业领域，推动现代农业持续发展。

区域贸易是在开放条件下来自外部的影响产业结构变动的因素，它对产业结构的影响主要是通过区域比较利益机制实现的。一般来说，各区域间产品生产相对优势的变动引起贸易结构的变动，区域内产业结构随之变动，如区域间贸易的发展和经济一体化、全球化的推进，促进产业由发达地区或国家向欠发达地区或国家的跨区转移和国际转移。

在其他要素既定的条件下，区域经济产出的增加取决于人口规模，即可利用的劳动数量和劳动质量。劳动力数量增加来源于人口自然增长、劳动参工率提高、外来人口流入和劳动时间延长。根据世界经济发展的经验，经济发展初期到后期，主要作用因素由劳动数量转变为劳动质量。外来高层次人才的流入和本地人力资本的投入将大大提高劳动力质量，解决一些新兴行业缺乏合格的劳动力的问题。

需求是在一定价格水平下消费者愿意而且能够购买的某种商品或劳务的数量。20 世纪 30 年代以前，经济学家信奉“供给创造需求”，但它被大危机的现实否定。以需求为分析中心的凯恩斯理论诞生后，人们逐步认识到需求总量和需求结构对一个区域的经济增长、供给结构以及产业结构的影响。从影响产业结构变动的角度看，个人消费结构、中间需求和最终需求的比例、消费和投资的比例、投资结构、净出口等因素的变动均对产业发展产生不同程度的影响。

除上述因素外，历史条件、经济体制、产业政策和国际环境等都会不同程度地影响一个地区的产业结构变化。

综合看来，作为第三产业的我国现代会展业是现代经济体系的有机组成部分，是会展经济活动及相关社会活动发展到一定阶段的产物，一直发挥中介桥梁的服务作用，直接或间接地推动着产业结构的优化。值得强调的是，农业会展还直接影响农业产业生产的高技术化。因此，这是农业会展活动产业结构优化效应的理论基础。

三、产业关联理论

1. 产业关联理论来源

产业关联指的是经济活动中各产业之间存在广泛、复杂和密切的技术、管理和经济联系。产业关联理论主要应用投入产出法研究产业之间的中间投入和中间产出之间的关系，所以又被称为投入产出理论。区别于产业结构和产业组织等理论，它能很好地反映各产业的中间投入和中间需求。

产业关联理论的创始人华西里·里昂惕夫（Wassily Leontief），他的产业间联系理论来源于马克思的再生产理论、瓦尔拉斯的一般均衡理论以及凯恩斯的国民收入决定理论。里昂惕夫认为，经济内部产业之间存在的高度复杂的纵横交叉的相互关系，可以通过一般均衡理论进行考察。经济内部微小的初始变动都会通过上述交叉关系传送到极远的角落，这种现象也被称为乘数效应，即经济活动中某一变量的增减所引起的经济总量变化的连锁反应程度。投入产出理论是全部均衡方程体系的简化，里昂惕夫增加了产品同质、需求和价格已知、生产函数线性、投入不互代等假设，并根据马克思划分经济部类的思想将众多经济主体汇总为有限个经济部门，加入了中间产品，通过相互间的投入产出突出部门间的技术经济联系，将中间需求和最终需求、中间投入和附加价值综合成一个以供求平衡、收支平衡为轴心的体系。在凯恩斯的国民收入理论中，组成国民经济的主体是家庭、企业、政府和国外四个部门，消费、储蓄、税收和进口组成的国民收入等于消费、投资、政府支出和出口组成的总支出，根据四部门模型可求出国民收入的均衡解和一系列乘数。产业关联理论通过对中间产品的研究分析各产业部门之间的技术经济联系，是分部门的国民收入理论。

2. 产业关联效应

作为产业关联理论正式诞生标志的《美国的经济结构：1919—1929》，对投入产出理论的基本原理及发展做了系统阐述，创建了系统量化复杂经济体系中各部门之间相互依存关系的方法，可以通过基本模型以及派生的行模型、列模型、相对价格模型等进行一系列系数的计算。在该理论指导下，美国劳工部编制了投入产出表，并得以普遍推广。

直接消耗系数和完全消耗系数分别反映国民经济各部门之间的直接联系和间接联

系。直接消耗系数指的是某一部门生产单位产品所直接消耗的各个部门（包括本部门）的产品数量。直接消耗关系和间接消耗关系共同构成完全消耗关系，由完全消耗系数反映。完全消耗系数从最终产品的角度，考察各部门之间的消耗关系，指的是某一部门生产一个单位最终产品所需消耗的各部门产品数量。直接消耗系数和完全消耗系数的大小是某部门对其他部门影响大小的反映。

经济学家阿尔伯特·赫希曼（Albert Otto Hirschman）在《经济发展战略》中指出，一个产业部门的生产、产值和技术等方面的变化引起相关产业部门的发展变化，国民经济各产业部门之间存在着相互依存与相互影响的产业关联效应，分为前向关联和后向关联。前向关联效应是指某产业部门通过供给推动作用影响下游产业部门，亦称供给推动研究，通常由直接分配系数与完全分配系数来衡量。直接分配系数反映某一部门全部产出中给另一部门的比例，也称产出系数；完全分配系数反映某部门通过直接或间接需要向另一个产业或部门提供的分配量。后向关联效应是指某产业部门通过需求拉动作用影响上游产业部门，亦称需求拉动研究，直接消耗系数与完全消耗系数通常作为其衡量指标。产业关联研究对制定经济发展战略和产业政策有重要意义。

另外，影响力系数和感应度系数也常用来分析某产业部门对国民经济的拉动效应和推动效应。影响力系数是指国民经济某一部门增加一个单位最终产品时，对国民经济其他各部门的生产需求波及程度，代表后向关联度和广度。感应度系数是指国民经济各部门都增加一个单位使用时，某部门由此受到的需求感应程度，代表前向关联度和深度。影响力系数和感应度系数都较高的部门，其渗透和改造作用较大，应加大投入，否则易成为制约经济发展的瓶颈。

罗斯托的《主导部门和起飞》在关于产业升级的研究中提出了产业扩散效应，即回顾效应、前向效应和旁侧效应。主导产业部门对其他部门经济增长的带动性在于自身的高速增长以及产业扩散效应。主导产业部门对向它提供生产资料和劳动的部门的带动性为回顾效应，即由于对原材料和技术的新的投入要求，迫使其创新设计观念和方法。主导产业部门对新部门、新技术和新原料等出现的刺激与诱导作用为前向效应。新主导部门的出现还常常改变其所在的整个地区的经济状况，主导产业部门对其周围地区经济发展的良好影响为旁侧效应。三种效应产生的影响远远大于主导产业自身发展的直接影响。因此，在经济增长过程中，产业部门之间彼此直接或间接关联。一个产业部门既是相关部门得以产生和发展的原因，又以相关部门的发展为其进一步扩充的条件。[1]产业

[1] 毛健.经济增长中的产业结构优化[J].产业经济研究，2003(2)：26-56.

关联效应强的部门对一个地区的经济带动作用非同一般。

在农业会展举办期间，大量外地访问者到来必然存在大量消费支出，经济活动中这一支出变量的增减将引起经济总量变化的连锁反应。在菜博会实证分析中，通过借用消耗系数计算可得到分别反映举办地经济各部门之间的直接联系效应和间接联系效应，进一步分析农业会展对国民经济各部门的拉动效应和推动效应。

四、认知行为理论

节事活动参与者的参与和认可是节事活动存在和发展的前提和基础[1]，所以参与者的价值感知和评价成为节事活动的核心问题。20 世纪 90 年代初，约翰・艾普（John Ap）将感知价值的研究引入节事活动领域[2]，之后相关研究逐渐丰富，研究对象主要分为四种类型：旅游者、社区居民、参展商及专业观众，但大多分析都基于社会学的理性行为理论（Theory of Reasoned Action，TRA）和社会交换理论（Social Exchange Theory，SET）。

阿耶兹（Ajzen）和菲什拜因（Fishbein）的理性行为理论强调态度、意愿及行为之间的差异，主张人是理性的动物，能够完全控制自己的行为，有能力处理信息以达到获得合理行为的决定，即每一个人在做出任何行为以前都会有意识地综合各种信息以考虑该行为的意义和后果。而态度是人们持有的对某一目标行为的正面或负面的情感，也是一种心理趋向，通过对特定实体（态度对象）有利或不利的评价表现出来。[3] 个体基于对各种信息的认知形成个体态度，个体态度进而有意识地影响个体行为。因此，个体对行为的态度和主观准则决定了个体的行为意向，根据行为意向在一定程度上可以合理地推断出个体的行为。该理论已被广泛应用于国外社区居民对奥运会、世博会等大型国际节事活动的感知及其反应研究领域。

社会交换理论认为，人的一切社会活动都可以归结为一种交换，人在社会交换过程中的行为是趋利避害计算得失后的理性选择。约翰・艾普指出，居民的影响感知和态度可能是节事活动成功开发和运作的重要因素，并首次建立了社区居民旅游影响感知的社会交换过程模型，通过居民交换程度的高低解释了居民形成正面和负面不同感知的

---

[1] GETZD. Event tourism：definition, evolution, and research progress in tourism management[J]. Tourism management, 2008, 29（3）：403–428.

[2] AP J. Residents' perceptions on tourism impacts[J]. Annals of tourism research, 1992, 19（4）：665– 690.

[3] 俞国良 . 社会心理学前沿 [M]. 北京：北京师范大学出版社，2010：179.

原因，也解释了居民感知与态度之间的关系。[1]居民节事活动影响感知主要以衡量收益感知和成本感知为基础，感知收益大于感知成本时持支持态度，反之持抵抗态度。[2]约翰·艾普还指出，交换过程是持续的、动态的，居民会不断重新评估交换价值，感知也随之变化。这是居民在事件活动不同阶段形成不同认知的原因所在。该理论对利益相关者感知存在的两面性以及动态变化给出了合理解释，奠定了基础理论的地位，受到了后续诸多研究者的青睐。

为进一步探究农业会展对地方种植户的经济影响，本书依托理性行为理论和社会交换理论，构建种植户菜博会经济影响感知模型并结合实证调研数据进行分析。

[1] AP J. Residents ' perceptions on tourism impacts[J]. Annals of tourism research, 1992, 19（4）: 665- 690.

[2] WAITT G. Social impacts of the Sydney Olympics[J]. Annals of tourism research, 2003, 30（1）: 194.

本章小结

农业会展是一个新兴的复杂的产业形态，尚无系统分析。本章首先对农业会展和经济发展这两个核心概念进行了界定，经济发展首先体现在经济增长和产业结构优化两个方面，从而明晰了研究对象的针对性；其次结合其他学者的零散研究，提出并分析了农业会展活动的节事属性以及五大经济特征，即资源集聚的特性、产业集合的形式、平台经济的本质、邻近关系的媒介以及农业发展的目的；最后基于农业会展的产业关联特性，梳理了经济增长及影响因素、产业结构优化及影响因素、产业关联及效应理论、认知行为理论等主要研究内容，分别阐述了其对本研究的指导意义。本章将农业会展的属性和特征与上述理论基础结合起来，为透彻分析农业会展对地方经济发展的复杂影响提供了充足的理论支撑。

第三章 农业会展发展现状

国内外农业会展活动具有悠久历史。国外农业会展活动在会展总量中所占比例较高，农业会展场馆的建设和维护近年来备受重视。国内农业会展从过去单一的展示逐步发展为集展览、交易、技术研讨、投融资考察及洽谈等多功能于一体的综合性平台。到2014年，我国境内举办中等规模[1]以上的农业会展达267次，展览平均面积为26051平方米，举办10届以上的农业会展占农业会展总数的比例已高达30%。从总体上看，我国的农业会展逐渐走向成熟和规范，正处于升级发展阶段，持续更新经营理念，不断改进技术手段，信息化、专业化和国际化趋势明显。农业会展对地方经济具有越来越重要的意义，表现在对城市经济增长的促动和经济结构优化的推动上。

中国（寿光）国际蔬菜科技博览会是5A级农业会展，举办地寿光被称为“蔬菜之乡”。寿光市蔬菜产业一直处于全国领先水平，具有创新科技、示范推广、专业生产、品牌建设、产业链条扩大、集群化发展等发展特色。依托地方特色产业，菜博会这一专业性会展充分发挥展示和媒介的功能，使寿光从一个区域性的蔬菜产地成长为具有一定国际影响力的蔬菜集散中心，推动了寿光蔬菜产业链的建设和延伸，提高了蔬菜产业的科技水平。菜博会对寿光的经济发展意义重大，既带动了寿光经济的增长，也推动了寿光产业结构的优化。

[1] 按行业习惯，展出面积达到3000平方米的会展被视为中等规模会展。

第一节　国内外农业会展概况

一、国外农业会展概况

国外一些农业类会展活动有悠久的历史。在西方，第一个知名农业展览由英国苏格兰西北部索尔福德市（Salford）农业学会于1768年在兰开夏郡（Lancashire）举办。澳大利亚的农业展览会始于1822年，作为展览、竞赛、节日、商业、教育、艺术和文化的组合，已流行了近两个世纪。英国皇家国际农业展览会（The Royal Show）2017年5月举办第120届、意大利维罗纳国际农业博览会也已逾百届，历史的本身就是品牌。❶国外的农业会展，除了农业相关产品的展览与交易外，还展示农民、动物追星族、牛仔和动物学家们的工作实践，节庆色彩浓厚，参与性较强。

农业会展在国外会展中占有重要地位。据国际展览业协会的《欧洲2015年交易会统计》结果，将所有会展按产业内容不同划分为27个类别，农业类会展有159个，占总会展数量的7%。可见，农业会展在数量上的相对比重较大，这也间接反映了农业会展在产业发展和区域经济中的重要性。农业会展数量居高不下，参与者人数不断增多。以澳大利亚为例，每年举办587个农业会展，参观人数接近590万，产生经济收益至少96500万澳元。而昆士兰农业会展在过去3年（2009—2011年）的访问者数量提高了13.7%。昆士兰农业组织协会（Queensland Chamber of Agricultural Societies）做了关于澳大利亚农业展览会的经济与社会影响的研究，结果显示，农业展览会为当地社区带来显性的经济收益和社会收益，提升了地方居民的生活质量，并构建了社会资本。经济影响体现在以下几个方面：社区居民参与展览会并支出了金钱；赞助者促销了业务和产品；展览商销售了产品和服务；社区组织者募集了资金；参展者、竞赛者和旅游者们参观并停留在举办地产生了消费。❷

农业会展场馆的建设具有特别的经济意义，国外会展中心和场馆建设热潮持续。在爱达荷州峡谷（Canyon）县农业教育和展览中心的建设论证中，专家认为本场馆将反映

❶ 于孔燕.关于农业类展会发展的思考[J].农业经济问题，2006（8）：40-42.

❷ Queensland Chamber of Agricultural Societies Inc. An economic & social impact study of Australian agricultural shows[R].Mudgeeraba：Queensland Chamber of Agricultural Societies, 2012.

本县的世界级农业遗产和区域农业发展的未来。密苏里州布坎南县建设农业会展中心的调研报告指出，本场馆建设将产生 5470 万美元总支出，对于所在县产生 3000 万美元总支出。若不建造，则意味着放弃 3000 万美元新钱注入本县，另外的风险就是本地居民将继续外出旅行和花费，造成资金外流。每年外出参加农业节事等活动的居民数量为 10000 人，直接支出接近 170 万美元，总支出达 310 万美元，数量可观。

二、我国农业会展发展简况

农村的集市、庙会是中国早期农业会展的主要形式，以贸易为主，并带有一定的休闲色彩。目前，虽然留存着这些模式，但已不再是现代意义上的农业会展。我国现代农业展会始于 1957 年第一届全国农业展览会。截至 1978 年，全国大部分省（市）建设了农业展览馆，但仅限于宣传性的陈列展示。1978 年，中国国际贸易促进会举办了“十二国农业机械展览会”，这是我国首次举办的农业类国际性会展。之后，农业会展开始增多，但以地方性的农产品展销会为主，规模较小，组织水平较低。20 世纪 90 年代初期，农业会展快速发展，数量增长较为迅速，开始出现市场化办展趋势。1992 年 10 月，集成果展示、洽谈贸易、技术交流和产品评奖于一体的首届中国农业博览会召开，占地面积 5 万多平方米，观众高达 20 多万人次，贸易及合作金额共计约 13 亿元。[1] 这次博览会成为我国农业会展发展史上的标志性活动，使人们认识到会展活动是把农业推上市场经济轨道，促进与国际市场接轨，加速农业和农村经济商品化、专业化和现代化的有效手段。20 世纪 90 年代后期，我国农业会展如雨后春笋般迅猛增长，出现大量政府主导的全国性大型会展的同时，部分专业性会展走上市场化道路，多功能的综合性平台作用逐步显现。进入 21 世纪，农业会展也经历了从数量急剧增长到整合优化的质量提升阶段，开始注重规模化、品牌化、专业化和国际化。

目前，国内举办的农业会展主要有以下三类：第一类是以农业展览活动为核心形式，辅之以论坛、投资洽谈会、行业大赛、演艺等同期活动的博览会和展销会，如中国国际种业博览会、中国（寿光）国际蔬菜科技博览会、中国杨凌农业高新科技成果博览会等；第二类是以会议、研讨为核心形式，配以小规模展览以供展示、洽谈，即“以会带展”形式的行业大会，如中国兽医大会、北京世界葡萄大会、中国草莓大会等；第三类是以节事活动为核心形式，兼有展览、销售、洽谈、观光和演艺等活动，一般规模较

[1] 白鹤文．新形势下农业展览事业的作用与发展——写在全国农业展览馆建馆 35 周年前夕 [J]. 古今农业，1994（3）：1-3.

小，但数量最多，广布于全国各地，如草莓节、芒果节等水果主题节，豆腐节、龙虾节等地方特产节，槐花节、牡丹节等地方性旅游节庆。

第二节　我国农业会展发展的特征

从总体上看，我国的农业展会逐渐走向成熟和规范，正处于升级发展阶段，持续更新经营理念，不断改进技术手段，信息化、专业化和国际化趋势明显。

一、规模化、品牌化和国际化发展趋势显现，市场竞争加剧

近年来，我国中等规模以上的农业会展数量稳定增长，展览面积快速增长，并逐步形成一些会展品牌。到2014年，我国境内举办中等规模[1]以上农业会展达267次，相比2009年的179次，年均增长率达8.33%；展览平均面积为26051平方米，相比2009年的16372平方米（见表3-1），年均增长9.7%。数据表明，我国农业会展需求旺盛，持续发展态势良好。根据中国农业展会分类认定统计资料，2014年举办10届以上的农业会展占农业会展总数的比例已高达30%。可见，经过多年的市场选择，大量农业会展已由培育期向成熟期发展，初显品牌化端倪。国际展览机构逐步进入中国，励展博览集团、法国爱博展览集团等国际公司积极开设分支机构，在我国举办各种类型展会活动，加剧了会展行业的竞争态势。

表3-1　我国农业会展规模统计

年份	2009	2010	2011	2012	2013	2014
数量（次）	179	230	237	245	253	267
展览平均面积（平方米）	16372	18978	19808	21611	24918	26051

资料来源：2015年中国农业展会发展报告。

[1] 按行业习惯，展出面积达到3000平方米的会展被视为中等规模会展。

二、专业展成主体，但产品同类化问题仍突出

专业展在我国农业会展中已占主体地位。2009—2014 年，专业展由 110 次上升至 203 次，综合展由 91 次增至 130 次。近年来，专业展数量在我国农业会展总量中占比均超过 50%。农业会展的产品差异度体现在类别、规模和级别等方面。由于会展业是典型的需求方规模经济，占据相当的市场份额才会盈利，小规模、小级别的会展在市场竞争中难以存活或终将被淘汰，所以农业会展产品的差异度的衡量可主要分析产品类别。2014 年，我国各地举办农业综合展和专业展共 333 次。其中，综合展包括农产品、加工品及农业生产资料类，农业生产资料类和食品饮品类；专业展包括茶叶、渔业、畜牧、农机、园艺、糖酒、肥料及农药、粮油、果蔬、种子、林业及其他等 10 余类。与 2009 年相比，综合展所占比例由 45% 下降至 39%，表明农业会展产品差别化有所增强。就专业展细分类别来看，2014 年专业展中茶叶类会展最多，高达 40 个，渔业、畜牧、农机、糖酒会展数量依次为 32、25、24、14。❶可见，产品在一定差别化的基础上，集中度也很高，其原因是组织者的市场主体特征。其一，各地组织者更多关注规模，产品创新意识淡薄；其二，部分农业行业协会的相关性强，所提供产品的内容多有交叉，因而会展项目雷同度较高。

三、农业会展办展主体日益多元化，市场化特征增强

当前，农业会展的组织者（即主办机构）主要包括政府机构、行业协会和会展公司。我国各级政府农业机构、行业协会繁多，截至 2014 年，农业部主管的国家级农业类社团就有 58 个，山东省农业厅主管的省级农业类社团 25 个❷，全国 2000 多家会展公司，因此现有潜在组织者市场主体数量较多。根据 2009—2014 年三类办展主体举办会展数量，政府机构主办所占比例由 73.7% 逐年下降至 41.7%；会展公司和行业协会主办所占比例均实现双倍增加，分别上升至 19.5%、38.7%。政府机构主办减少，市场化特征增强。另外，随着会展市场日益成熟，相关行业对会展的涉入程度不断加深。除了上述三类办展主体之外，部分会展场馆、新闻媒体、文化咨询类企业和科研机构等，也开始组织农业会展，办展主体更加多元化。

❶ 数据来自农业部网站，根据中国农业展会分类认定申报资料整理而得。

❷ 数据来自农业部网站（http://www.moa.gov.cn）、山东省农业厅网站（http://www.sdny.gov.cn）。

四、农业会展市场管理加强，产业发展渐趋规范化

农业会展整体市场中市场化行为明显增强，表现在两个方面：其一，政府主办以及参与主办的会展所占比例显著下降，2014年部分新生农业专业展中主办市场主体为协会和公司（见表3-2），充分说明了政府作为生产厂商正逐步退出市场。其二，针对农业会展产品雷同的低水平重复问题，部分协会类农业会展组织者逐步展开组织调整行为，如2011年在农业部农业机械化管理司的协调下，中国农业机械流通协会、中国农业机械工业协会、中国农业机械化协会经磋商决定，每年共同主办、承办春、秋两次全国性农机展览会；各协会不再独自主办、协办全国性的农机展览活动。2015年，农业部将下属单位举办的“全国种子信息交流暨产品交易会”和“中国国际种业博览会”合并。同类会展逐步整合优化，行业效率得到提高。

表3-2　2014年部分新生农业会展情况统计　（单位：个）

农业会展	总数量	新生展			
		数量	政府主办	协会主办	公司主办
茶叶展	40	13	1	2	10
农机展	24	14	3	7	4
渔业展	32	19	3	8	8

资料来源：根据农业部网站上中国农业展会分类认定申报资料整理。

五、政府逐渐成为市场管理者和协调者

2005年，《农业部展览工作管理办法》由农业部市场与经济信息司制定发布。这是对农业部及所属单位举办农业会展进行规范管理的开端。2009年，在农业部支持下，中国国际贸易促进委员会农业行业分会启动了“中国农业会展分类认定”工作，开始统计和分类认定各类农业会展，同年开始发布《农业展览年度报告》。2010年、2014年，农业部两次修订了《农业部展览工作管理办法》，进一步规范申办、组织程序以及管理原则。根据2012年党的十八大提出的全面清理规范的要求，农业部确定政府主导型农业会展改革要实现“五化”和“三效”的目标，即“市场化、专业化、品牌化、国际化、信息化”和提高会展“效率、效果、效益”。因此，现阶段农业会展的办展规范性更强，发展方向更明确。

第三节　农业会展个案——中国（寿光）国际蔬菜科技博览会

一、寿光蔬菜产业的经济地位

寿光市位于山东半岛中部，莱州湾南畔，东西分别与潍坊市寒亭区和广饶县相邻，南接青州市和昌乐县，北濒渤海。寿光市下辖 5 个街道、9 个镇，总人口为 120 万人，2016 年生产总值为 856.8 亿元，三次产业比为 11.36∶42.50∶46.14，三次产业结构实现标志性转变，呈“三二一”状态。2014 年、2015 年三次产业比分别为 12.0∶47.1∶40.8 和 11.5∶45.5∶42.9。可见，第一、第二产业占比均不断下降，第三产业明显增强，已占据主导地位，呈持续发展态势；第二产业占次要地位，但经济实力仍较强；传统农业向效益农业转型，位列第三，有待提升。

寿光气候温和，南部土质肥沃，水利条件佳，适宜粮食、蔬菜和果树等农作物生长。2015 年，寿光全市农作物播种面积 15.841 万公顷，蔬菜播种面积 5.015 万公顷，基本上适合蔬菜种植的土地都得到了充分利用。当年蔬菜产量达 415.42 万吨，蔬菜（含菜用瓜）产值 89.49 亿元。寿光第一产业总产值为 183.66 亿元，其中农业总产值为 122 亿元，占比高达 66.43%。在农业产值构成中，谷物及其他作物产值为 19.43 亿元，水果、坚果产值为 12.78 亿元，蔬菜、园艺作物产值为 89.80 亿元，占比高达 72.02%。蔬菜产值占第一产业总产值的比例为 48.72%，蔬菜产业已成为寿光的农业支柱产业。根据 2001—2017 年《寿光统计年鉴》数据得到图 3-1，蔬菜收入占全市农民收入的比例高达 81%，成为农民收入的主要来源。

二、寿光蔬菜产业发展现状

1. 寿光蔬菜产业的发展历程

蔬菜种植业具有显著的地理根植性。可追溯到汉朝甚至更早的蔬菜栽培历史积淀了寿光蔬菜种植的深厚技术。孕育了农学家贾思勰的寿光清朝时已盛产 30 余种蔬菜，而且种植面积不断扩大，甚至培植出部分“种者以亩计”的名优蔬菜，如韭黄、“八叶齐”大葱等，蔬菜不仅销往北京、上海和广州等地，还远销日本、朝鲜等国家。

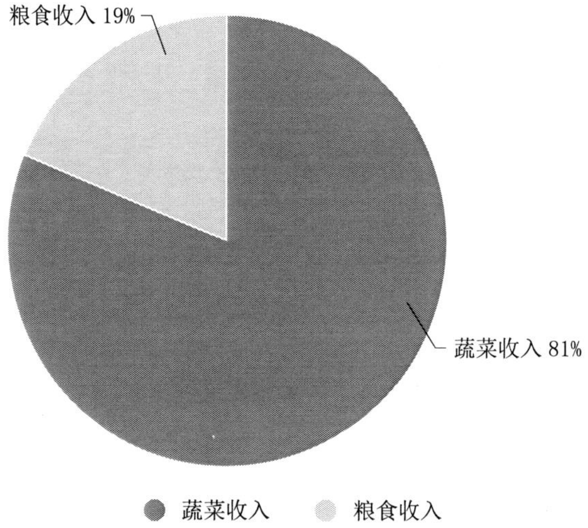

图 3–1　寿光市农业家庭收入构成情况

20 世纪 80 年代中期，寿光蔬菜种植开始快速发展。蔬菜种植逐渐普及，产量逐年增加，单产也随之提高，但蔬菜市场未同步发育，加工能力也不强，一度出现蔬菜销售困难、“菜贱伤农”的现象。因此，销售网络建设和加工企业开发受到重视，以寿光蔬菜批发市场为重点，开始有计划地建设农产品市场体系，并初步形成“市场 + 农户”的农业经营组织模式。20 世纪 90 年代中后期，“菜篮子”工程在全国范围内得到广泛实施，对寿光蔬菜产业造成了严峻的挑战。生活水平不断改善使人们对蔬菜优质化和标准化的要求随之提高。在激励竞争和需求提高的外部压力下，蔬菜的品质提升和产业化发展引起寿光蔬菜产业部门的关注。为有效衔接农户小生产与消费大市场，寿光建设了大型专业市场，打造“市场—龙头—基地—农户”的一体化发展格局。菜博会的举办推动寿光进入发展现代农业的阶段。菜博会拓宽了寿光市蔬菜产业市场范围，拓展了国内国际两个市场，促进了标准化生产的推广和各种组织模式的完善。

近年，寿光蔬菜的种植面积、产量和产值均大幅提高。全市适种蔬菜的耕地已全部发展蔬菜种植业，种植面积高达 84 万亩，蔬菜大棚 30 万个，在设施蔬菜种植面积上居于全国首位，但是无公害蔬菜种植面积仅占 70%，有机蔬菜种植面积仅占 7%。在全球化背景下，寿光农业急需加强技术、品种、人才和资金的对外交流，有机结合产业化、标准化和国际化，实现全市农业发展的现代化。

2. 寿光蔬菜产业的发展特色

创新科技、示范推广。高度重视科学技术的推广应用是知识经济时代中一个产业蓬勃发展的基础支撑。第一个冬暖式大棚建造于 1989 年的三元朱村，开创了解决蔬菜种植季节性问题的先例。之后，组织培养、臭氧抗菌增肥、生物防治、无土栽培等新技术被研发并广泛应用。寿光具有种植模式、市场培育等方面的优势，在体现产业核心竞争力的种子研发这一短板上积极引进和自主创新。寿光市相继与 29 个国家和地区建立合作关系，200 多个优良品种经过试验示范后得到推广。自主创新的研究机构已获得 24 项自主创新技术与 10 项国家专利。新技术的扩散效应显著，据统计，农业增长中科学技术进步的贡献率已达 58.6%；1990 年以来，寿光累计外派技术人员 5000 余人次指导蔬菜大棚建设；每年寿光蔬菜种植参观交流者 30 余万人次（剔除菜博会数据）。[1] 在蔬菜博览会的举办及其对农业会展旅游的带动下，寿光已成为中外蔬菜产品、信息及科技文化交流的基地。

专业生产、品牌建设。寿光蔬菜产业注重专业化生产和规模化经营，基本实现了区域化布局，利用各镇的自然社会条件，打造特色拳头产品，实施村镇品牌化建设。近 600 个蔬菜专业村镇中“一乡一品”“一村一品”的种植格局逐步确立，如圣城街道的蔬菜市场、田马镇的香瓜种植、文家街道的韭菜种植、化龙镇的胡萝卜种植、台头镇的油毡纸及防水材料等。区域特色农业经济正集点成块，蔬菜产业规模形成，集聚效应明显。在保证蔬菜种植质量的前提下，加强蔬菜品牌建设。寿光市引导和组织龙头企业、农业园区积极开展绿色食品、国家地理标志产品等品牌申报。寿光市已注册农产品商标数 120 多个，其中包括国家地理标志产品 17 个；被认定为“三品”的有 552 个，其中获得国家优质农产品标志的农产品 215 个。“乐义”“燎原”“洛城”“七彩庄园”等著名商标的产品遍布各大超市。品牌创建也为寿光蔬菜进入高端市场奠定了基础。目前，寿光市 90% 的园区蔬菜均以品牌形式进入上海、北京等大中城市的高端市场。

产业链条延长，产业集群化发展。除了蔬菜的种植生产，寿光市还重视蔬菜加工、销售、研发等各个环节，健全市场体系，为农户生产解除后顾之忧。2006 年，寿光建成了国内首家蔬菜电子拍卖中心和蔬菜网上交易市场。寿光蔬菜批发市场集信息、交易和技术于一体，为国内最大规模，输送、物流设备完整，冷藏、保鲜等系统服务完善，电子信息系统、电子商务平台先进便捷，市场管理、中介服务完备高效，目前的年销售量 10 亿千克，销售网点遍布 24 个省市区的 180 个大中城市。以蔬菜批发市场为核心，建设一系列农产品专业批发市场、农贸专业批发市场和集贸市场，共同组成销售市场体

[1] 徐丽华，王慧．区域农业产业集群特征与形成机制研究——以山东省寿光市蔬菜产业集群为例 [J]. 农业经济问题，2014（11）：26-33.

系[1]，也形成了专业的市场群。批发市场带动作用强、辐射面积大，不仅有效促进蔬菜生产基地发展，还推动蔬菜加工企业不断壮大。10 余家蔬菜加工企业依托批发市场创建并拓展出口业务，年出口量达 2 万吨。

三、菜博会发展现状

在“会展搭台、经贸唱戏”这一发展思路的影响下，根据当地经济特色，菜博会于 2000 年在寿光市蔬菜高科技示范园内首次举办，之后每年的 4 月 20 日至 5 月 20 日（自 2013 年起延至 5 月 30 日）在山东省寿光市蔬菜高科技示范园举办。菜博会是经中华人民共和国商务部正式批准的年度例会，是目前国内规模最大的国际性蔬菜科技博览会，在国内外农业及相关产业领域产生了较大影响。

1. 菜博会发展概况

2000 年首届菜博会由政府出资，门票和展位均免费，计划 7 天会期，但会展现场需求旺盛，延长了 4 天，参观者达到 28 万人次，其中包括来自 10 多个国家的参展外商。菜博会的需求程度可见一斑。截至 2017 年，菜博会已成功举办 18 届，参观人数共计 2600 多万人次，涉及全球 50 多个国家和地区，涉及国内 31 个省、市、自治区，实现各类贸易额2186亿元[2]。历届菜博会参观人数及贸易额显示，菜博会的规模得到持续扩张（见图 3-2），近年来发展趋于稳定。主展区面积由 0.35 万平方米增至 45 万平方米，展位由 150 个增加到 2000 个，参观人数由 28 万人次增加到 210 万人次，签约额由 11.9 亿元增长到 71.8 亿元，最高签约额 372 亿元，贸易额由 10 亿元增长到 127 亿元，最高贸易额 202 亿元。菜博会也使寿光从一个区域性的蔬菜产地成长为具有国际影响的蔬菜集散中心。

[1] 徐丽华，王慧．区域农业产业集群特征与形成机制研究——以山东省寿光市蔬菜产业集群为例 [J]. 农业经济问题，2014（11）：26-33.

[2] 数据来源于 2016 年 5 月 31 日中国（寿光）国际蔬菜科技博览会网站（http://www.sgcbh.com）。

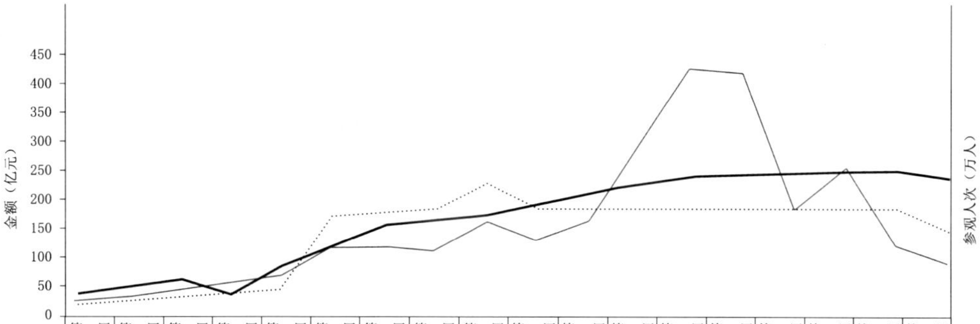

	第1届	第2届	第3届	第4届	第5届	第6届	第7届	第8届	第9届	第10届	第11届	第12届	第13届	第14届	第15届	第16届	第17届	第18届
参观人次	28	38	51	24	71.6	106	136	146	152	171	186	201	212	216	218	219	220	210
贸易额	10	15	20	27	31	153	157	158	202	161	160	161	161	162	160	160	161	127
签约额	11.9	18	32	42.8	52	96.7	98.4	89	139	106	145	259	381	372	156	222	98.3	71.8

图 3–2　历届菜博会参观人次、贸易额及签约额

注：根据菜博会网站整理而得，网址为 http://www.sgcbh.com。

2. 菜博会的内容与功能

历届菜博会一直以服务“三农”为目的，以“绿色”和“科技”为主题，为参观者呈现一届届融合了农业科技与文化艺术的蔬菜博览会，使其了解国内外蔬菜行业的最新技术、最新品种和最新理念。菜博会根据主要展览内容对展馆做了总体规划，对各展厅做了不同功能布置（见表 3–3、图 3–3），主展馆为农资及农产品交流展销区，历届都设置应用推广性强的新技术展厅和新品种展厅，突出了科技在农业现代化中的重要地位。

表 3–3　菜博会展厅组成及功能分区

展厅	面积（平方米）	展览区功能划分
一号展厅	51000	农资及农产品交流、展销区
二号展厅	5000	优秀企业精品展销区
三号展厅	10000	水果科技展厅
四号展厅	7000	台湾馆，台湾农产品精品展区
五号展厅	10000	蔬菜园艺厅
六号展厅	10000	西区，第六届房产展示交易区；东区，生态餐厅
七号展厅	10000	无土栽培模式展厅
八号展厅	10000	蔬菜文化艺术景观展厅
九号展厅	10000	新研发品种展厅
十号展厅	10000	蔬菜前沿栽培技术展厅

续表

展厅	面积（平方米）	展览区功能划分
蔬菜博物馆	3000	国内唯一的蔬菜文化主题专业博物馆
蔬菜采摘园	20000	智能温室，种植优质茄果类蔬菜，供观赏、品尝、采摘
室外展区	—	分类设置日用小型汽车展区、现代农机装备展区、新能源设备展区、小商品区、餐饮副食区等

注：历届会展布局可能稍有差异。

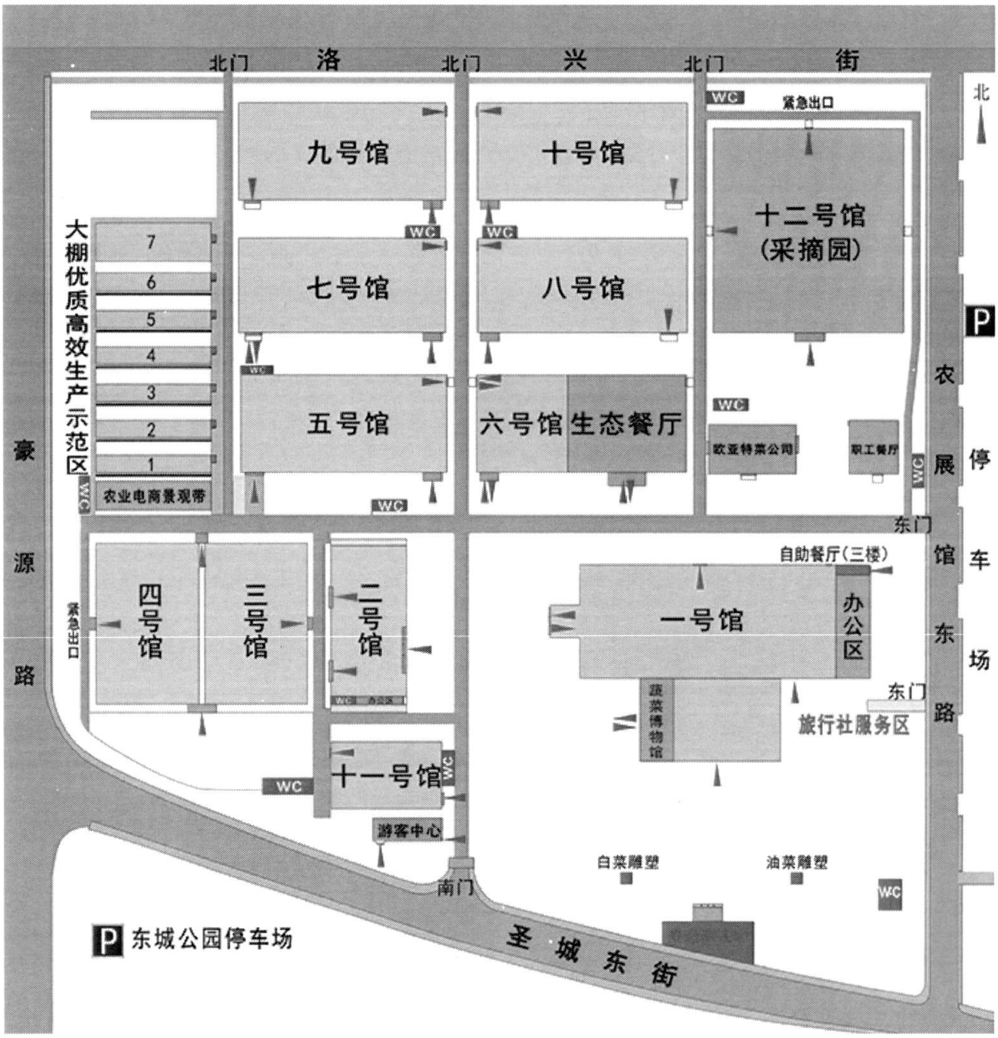

图 3-3　第 17 届菜博会主展区平面图

菜博会充分发挥展示和媒介的功能，一方面不断推陈出新，重点展示蔬菜产业领域的新成果，在转化与推广农业科技成果上收到了良好效果；另一方面利用会展平台积极招商引资洽谈，扩大国际国内合作，促进行业信息交流。所以，菜博会既是知名的农业科技成果和优质农产品的展示窗口，也是寿光对外贸易、信息交流的高效平台。

菜博会围绕主题策划了一系列展中展、展中节、展中会活动，丰富了内容，培育了一批专业会展，凸显了带动效能。2014 年，菜博会举办了一系列高层次专业展览会，如台湾地区农产品精品展销会、农村青年致富“领头雁”特色产业展等；举办了一系列专业展览会，如农机展、盆景展、优秀企业精品展、全国百强县汽车巡展等；举办了一系列高水平会议，如中国蔬菜产业大会、农业栽培技术论坛、农圣文化国际研讨会、中国农业电视论坛、设施园艺高层学术论坛等；举办了一系列节庆、培训等活动，如中华农圣文化节、菜博会楹联大赛、“瓜王”“菜王”擂台赛、现代农业实用技术培训活动等。各类会展活动纵横交错，丰富了菜博会的内容，提升了菜博会的档次，进一步扩大了菜博会的经济影响和社会影响，使“菜博会”成为寿光的年度盛会。

3. 菜博会的创新

创新是历届菜博会的制胜法宝。菜博会的创新主要体现在展览模式、展览内容和农业科技成果这三个方面。首先，在展览模式上，菜博会将实物种植、蔬菜文化景点与传统的展位展示相结合，完美融合了文化艺术与农业科技。这成为参展商和观众参与的重要动力。创新点体现在历届菜博会的蔬菜博物馆、蔬菜采摘园、蔬菜文化景观上，使菜博会成为农业产品与科技的交流盛会同时，也成为观光休闲、生态科普、文化传承的旅游盛会。其次，在展览内容上，历届菜博会期间举办的各类论坛和活动兼具继承与发展，凸显蔬菜产业的丰富内容和发展重点，开拓了服务“三农”的更广领域。最后，农业科技新成果在菜博会上的展示和应用是其创新的核心。历届菜博会成为我国蔬菜产业领域新技术、新品种、新成果和新理念的汇集之地，通过不同展厅功能的特色布置和农业科技创新成果的突出展示（见表 3–4），充分展现了现代农业的魅力。

表 3–4 部分菜博会农业科技创新成果展示情况

届数	所展示的农业科技创新成果
第 1 届	4 大类 89 个盆栽品种和 7 大类 150 个新品种
第 3 届	600 个蔬菜新品种、新技术，标准化生产、无公害蔬菜设施农业、生态农业等新技术、新装备
第 10 届	植物工厂成为关注焦点
第 11 届	首次示范使用智慧温室，代表了物联网技术的应用，蔬菜种植管理现代化、信息化、智能化
第 12 届	太阳能光伏蔬菜大棚从概念走向应用，以特制的玻璃取代塑料薄膜

续表

届数	所展示的农业科技创新成果
第 13 届	蔬菜自动化管理系统、果实采摘机器人等新技术
第 14 届	温室智能互联网操控技术，“以虫治虫”等生物防治新兴手段，甘霖节水灌溉系统，果实采摘、播种机器人等新型培植技术和设备
第 17 届	重点展示无土栽培模式，重点推广椰糠栽培和岩棉栽培模式，代表生态农业的发展方向

四、菜博会对寿光经济的重大意义

2014 年，作为政府主导的定期举办的农业类会展活动的典型代表，菜博会被中国贸促会农业行业分会评定为 AAAAA 级专业展会。[1]菜博会对举办城市寿光的经济具有极大的影响力，明显地带动了寿光第三产业的发展，还直接推动了寿光的农业创新和发展，对寿光经济的协调发展贡献突出。

1. 菜博会对寿光城市经济的影响

菜博会促进了寿光经济增长与产业结构优化。寿光市以蔬菜产业作为推动产业转型升级的着力点，培育壮大第一产业，并不断向第二、第三产业延伸，重点体现在对贸易业、服务业和工业的带动作用。菜博会这一平台对蔬菜优良品种、相关农业生产资料和生产技术等做了大力宣传，将农产品与市场、农业品牌与资本、农民与高新技术进行了高效对接。17 届菜博会累计实现贸易额 2059 亿元，明显促进了寿光贸易业的发展。17 届菜博会累计参与人次约 2400 万，参与者在当地的停留和消费有力地带动了寿光服务业的发展。资料显示，近年来，寿光市新增服务企业不断增长，服务业投资的增幅和比重多次超过第二产业。菜博会对蔬菜上游产业（以农药、农膜、化肥、种苗和钢筋为主的后向关联的生产资料产业）和下游产业（销售、加工、配送等前向关联产业）的临时聚集，既加速了寿光从蔬菜种植和批发销售向蔬菜产业化发展模式的转变，又带动了涉农化工、管材、科技、农产品深加工等相关工业的兴起与发展。

2. 菜博会对寿光农业发展的影响

菜博会以寿光蔬菜产业为根基，但其发展又助推了寿光蔬菜产业的发展。目前，寿光全市蔬菜年生产量高达 600 多万吨，大棚蔬菜生产专业村 500 多个，蔬菜加工企业 40 多家，年加工能力达 80 万吨，出口农产品 10 万多吨。在菜博会的媒介和平台作用的推动下，围绕蔬菜种植业，由蔬菜生产基地、农业生产资料企业、种苗公司、中介服务组织和科研机构等组成的蔬菜产业集群逐渐壮大，推动了蔬菜产业的升级，将其打造成为

[1] 中国贸促会农业行业分会网，网址为 http://202.127.42.156。

寿光市的支柱产业。

菜博会增强了寿光蔬菜产业的国际性。菜博会上国内外参展商既把国外农业生产的新技术、新品种介绍到寿光，也对外宣传寿光的优质农产品，促进了合作交流。寿光市农业高新技术走廊内已建设高科技农业种植和农畜品加工中外合资合作项目近 30 个，辐射带动高效种植面积近 20 万亩；全市已有上百种农副产品直接或间接进入 20 多个国家和地区。[1] 蔬菜及其加工品的东亚、东南亚市场已经稳固，欧美、独联体等市场正在大力开发中。

菜博会推动传统农业向观光农业转变。凭借菜博会旅游的驱动，寿光在农业开发与生态旅游方面探索出了融合科技化与生态化的农业旅游模式。依托菜博会的优势，寿光以 30 多万个蔬菜大棚为基地，串联蔬菜大棚发源地、特色农业种植基地、蔬菜批发市场、蔬菜高科技示范园、蔬菜生产加工基地等景点，规划了以蔬菜为中心的专项旅游观光与休闲路线；创建国家 4A 级旅游景区 3 个、国家级农业旅游示范点 2 个和省级农业旅游示范点 3 个，观光农业得以快速发展。

刺激农业产品新需求，引领消费新风尚。盆栽蔬菜成为热销商品。在回归自然、健康环保理念的影响下，盆栽的生菜、草莓、辣椒等阳台蔬菜备受宠爱。自制的营养土、灵活设计的种植盆、盆栽架等产品在菜博会上引起广泛关注。盆栽蔬菜的订购客户已从酒店和超市向普通家庭扩展。高效利用阳台和屋顶的盆栽蔬菜种植方式成为新的消费风尚。

3. 菜博会对寿光城市发展的影响

菜博会促进了寿光城乡一体化的发展，提升其城市影响力。寿光的乡村道路、电网、水利等基础设施建设得到加强，农民的生产生活条件与环境得到改善，城镇化进程加快。寿光市区环境建设也得到加强，先后获得国家卫生城市、中国优秀旅游城市、国家园林城市、国家环保模范城市、中国人居环境奖、中国最具创新力城市等称号。菜博会作为寿光的城市名片，不仅提升了寿光的经济价值，也产生了较强的文化效应。会展活动期间，许多受邀而来的中外记者对菜博会的全方位、深层次报道，国内外参展者、观展者的到访和交流，使寿光市与菜博会形成一个整体，寿光的城市形象得到了极大提升。整个寿光地区都浸润在浓厚的蔬菜文化氛围中，市民和农民的眼界开阔了、思路打开了，城市和企业发展的路子更多、更宽了。

---

[1] 蔡礼彬，司玲．农业会展促进地方发展研究——以中国（寿光）国际蔬菜科技博览会为例 [J]. 中共青岛市委党校青岛行政学院学报，2015（3）：21-25.

本章小结

本章主要介绍了国内外农业会展的发展概况、我国农业会展的发展特征以及菜博会实证案例。其中，菜博会对寿光经济发展的意义反映了我国产业实践蓬勃发展的原因，也为后续农业会展对地方经济增长和产业结构影响的理论分析和实证检验奠定基础。

第四章 农业会展影响地方经济增长的理论及实证分析

经济增长是经济学研究的永恒主题。会展活动与经济增长的关系也逐步成为业界研究关注的焦点之一。农业会展对我国这样的农业大国来说，其发展对经济增长的意义非同凡响。经济学家一般从数量上定义经济增长，本书中的“经济增长”指的是地区经济数量的增长和规模的扩大。农业会展活动除了带来地方经济增长中资本、劳动力、智力等投入量的增加外，还促进了产业集聚，有利于充分发挥产业集聚在降低成本、产生外部效应以及培育增长极等方面对地方经济增长的效应。

本章主要分析农业会展影响地方经济增长的路径和作用机理，并运用协整分析模型对菜博会与寿光经济增长关系进行检验，以探讨农业会展发展与地方经济增长的特定关系，从而以实证来支撑上述理论研究。

第一节 农业会展影响地方经济增长的路径分析

一、农业会展与地方经济增长

根据前述经济增长的影响因素分析，结合农业会展活动的经济特征，从理论上看来，农业会展必然直接或间接地影响地方经济的增长。

首先，农业会展的服务业属性以及作为行业经济的发展平台所带来的参与者、达成的贸易额、引入的投资额等收益，直接形成地方第三产业经济增长的一部分或者直接带动第三产业和农业等相关行业经济增长。

其次，农业会展因其资源集聚特征而影响地方农业及相关行业经济增长。农业会展所集聚的资源包括农业经济发展所需要的人力、物质、技术、社会、财务和组织等。人力资源指的是农业及相关行业参展企业中具有知识和技能的员工，包括具有一定经验的管理人才、销售人员和具有一定专业技能的技术人员。在农业会展活动中，地方企业通过交流结识所需业内人士，并转为己用。社会资源是指农业及相关行业参展企业所处社会网络中形成直接或间接的社会关系，主要包括政府相关部门、销售商、供应商、同行业者等关系资源。地方企业凭借农业会展活动充分挖掘所需社会关系资源，建立一定的社会关系。除了广泛接触客户、厂商等，由于国内农业会展中政府参与较多，地方企业还可结识农业行政部门及行业协会的管理人员。财务资源是农业企业发展所需运营资金、研发投资、贷款、资助、优惠等。政府通常利用农业会展活动进行招商引资，其间邀请实力企业、讲解优惠政策、介绍投资环境及资金支持计划等。这为地方企业提供了直接获取财务资源或者认识潜在合作方并在以后获得资金支持的机会。物质资源是农业企业控制的场地、原材料工具、生产设备设施等有形物资等。技术资源指的是农产品研发所需的技术、工艺、科技成果、知识产权等。农业会展参展商和专业观众可获得新技术、新产品、新成果的信息，了解产品的新走向、同行业者的发展程度。组织资源是组织发展所涉及的规章制度、文化、声誉、结构、组织系统和运行机制等。[1]农业会展活动中关于上述组织资源和管理经验的交流与探讨可促进整个行业经济发展。上述资源的集聚将大大减少企业的资源搜寻成本，增强企业的外部经济联系，对地方经济增长产生影响。

最后，农业会展因其产业集合形式而推动产业集聚，间接影响地方农业和第三产业经济增长。农业会展推动的产业集聚有三种形式：一是围绕农业会展的服务业集聚，围绕农业博物馆、会展中心场馆建设，周边餐饮、配套餐饮、住宿、物流、零售等服务企业逐渐增多；二是农业会展活动吸引外地具有横向或纵向经济联系的企业投资举办地；三是在农业会展活动举办时形成的农业相关企业的临时性集群。

[1] 王晓文，黄慧婷，李凯．基于创业资源的会展经济效应作用机制多案例研究 [J]. 旅游科学，2014，28（2）：61-64.

二、农业会展影响地方经济增长的直接路径

根据经济增长理论，长期的经济增长源自两个方面，一是资本、劳动力、土地等生产要素数量上的投入增加对于经济增长的拉动作用，二是由于技术进步、制度变迁等因素使要素生产率得以提高，进而实现相同要素投入而获得更大产出。[1]农业会展对于地方经济增长的影响是通过这两条路径，即通过举办农业会展活动吸引参与者和投资者在本地支出和投资，或与当地企业达成贸易额进行交易，通过直接或间接增加本地企业资金投入拉动经济增长；农业会展通过对新技术和新成果集中宣传来激发创新和加快转化，提高本地区要素生产率并最终影响地区经济增长（见图 4–1）。

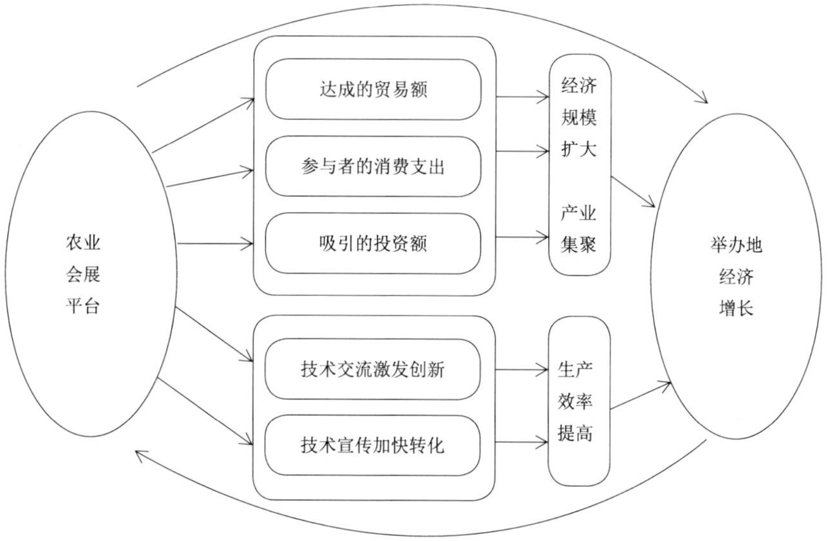

图 4–1 农业会展对地方经济增长的直接影响路径

1. 农业会展促进地方贸易增长

会展效果取决于资源集聚量，因此活动组织方为挖掘有效的产业资源和人力资源，通常选择产业群集聚区和邻近地区召开推介会，或发出邀请，或开展合作以利用其有效资源。此类经济贸易合作方式契合了会展的贸易洽谈、合作意向生成等举办目的，极为有效。对于地方企业和政府而言，会展活动的收益主要来自其媒介作用所带来的贸易协议达成。以传统产业农业为主的城市，经济相对封闭，对媒介的需求更为强烈。农业会

[1] 姚丽．区域经济一体化的经济增长效应空间计量研究 [D]. 长春：东北师范大学，2015.

展恰恰能够为农业生产和市场的有效衔接提供一个平台。品牌农业会展活动更能助推贸易成交额大幅提升。

农业会展还产生贸易后续效应。[1] 农业会展是参展商和客户暂时的信息交流平台。不论贸易额大小以及贸易双方距离远近，贸易通常都不可能一锤定音。订单供需双方从结识到达成交易往往需要一定的时间，甚至需要多次洽谈商榷。供需双方在会展活动结束后做进一步交流互动后，也可能建立持续的贸易关系。更进一步看，农业会展使地方企业扩大了知名度，为部分潜在交易提供了机遇，供给能力得到提高，也为市场开拓提供了有效途径，奠定了地区贸易增长的基础。

2. 农业会展参与者发生消费

农业会展活动举办期间，数量庞大的参与者，如参展商、专业观众和以旅游为主要目的的普通观众，将在举办地发生各种公务和生活消费。这些消费支出直接构成地方相关经济部门的收入。农业会展活动结束以后，还存在后续商务往来和旅游效应。首先，会展活动的举办扩大了举办城市的知名度，也宣传了其旅游形象，吸引旅游者到来。其次，会展期间由于到访者对举办城市的深入了解，所以增加了重游的可能性。最后，贸易交往势必存在商旅往来，商务旅游势必成为会展举办地后续旅游的主体之一。因此，会展业被誉为“城市名片”，为城市发展带来持续经济效应和持续消费。

3. 农业会展吸引外地投资

“会展搭桥、经贸唱戏”，从中可见国内会展组织者尤为重视会展的媒介作用，除了促成贸易协议外，更重要的是借此达到招商引资的目的，政府参与较多的农业会展更是如此。农业会展活动将推动地方农业贸易以及对外经贸合作的发展，提高城市的对外开放水平，通过构建商贸服务平台和信息交流平台，可以促成商品、信息和资本的交流及交易网络的扩大，从而实现投资增长效应。许多城市经常举办专门的投资洽谈会。农业会展则侧重农业产业领域内的引资效果，但通常惠及第二、第三产业。例如，举办了 21 届的菏泽牡丹花会，累计签订外资合同 400 余项，对外合作领域涉及第一、第二、第三产业的 40 多个行业门类。2017 年 2 月，在第八次中国草莓大会暨第十三届中国草莓文化节招商推介会上，长丰县及各乡镇获得 36 个项目的签约，协议总投资额高达 99.56 亿元，签约项目包括京东安徽区域总部、农村电商、长丰馆项目，荣事达全光谱植物生长灯项目，海上牧人 2000 亩有机农业种植园项目，邱集生态农业科技园项目，尚天然葡萄主题生态公园项目等，覆盖电子商务、农产品深加工及种植养殖业等领域。草莓大会

[1] 蔡婕萍，许和连．上海市涉外会展对外向型经济发展影响分析 [J]. 华东经济管理，2013, 27（8）：1–5.

显露的无限商机正在为长丰带来生机勃勃的“后经济时代”。

4. 农业会展推动技术创新

农业会展从多维度推动技术创新。首先，展览、物流、设计、电子商务、企业管理、服务管理等第三产业的产品技术更新和服务升级；其次，加强农业技术的跨区域交流，引进国外先进农业技术，展示国内先进农业技术，各区域和各企业之间彼此模仿超越、相互激励，不断提高创新层次和水平；最后，农业会展激发创新需求，发现创新点。例如，寿光市稻田镇东刘营村的菜农刘某建了2个大棚种植西红柿，从2011年开始运用了自然授粉技术，相比人工授粉，使用熊蜂授粉，既能节省劳动力，又能提高西红柿价格。但是，在使用后发现，放蜂期间不能喷农药，而且杀菌剂使用后间隔3天才能放蜂。刘某在菜博会现场反映此问题，专家能研制出一些低毒高效的农药，不影响熊蜂的使用。

5. 农业会展加快农业技术成果转化

农业节庆、农业会议、农业展览等各类农业会展，都是宣传农业新技术、促进农业技术成果转化的有效途径。农业会展活动中，农业高等院校、农业科研院所、农业管理部门、农业科技企业等充分展示宣传各国和各省市农业产业的新技术、新成果、新产品，推进了农业科技的产、学、研结合。另外，农业有关服务公司及种植生产大户的学习意识逐渐增强，参加农业会展的积极性不断增强。如此一来，农业科技成果的供应方和需求方充分接触与交流，能够更快更广泛地加快农业科技成果转化。农业部门非常重视农业会展的这一功能，大力支持举办更多的农业科技博览会等活动。

三、农业会展影响地方经济增长的间接路径

农业会展通过直接影响路径中的地方企业贸易增长、参与者消费带来的企业销售增加、吸引注入的外地投资增长，实现地方经济规模扩大；会展活动加快了农业产业技术创新和农业科学技术成果转化，提高地方经济生产效率，共同推动经济增长。另外，农业会展通过加速地方产业集聚、优化产业结构、提升地方综合竞争力，间接地影响地方经济增长。

1. 加速地方产业集聚，进而带动区域经济增长

国内学者有关产业集聚对经济增长的研究大都集中于第二、第三产业。大量研究是在全国和省市层面检验制造业产业集聚对区域经济增长的影响，结果表明，产业集聚对区域经济增长有显著正向影响，而且资本集聚比劳动力集聚对区域经济增长影响的作用

更大。[1]由此可见，农业会展发展引发会展及相关服务业的集聚也将促进地方经济增长，属第一层面的影响。农业会展还将引导农业产业的集聚，产生第二层面的影响。农业产业集聚通过结合小农经济与规模经济，以降低交易成本、共享公共资源、形成品牌溢出效应和技术创新外部性等，最终实现规模经济。农业会展招商引资作为资本集聚的一种形式，也必将对地方经济增长产生另一层面的促进作用。

国外农业产业集聚对生产率影响的研究发现，专业化能够促进种植业、渔业以及畜牧业的农户规模效率：随着产业规模的扩大，渔业生产效率会提高；与大规模奶户相比，小规模并非无效率，反而可以在生产活动中突出范围经济效应并且能够充分利用低的劳动力成本；知识外溢和与下游市场的近距离是猪肉产业集聚的正外部性的体现，产业集聚对相关农户的技术效率、纯效率均存在正向影响。[2]

2. 优化地方产业结构，进而促进区域经济增长

国内外学者关于产业结构对经济增长影响的研究结论较为一致，即产业结构变动引起劳动力主要由第二产业流向第三产业，然而第三产业的生产率低于第二产业，由此造成经济发展“结构性减速”现象。比如，巴巴里·埃森格林（Barry Eichengreen）等认为，产业结构调整是全球经济发展过程中出现发展速度先增后减变化特征的重要原因。由于产业结构变迁，“结构红利”减弱，我国经济发展正面临着“结构性减速”的困境，经济增长速度开始下降。但是，产业结构变迁的经济增长效应仍旧存在。孙叶飞等利用全局主成分分析法和改进的 Moore 指数法测算了产业结构变迁的指数，并以经济增长空间相关性分析为基础，构建了空间自回归模型、空间效应分解模型和面板门槛模型，实证检验了产业结构变迁的经济增长效应，验证了产业结构升级优化对于经济增长仍然存在显著正向作用。量化结果显示，产业结构变迁的间接效应（影响系数 1.789）明显大于直接效应（影响系数 0.718），产业结构变迁还存在显著的空间溢出效应，对周边地区经济增长的促进作用更为明显，因此产业结构调整优化依然是中国经济增长的内在动力之一。转方式、调结构、促升级，加快发展现代农业，是区域经济发展质量提升的高效路径，应该成为新常态下经济发展的主要任务。[3]

可见，农业现代化是中国经济增长的强大动力之一。作为农业与会展业的融合，农业会展又是农业现代化的内容之一。农业会展推动技术创新与新兴产业集聚。农业产业

---

[1] 吕超 . 我国蔬菜主产地形成及其经济效应研究 [D]. 南京 : 南京农业大学 , 2011.

[2] 同[1].

[3] 孙叶飞 , 夏青 , 周敏 . 新型城镇化发展与产业结构变迁的经济增长效应 [J]. 数量经济技术经济研究 , 2016，33（11）: 23-40.

集聚将催生节约集约、产业互动为特征的全新发展理念，变革性地引导原有产业发展模式改进。新的市场选择结果必然是集约型和高附加值特征的新型企业留存，而粗放型企业逐渐退出市场。这对克服结构性减速、缓解经济低迷、提升市场活力等现状具有重要意义。

3. 提升地方综合竞争力，进而推动区域经济增长

城市竞争力是举办农业会展活动的基础，也是会展活动对城市经济影响大小的重要测量指标。农业会展活动的产业交流平台和区域经济窗口的角色，激励举办地在农业会展筹备期间除了配置会展场所及相关服务设施，还加强基础建设和环境维护的投入，如更换酒店网络设备、改扩建市区道路、规整装修路边街铺等，有力地提升城市建设水平的层次，收获参展参会者的赞誉，增强城市综合竞争力。因此，为举办会展活动，政府投入巨资建设基础设施，是一种长期投资，也是一种经济实力的展示。更进一步看，会展活动发展与城市营销可实现双向良性互动。成功的会展活动相当于城市品牌广告，有利于扩大举办城市的知名度、美誉度和影响力。会展品牌与城市品牌的形成也会为会展经济和城市经济的繁荣带来机遇，并形成良性螺旋状向上发展的态势，最终推动区域经济整体增长。除此之外，农业会展活动增加了城市功能，相关产业联动发展，城市经济协调发展，综合竞争力得到提高。

第二节　农业会展影响地方经济增长的作用机理

一、农业会展带来规模经济效应

首先，农业会展增加举办地内部贸易量和对外贸易量，促进规模经济的敏感部门高效率生产，使相关经济体以生产要素的组合优化来加强规模化生产和专业化生产，进而提高规模经济效应。其次，农业会展为举办地所在区域的小型农业企业提供合作机会，将带来扩大的市场规模效应。若没有农业会展，各小型农产品经销商以及种植散户的市场狭小，生产者无法获得规模经济效益。而一些参展商在展会上达成贸易协议，获得大量订单，扩大市场范围，从而带来规模经济效应。再次，举办地农业产业的发展特色通过农业会展活动宣传吸引和加强主题行业上下游企业集聚，形成规模经济效应。最后，通过农业会展这一媒介工具促成农业产供销链条的合作，扩大市场，还有助于基础设施

实现规模经济。寿光市源于内部和外部因素，蔬菜种植产业集聚现象很早就出现了，诸多外部规模经济效应也随之产生。生产率的提高主要得益于集聚的技术外溢、辅助行业发展以及劳动力共享等方面。比如，20 世纪 90 年代末，温室大棚大量出现，伴随着寿光蔬菜产业的集聚，大量具有熟练技能的劳动力进行分工与合作，充分利用各自的管理技术和经验，种植户或种植企业的空间集聚给劳动密集型的蔬菜种植产业带来更多益处；农业机械制造等企业、农业技术研发、农产品检测等相关行业机构也不断集聚，增强了农业机械、种植技术、销售管理等方面的创新与传播，也提高了蔬菜市场的风险防范能力，加强了蔬菜产业的持续发展能力，寿光市的劳动力、行业技术以及支持行业得到优化，形成一系列外部规模经济效应。

二、农业会展产生成本降低效应

首先，农业会展能够通过交易成本降低使参与者直接受益，包括发现市场的交易成本和后续交易成本。农业会展活动中相关产业短时间内的大量集聚，供需双方可以比较选择交易对象，并进行谈判，省去了大量的信息搜集成本和异地谈判成本。长期合作与交易的企业还能积累较高的社会资本存量。定期举办的会展活动增强了双方交流，维护了客户关系，利于以较低成本达成交易。其次，农业会展间接降低其他成本。举办地企业与外地企业达成交易或合作协定之后，大量进入双方市场的是那些具有比较优势的农业产品或农业生产资料。对举办地而言，其一，贸易量的增加将促使企业扩大生产规模，产品生产的边际成本递减，成本降低效应产生。其二，外来资源供给价格的降低直接产生成本降低效应。这是从生产者角度带来的成本降低效应，即生产者以较低成本价格进行生产商品的生产效应。此外，成本降低效应还体现在举办地消费者在会展活动中以较低价格购买到商品，从而获得了更多的消费效应。

三、农业会展拓宽要素供给渠道

农业会展为农业市场范围扩大提供了信息基础，利于拓宽生产要素供给渠道，对要素供给不均衡的地方十分有利。通过会展活动这一媒介，加快了生产要素大市场的形成以及超越地理空间的共同市场的建立。外地剩余劳动力或者劳动报酬低的劳动力流入，对于农业较为发达的地区来说，可以解决劳动力不足的问题，并拉低当地相关行业工资水平，间接提高本地资金这一要素的使用效率。农业会展的另一个媒介作用，就是通过农业发展水平、相关配套设施及环境、政策等方面的展示，可吸引大量外来投资者。他们在更宽阔的产业视野中发现不同商机，通过投入资金和技术使地方资源要素不断得到整合以及优化配置，从而进入更大区域的市场一体化发展，利用更大范围的市场网络收集和传递信息，提高生产效率。

四、农业会展促进市场竞争效应

农业会展中同类企业集聚有利于增强其市场竞争性，进而实现竞争效应。这里的竞争效应是指举办地企业参加农业会展活动，被动参与更广泛的市场竞争而产生的效果。一方面，增强竞争意识。会展活动中，举办地区域外的企业与当地市场需求衔接非常便利，消除了地理空间造成的市场进入壁垒，在一定意义上增强了农业市场的开放度和竞争性。举办地区域内外的企业都将集中力量提高生产技术水平，以增强企业竞争力，包括产品与技术的研发创新、组织形式的优化、内部管理的加强、企业的联合与合并。另一方面，促进竞争升级意识。在原有的小区域内，农业企业和种植户在农产品生产和销售时只采取降低价格这个唯一的竞争手段。通过参加会展活动，发现和模仿大型农业企业的竞争手段，通过联合实现规模化生产、产品多元化、品牌化等，进而提升举办地农业经济的发展水平。

五、农业会展推进区域经济一体化

农业会展通过汇聚举办地内外的企业与信息，不仅促成贸易与合作，而且优化配置资源，促成市场一体化的建立，提升区域经济一体化水平。这为企业增加了市场贸易容量，也创造了规模经济。更大范围的区域内，一体化组织一旦建成，将意味着出现若干倍于原来市场的新市场。要想在一体化市场中占有较多市场份额，生产者必须降低生产成本，想方设法提高生产效率。因此，经济一体化会给生产厂商带来重大的内部规模经济（主要来自贸易的增加）和外部利益（整个一体化组织的经济发展）。[1] 另外，农业会展带来区域内部市场的扩大、经济发展机遇的提供、经济一体化的推动，必然使各行业互促共荣，在一定程度上促进区域经济增长。

[1] 姚丽．区域经济一体化的经济增长效应空间计量研究 [D]. 长春：东北师范大学，2015.

六、农业会展推动增长极的培育

农业会展有利于农业区域增长极的培育。农业会展活动中，参展企业不可避免地会与同行企业或上下游企业进行比较，其竞争意识和品牌意识得到强化，参展企业和专业观众获得更多的产品和技术信息、投资机会，产业资源要素进一步集聚和整合，实现产业内相关企业优势互补、产业效率提高。另外，由于会展活动为农业产业发展聚集了人才、资金与技术，加快了区域农业增长极的培育速度。❶

第三节　农业会展与地方经济增长动态关系实证检验

近二三十年，会展的重大经济贡献逐渐引起国内外政府的关注，成为制定区域经济发展战略与政策时的重要考虑因素之一。许多国家政府大力投资会展基础设施建设，支持申办国际性会展活动，会展业得以在全球迅速扩张，并成为诸多会展强国的支柱产业。会展业发达的德国、美国、意大利、英国，以及后起之秀澳大利亚，其经济和科技也呈现出持续的强劲发展势头。近年来，西方经济发展相对低迷，一些国家的会展业也被波及，会展经济相对萎缩。由此可见，会展发展与经济增长之间关系密切，存在互动关系，虽然未见定量分析，但已被学界和业界关注。全国层面的会展业发展与经济增长之间动态关系的探讨属于宏观视角，而微观视角的实证分析可以给出更清晰的描述。由于存在区域经济基础差异，不同种类会展活动的举办地选择具有一定规律性，大型综合性博览会往往选择经济基础雄厚的开放性大型城市，而专业性较强的行业会展多选择具有主题行业发展特色的中小型城市。会展发展与经济增长之间的相互作用关系不能一概而论。本书选择行业会展与地方经济动态关系的微观视角，实证检验经济增长促进会展发展以及会展拉动经济增长的量度。行业会展与地方经济增长之间的动态关系研究可为政府决策者提供重要的参考依据，也对宏观视角分析结论进行补充和纠正。

❶ 孟凡胜，宋国宇，井维雪．会展业发展的影响因素及对城市经济影响的实证研究 [J]. 技术经济，2012, 31（4）: 32-37.

会展业作为新兴产业，现有文献集中于研究会展业对经济的单向影响，而对两者之间相互影响的相关研究寥寥无几。张丽峰等利用 2004—2012 年数据运用斜率关联度模型，对北京文化创意产业与经济增长关系进行实证分析。相关结果显示，广告会展作为文化创意产业的八个主要行业之一，与 GDP 的关联度为 0.8922，其增加值占 GDP 比重由 0.73 上升到 0.94；关联度虽较低，但其增加值占 GDP 的比重已达到 1% 左右，广告会展发展较为充分。❶

我国经济政治文化中心的北京作为大型活动、国际会议和展览等综合型会展的举办地，充分体现出会展与地方经济增长之间关系的个案特性。专业会展与中小城市和优势产业城市等地方经济发展关系的研究将丰富相关研究个案。进一步而言，农业会展发展与第一产业增长、第三产业增长之间关系的研究，更能揭示农业会展对经济增长的具体表现以及对经济发展影响的显著性。所以，本书借用计量经济学模型检验方法，利用寿光市及菜博会 2000—2015 年的相关指标数据，来检验农业会展活动分别与经济增长、第一产业增长、第三产业增长、蔬菜产业增长之间的长期均衡关系。首先，对上述 5 个代理变量的序列数据进行单位根检验（ADF）以确定其序列的平稳性；其次，构建 EG 两步法（Engle-Granger）协整模型对变量协整关系进行检验，以确定农业会展活动发展分别与地方的经济增长、第一产业增长、第三产业增长、蔬菜产业增长之间的长期均衡关系；最后，构建格兰杰因果模型，对变量之间的因果关系进行验证。

一、农业会展与地方经济增长的关系

1. 农业会展促进地方经济增长

随着经济的发展，人们对会展的相关认识逐步深化，它不仅仅是一种营销方式，还是一种新型业态，在一定程度上体现着一个区域的经济综合实力。

在产业发展实践中，会展经济地位的迅速提升充分说明了其对区域经济增长的影响和意义。德国是一个展览强国，其发达的制造业是展览业的依托，而会展业体现了德国的品牌营销和创新研发的能力，对制造业的拉动作用也非常突出。美国、澳大利亚以及欧洲部分会展强国侧重于包括会议、节庆、展览、奖励旅游等在内广义会展的发展。这些会展活动除了对工业及整体经济的推动，还通过对地域的政治外交、社会发展和文化认同的深远影响反馈到经济领域。以美国为例，史上 13 次世博会和 4 次奥运会对其经

❶ 张丽峰，丁于思．北京文化创意产业与经济增长关系研究 [J]. 科技管理研究，2015（10）：73-77.

济发展、国家崛起意义非凡。

在产业研究领域中，会展业对区域经济发展的带动效应已经被许多学者关注，会展对经济的拉动力度有关的大量定量研究出现，大多数学者选择运用投入—产出分析法，它在一般均衡理论基础上对复杂经济活动进行实证研究。根据国外研究结果，会展业的产业带动系数大约为 1∶9，即展览场馆的收入如果是 1，相关产业收入则为 9。根据国内有关部门的测算结果，上海会展业的直接投入产出比为 1∶6，带来的间接经济效益可达 1∶9，显示了非常明显的 GDP 拉动效益。[1] 可见，会展的乘数拉动效应极为显著。农业会展也具备会展的上述一般属性特征。农业会展数量占比较大，达成的贸易额和吸引的投资数额巨大，对地方的直接经济影响显而易见。因此，可以推断农业会展对地方经济增长具有促进作用。

2. 地方经济增长影响农业会展发展

中国会展经济研究会会长储祥银提出，会展与城市经济发展之间的相互关系是辩证的，彼此相互依存、相互促进。[2] 如果在不具备条件的城市，不仅会展难以持续发展，而且即使举办会展对本地经济发展也无法起到有效的促进作用。综观目前会展发达国家和发达城市，经济基础雄厚，创新能力强，产业持续增长，会展业也快速发展；会展迅猛发展的地区，综合经济发展良好或产业优势突出。由此可见，会展对举办地的经济基础和行业基础有要求，即地方经济与行业发展对会展产生影响，会展活动发展与地方经济发展状况息息相关。所以，推论农业会展与地方经济增长之间存在协整关系，二者互为因果关系。

二、经济计量模型

1. 协整关系与检验

协整分析，即协整关系与检验，是一种对非平稳时间序列进行分析的计量研究方法。20 世纪 80 年代初，克莱夫 · W. J. 格兰杰（Clive W. J. Granger）提出了协整（Cointegration）概念。如果变量之间有长期的稳定关系，就称它们之间是协整的，即时间序列 $\{Y_t\}$（$t=1, 2, \cdots$）通过 $d-1$ 次差分后仍不平稳，而 d 次差分后成为一个平稳的时间序列，就称序列 Y_t 为 d 阶单整序列，并记为 $Y_t \sim I(d)$。如果 $X_t \sim I(d)$ 和

[1] 曾武佳．现代会展与区域经济发展 [D]. 成都：四川大学，2006.

[2] 储祥银．要重视会展对产业结构提升和经济结构优化的作用 [EB/OL].（2016−11−22）[2020−10−10]. http://www.cnena.com/news/bencandy−htm−fid−13−id−73382.html.

Y_t ~ I（b）两个时间序列的线性组合 $\alpha X_t + \beta Y_t$ 是（$d - b$）阶单整的，即 $\alpha X_t + \beta Y_t$ ~ I（$d - b$）（$d \geqslant b \geqslant 0$），则称 X_t 和 Y_t 是（$d - b$）阶协整的。因此，对那些本身非平稳的时间序列变量，如果它们的某种线性组合是平稳的，则这种线性组合反映了变量之间长期的均衡关系，即协整关系。

上述协整检验的基本思想是，假若两个（或两个以上）非平稳的时间序列为同阶单整，那么变量之间的某种线性组合可能是平稳的，即变量之间可能存在着长期稳定的均衡关系。适合于单方程的协整检验，最常见的是 EG 两步法，它是基于回归残差的平稳性检验。本项研究仅涉及两个变量之间关系分析，故采用 EG 两步法对其进行协整关系检验。检验步骤如下：

若 n 个序列 y_1t 和 y_2t，y_3t，…，y_nt 都是 1 阶单整序列，建立回归方程：$y_1t = a_1 + a_2 y_2t + a_3 y_3t + \cdots + a_n y_n t + \varepsilon_t$，模型估计的残差表示：$\varepsilon_t = y_1t - a_1 - a_2 y_2t - a_3 y_3t - \cdots - a_n y_n t$。

检验残差序列是否平稳，通常用 ADF（Augmented Dickey–Fuller test）检验序列 ε_t 是否含有单位根来判断。如果残差序列是平稳的，则可以确定回归方程中的 n 个变量（y_1t，y_2t，y_3t，…，y_nt）之间存在协整关系，并且协整向量为（a_1，a_2，…，a_k），否则（y_1t，y_2t，y_3t，…，y_nt）之间不存在协整关系。

2. 格兰杰因果关系检验

如果 x 是 y 变化的原因，那么 x 的变化应该发生在 y 变化之前，即“过去可以预测现在”，这是格兰杰因果关系检验的基本思想。如果 x 是引起 y 的原因，则在 y 关于 y 滞后变量的回归中，添加 x 的滞后变量作为独立的解释变量，应该显著增加回归的解释能力，则称 x 为 y 的格兰杰原因；如果添加 x 的滞后变量后，没有显著增加回归模型的解释能力，则称 x 不是 y 的格兰杰原因。[1]

格兰杰因果关系检验假设了有关 y 和 x 每一变量的预测信息全部包含在这些变量的时间序列之中。检验要求估计以下的回归：

$$y_t = \alpha_0 + \sum_{i=1}^{q} \alpha_i x_{t-i} + \sum_{j=1}^{q} \beta_j y_{t-j} + \mu_{1t} \tag{4-1}$$

$$x_t = \alpha_0 + \sum_{i=1}^{s} \lambda_i x_{t-i} + \sum_{j=1}^{s} \delta_j y_{t-j} + \mu_{2t} \tag{4-2}$$

式中：x_t，y_t 表示两个变量；y_{t-j}，x_{t-i} 分别表示 y_t，x_t 的滞后项；α_i，β_j，λ_i，δ_j 表示滞

[1] 张娜，佟连军．吉林省冰雪旅游与区域经济增长协整分析及 Granger 因果检验 [J]. 地域研究与开发，2012, 31（5）：73–78.

后项的系数估计值；i，j，q，s 表示滞后阶数；$\mu_1 t$ 和 $\mu_2 t$ 为白噪声且假定为不相关的。

式（4–1）假定当前 y 与 y 自身以及 x 的过去值有关，而式（4–2）对 x 也假定了类似的行为。对式（4–1）而言，其零假设 $H_0: \alpha_1 = \alpha_2 = \cdots = \alpha_q = 0$；对式（4–2）而言，其零假设 $H_0: \delta_1 = \delta_2 = \cdots = \delta_s = 0$。分 3 种情形讨论：① x 是引起 y 变化的原因，即存在由 x 到 y 的单向因果关系。若式（4–1）中滞后的 x 的系数估计值在统计上整体的显著不为零，同时式（4–2）中滞后的 y 的系数估计值在统计上整体的显著为零，则称 x 是引起 y 变化的原因。同理，可判断 y 是引起 x 变化的原因。② x 和 y 互为因果关系，即存在由 x 到 y 的单向因果关系，同时也存在由 y 到 x 的单向因果关系。若式（4–1）中滞后的 x 的系数估计值在统计上整体的显著不为零，同时式（4–2）中滞后的 y 的系数估计值在统计上整体的显著不为零，则称 x 和 y 之间存在反馈关系，或者双向因果关系。③ x 和 y 是独立的，或 x 与 y 之间不存在因果关系。若式（4–1）中滞后的 x 的系数估计值在统计上整体的显著为零，同时式（4–2）中滞后的 y 的系数估计值在统计上整体的显著为零，则称 x 和 y 之间不存在因果关系。

三、变量选取与数据处理

1. 样本选取与样本数据来源

菜博会的官方网站公布了历届菜博会的贸易额和投资额，贸易额指的是在菜博会上参展商和采购商达成贸易合同的交易额，投资额为菜博会上所签约项目的总投资数额。第 4 届、第 12 届、第 18 届分别为合资、独资、合作项目的总投资额，其余未做说明，仅公布为签约额，视同总投资额。投资额表示因菜博会招商引资达成的寿光市政府和企业的引资和注资水平，其对寿光经济发展具有实质性意义。贸易额虽是菜博会发展水平的代表性指标之一，但对当地经济的影响程度难以确定，因此行业会展发展变量选取菜博会签约额（IV）。地方经济发展变量选取寿光市生产总值（GDP）、第三产业总值（TIOV）、第一产业总值（AIOV）分别代表地方经济增长、第三产业增长、第一产业增长状况。选择自菜博会举办以来的 2000—2016 年共 17 年的年度序列数据作为研究对象，计量分析中涉及的名义 GDP、第三产业总值 TIOV、第一产业总值 AIOV 等指标原始数据均来自 2001—2017 年《寿光统计年鉴》（见表 4–1）。菜博会签约额的相关数据从菜博会官方网站收集并整理。

表 4–1　变量指标原始数据

年份	签约额 IV（亿元）	名义 GDP（亿元）	第三产业总值 TIOV（万元）	第一产业总值 AIOV（万元）
2000	11.9	102.3	33.38	27.20
2001	18	116.05	39.5	28.55
2002	32	132	45.3	28.80
2003	42.78	155.6	53.66	32.21
2004	52	193	66.78	35.42
2005	96.7	231.2	75.07	39.44
2006	98.4	268.1	86.17	42.83
2007	89	332.9	108.92	43.57
2008	138.7	400.6	132.25	52.96
2009	106	416.7	132.88	56.50
2010	144.7	470.3	159.23	63.67
2011	259.2	542.4	189.13	69.88
2012	381	618.1	226.94	76.70
2013	372	701.3	273.57	81.33
2014	156	762	311.17	90.59
2015	222	806.9	346.24	95.92
2016	98.3	856.8	395.30	97.30

2. 样本数据预处理

为了保证数据的可比性、代表性，对原始数据做如下处理：实际签约额是通过引入历年居民价格指数对历年的签约额进行折算得来的。寿光市实际第三产业总值、实际第一产业生产总值和实际国内生产总值均以 2000 年为基期的不变价格折算而来。具体参考下述实际 GDP 的处理方法。2001—2017 年《寿光统计年鉴》发布按当年价格核算的名义 GDP 数据和按可比价格计算的（以上年为 100 的速度）真实 GDP 指数。计算以 1978 年为基期的真实 GDP 指数，需要计算以 2000 年为基期的 GDP 平减指数和按 2000 年价格核算的实际 GDP 数据。以 2000 年为基期的 GDP 平减指数 P_i 计算公式 : P_i =[GDP_i / GDP_{2000} /Y_i] × 100（Y_i 为 GDP 指数）。按 1978 年价格核算的实际 GDP 计算公式 : $NGDP_i$ =（$GDP_i P_i$）× 100 。

一个平稳序列的数字特征，均值、方差、协方差等是不随时间的变化而变化的。GDP（以下均指实际 GDP）、IV 是非平稳时间序列。2000—2016 年的寿光 GDP、菜博会 IV 序列都具有较强的上升趋势。GDP 序列呈指数趋势增长，取对数可以转换为线性趋势。因此，为了消除时间序列的异方差，计量分析前对 4 个代理变量统一进行自然对数处理。数据对数化变换后不仅不会改变变量间的协整关系，反而能够使其线性化，从而方便构建模型。冠以字母 L 表示经对数变换后得到的新数据，即 LGDP = log（GDP）。对数转换后的变量的回归分析可用来解释自变量对因变量的弹性。

退势平稳过程。对各序列进行去势处理，即去除确定性时间趋势，转化为平稳序列。一般采取差分平稳处理。如果序列 y 通过 d 次差分成为一个平稳序列，而这个序列差分 d–1 次时却不平稳，那么序列 y 为 d 阶单整序列，记为 $y \sim$ I（d）。在差分分析中，记一阶差分为 DLGDP，即 DLGDP=D（LGDP）= log（GDP）– log［GDP（–1）］，记二阶差分为 DDLGDP。

以上述同样方法对第三产业生产总值、第一产业生产总值和菜博会签约额进行预处理，分别得到第一产业生产总值、第三产业生产总值和签约额的对数变换和差分变换，最终获得 LTIOV、LAIOV、LGDP、LIV 和 DLTIOV、DLAIOV、DLGDP、DLIV 以及 DDLTIOV、DDLAIOV、DDLGDP、DDLIV 为变量符号的 3 组新序列，以其作为计量研究的基础数据。

四、建模分析

本部分主要应用 ADF 检验、EG 两步法协整检验和格兰杰因果检验等计量检验模型对行业会展与地方经济增长、行业经济增长、第三产业经济增长之间的动态关系进行定量研究。协整理论是研究变量之间长期均衡关系的一种方法，在进行变量协整分析之前须判断变量序列的平稳性。检查序列平稳性的标准方法是单位根检验，我们采用 ADF 检验方法对序列进行单位根检验以判断其平稳性。若两个序列同是 d 阶单整序列，则可进一步进行协整检验，还可进行格兰杰因果检验。如果变量是协整的，就说明变量之间存在长期均衡关系，可用误差修正模型（Error Correction Model, ECM）来描述变量的短期波动与长期均衡，构建长期均衡模型。

1. 描述统计分析

为了直观观察序列之间的关系，对 4 个序列进行描述统计分析，绘制时序图和差分序列图（见图 4–2、图 4–3）。从图 4–2 中可以看到 LGDP、LIV 在 2000—2016 年的变动趋势，变量都呈现出非平稳性，但都具有共同向上发展的趋势，水平序列非平稳。图 4–3 中的一阶差分序列显示，变量的一阶差分具有平稳性，说明变量的一阶差分序列可能是平稳序列，但一阶差分序列究竟是否如预期一样是平稳的，需要做进一步的单位根检验。

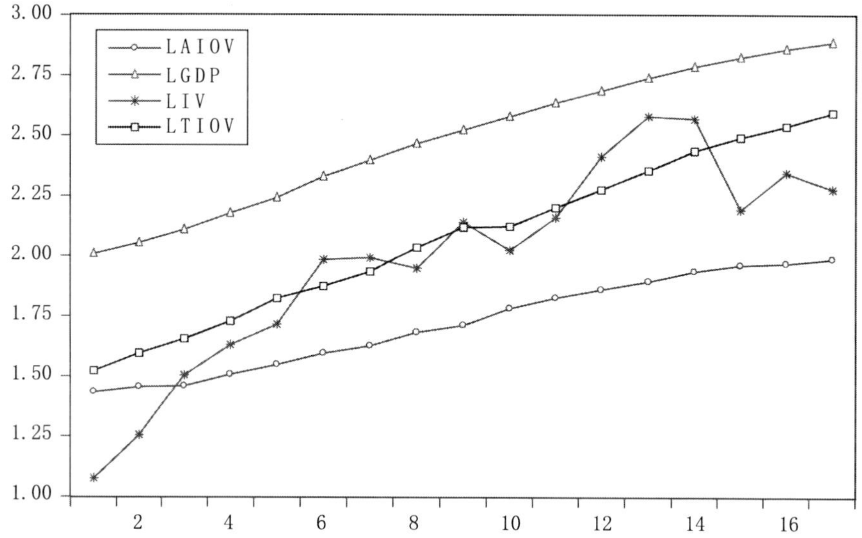

图 4-2　时序图

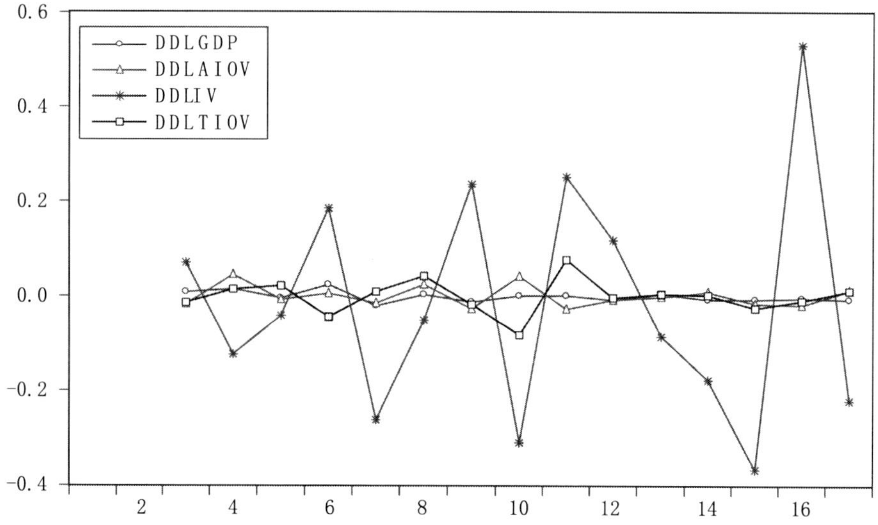

图 4-3　差分序列图

2. 单位根检验

选取 ADF 单位根检验法，水平序列显示有时间趋势和常数项，故在检验水平序列时确定选择有时间趋势和常数项；在做一阶差分单位根检验时，选择含常数项的检验方法；而在做二阶差分单位根检验时，同时选择不含有时间趋势和常数项的检验方法，滞后阶数均以 AIC 和 SC 信息准则最小确定。检验结果见表 4-2。

表 4-2　单位根检验结果

变量	模型形式（C, T, K）	ADF 值	1% 临界值	5% 临界值	10% 临界值	结论
LGDP	（C, T, 3）	−1.882578	−4.728363	−3.759743	−3.324976	非平稳
DLGDP	（C,1, 3）	−3.07545	−4.057910	−3.119910	−2.701103	平稳
DDLGDP	（0, 0, 3）	−5.270622	−2.754993	−1.970978	−1.603693	平稳
LAIOV	（C, T, 0）	−1.974055	−4.728363	−3.759743	−3.324976	非平稳
DLAIOV	（C, 0, 0）	−3.039192	−4.004425	−3.098896	−2.690439	平稳
DDLAIOV	（0, 0, 0）	−6.931415	−2.754993	−1.970978	−1.603693	平稳
LTIOV	（C, T, 2）	1.894058	−4.886426	−3.828975	−3.362984	非平稳
DLTIOV	（0, 0, 1）	−4.031096	−4.057910	−3.119910	−2.701103	平稳
DDLTIOV	（0, 0, 1）	−6.399936	−2.771926	−1.974028	−1.602922	平稳
LIV	（C, T, 0）	−2.230052	−4.800080	−3.791172	−3.342253	非平稳
DLIV	（C, 0, 0）	−3.494424	−4.004425	−3.098896	−2.690439	平稳
DDLIV	（0, 0, 3）	−4.991445	−2.754993	−1.970978	−1.603693	平稳

ADF 检验报告显示，LGDP、LIV、LAIOV、LTIOV 两个水平序列在各显著性水平上均接受原假设，即序列存在单位根，是非平稳序列。继续做一阶差分检验，DLGDP、DLIV、DLAIOV 和 DLTIOV 在 1% 显著性水平上仍接受原假设，序列的一阶差分是非平稳的。二阶差分单位根检验中，DDLGDP、DDLIV、DDLAIOV 和 DDLTIOV 在 1% 显著性水平上拒绝原假设，即两个二阶差分序列在 1% 显著性水平下均为平稳序列，所以 LGDP、LIV、LAIOV、LTIOV 都是二阶单整 Ⅰ（2）序列，均通过单位根检验，满足协整检验的前提，可以进一步检验它们之间是否存在长期协整关系。

3. 协整检验

LGDP、LIV、LAIOV 和 LTIOV 为二阶单整 Ⅰ（2）序列，满足协整检验前提，利用 EG 两步法检验寿光菜博会发展与经济增长及相关产业增长的协整关系，结果见表 4-2 。依协整方程估计建立协整回归方程：

$$\text{LGDP} = 1.23382112337 + 0.6435911187 \times \text{LIV}$$

$$(9.643226)(10.14523)$$

$$R_2 = 0.8803 \quad R_{2\text{adjust}} = 0.8717$$

$$\text{DW} = 0.9505 \quad F = 102.9256$$

$$LAIOV = 0.926295024862 + 0.440160854313 \times LIV$$

（7.982836）（7.650693）

$R_2 = 0.8291 \quad R_{2adjust} = 0.8169$

$DW = 0.7167 \quad F = 58.5331$

$$LTIOV = 0.693832870629 + 0.685596330524 \times LIV$$

（4.505529）（8.979267）

$R_2 = 0.8731 \quad R_{2adjust} = 0.8640$

$DW = 0.7834 \quad F = 80.6272$

然后，分别对 4 个方程的残差序列进行单位根检验。选择 ADF 检验法，按照 SC 准则确定的滞后阶数，选取没有常数项、没有趋势项对回归方程的残差进行单位根检验，结果见表 4-3。结果显示，在 5% 和 10% 的显著性水平下回归方程的设立比较合理，菜博会发展与寿光经济增长、第三产业增长、第一产业增长之间分别存在协整关系，即农业会展活动发展与地方经济增长、第三产业增长、第一产业增长之间分别存在长期均衡关系。这与学者们的理论研究结果一致。

表 4-3　残差序列单位根检验结果

残差序列	检验形式	ADF 统计值	p 值	结论
e_{1t}GDP	（0,0,0）	−1.969105	0.0497*	平稳
e_{2t} TIOV	（0,0,1）	−2.242713	0.0287*	平稳
e_{3t}AIOV	（0,0,0）	−1.909162	0.0560**	平稳

*：5% 的统计水平下显著；

**：10% 的统计水平下显著。

回归估计系数表明，2 个方程的拟合优度较高，整体解释力强。回归系数确定了菜博会签约额分别与寿光生产总值、第三产业生产总值、第一产业生产总值之间的弹性，即菜博会签约额每增加 1%，寿光 GDP 增加 0.64%，第三产业产值增加 0.69%，第一产业产值增加 0.44%。这也反映了地方第三产业增长对会展活动发展的影响比区域整体经济增长更大。

4. 格兰杰因果检验

菜博会发展与第一产业增长、第三产业增长以及地区经济增长存在长期均衡关系，但是这种均衡关系是否存在时间上的因果作用关系，还需进一步进行格兰杰因果检验。格兰杰因果检验主要是解决 A 变量能够在多大程度上被过去的 B 变量解释，加入 B 变量的滞后值是否使解释程度提高。如果成立，则说“*B* 是 *A* 的格兰杰原因”或者“*B* 格兰杰引起 *A*”。需要注意的是，这种表达方式并不意味着 *A* 是 *B* 的效果或结果。格兰杰因果检验的关键是确定滞后期。本书按照 AIC 和 SC 最小准则，通过 Eviews7.2 计量软件中双变量的向量自回归模型（VAR）确定菜博会发展与其余 3 个变量之间的最佳滞后期为 1，得到表 4-4 所示检验结果。

格兰杰因果检验显示，1% 显著性水平下，存在 LIV 到 LAIOV 的单向因果关系，表明菜博会对寿光第一产业发展具有显著的促进作用；在 10% 显著性水平下，存在 LIV 到 LGDP 的单向因果关系、LIV 到 LTIOV 的单向因果关系，揭示菜博会对寿光经济发展、第三产业发展具有一定推动作用。

表 4-4　格兰杰因果检验结果

原假设	*F* 值	*p* 值
LIV 不是 LGDP 的格兰杰原因	3.04669	0.0964
LGDP 不是 LIV 的格兰杰原因	1.53847	0.2386
LIV 不是 LAIOV 的格兰杰原因	9.68362	0.0090
LAIOV 不是 LIV 的格兰杰原因	1.46050	0.2501
LIV 不是 LTIOV 的格兰杰原因	3.19357	0.0952
LTIOV 不是 LIV 的格兰杰原因	0.62588	0.6241

对于 LTIOV 不是 LIV 的格兰杰原因的原假设，拒绝它犯第一类错误的概率为 0.6241，表明 LTIOV 不是 LIV 的格兰杰原因的概率很大，不能拒绝原假设，即寿光第三产业增长不是菜博会发展的格兰杰原因。对于 LGDP 不是 LIV 的格兰杰原因的原假设，相伴概率为 0.2386；LAIOV 不是 LIV 的格兰杰原因的原假设，相伴概率为 0.2501。两项结果表明，寿光市的经济增长、第一产业增长不是菜博会发展的格兰杰原因。

五、研究结果

综合全球会展业发展实践看来，会展活动发展与地方经济增长之间的动态作用关系存在一般性规律表现，即会展业是在区域经济发展到一定阶段的新兴业态，它的出现和发展反过来大大促进了区域经济发展。农业会展也应遵循此规律，但具体到实证分析，由于个案特性，研究结果必然存在一些差异。本部分内容在借鉴国内外相关研究和分析的基础上，以 2000—2016 年的菜博会发展、寿光经济增长、第三产业增长以及第一产业增长的时间序列数据为研究对象，构建 EG 协整模型和格兰杰因果模型对农业会展活动发展分别与地方经济增长、第三产业增长以及第一产业增长之间的长期均衡和因果反馈作用关系进行检验，主要研究结论如下：

1. 协整检验结果分析

农业会展活动发展与地方经济增长、第三产业增长及第一产业增长之间存在长期均衡的协整关系。系数估计表明，农业会展成果（由签约额代表）每增加 1%，举办地的 GDP 增加 0.64%，第三产业产值增加 0.69%，第一产业产值增加 0.44%。可见，农业会展对各产业增长均有较大正向影响，尤以第三产业为最。由此可推断，我国农业会展经济快速、持续发展，将大大加速区域经济发展，并可以通过对三次产业的推动达到优化区域产业结构的良好效果。

2. 格兰杰因果检验结果分析

菜博会是寿光第一产业发展的格兰杰原因，充分体现了农业会展活动对第一产业发展具有显著的促进作用。然而，举办地城市的经济基础和第一产业水平对会展活动发展的推动作用有限，但具有基础性的支撑作用在检验结果中有所体现。

菜博会对寿光经济增长和第三产业增长具有明显正向影响。然而，寿光第三产业发展对菜博会发展无明显影响。此研究结果反映了产业发展的实际，即会展举办地第三产业水平虽然影响参与者在会展期间的消费方式和消费总量，但对于中小型城市举办地，其会展绩效主要取决于参展商和专业观众的数量和质量，当前交通便利性造成参展者忽略地方的服务水平。由于菜博会为著名专业展，大量参展商和观众到访，大量支出注入广告、设计、商务、旅游、物流、保险、餐饮、住宿等服务行业，形成第三产业经济增长效应。

综合看来，农业会展活动对中小型城市类地方经济影响较为明显。在 1% 显著性水平下，存在农业会展活动对地方第一产业经济发展的单向因果作用，反映了农业会展对第一产业增长有力的拉动作用。在 10% 显著性水平下，存在农业会展活动对地方经济增长和第三产业增长的单向因果作用，反映了农业会展对第三产业以及整体经济增长一定的拉动作用。从整体上看，这些反映了大量学者关于会展业对地方经济影响显著的理论观点。但是，地方经济增长与会展活动发展形成互动才能获得良性持续发展，实证中的地方经济对农业会展活动发展的影响尚处于“影响较弱”阶段，其作用有待加强。

本章小结

农业会展对地方经济增长的影响通过直接和间接两条途径实现。直接途径主要依靠直接扩大经济规模和提高生产效率实现经济增长影响，即通过举办农业会展活动吸引参与者和投资者在本地产生支出和投资，或与当地企业达成贸易额进行交易，直接或间接增加本地企业资金投入，从而拉动经济增长；农业会展通过对新技术和新成果集中宣传从而激励创新和加快转化，提高本地区要素生产率并最终影响地区经济增长。另外，农业会展活动会加速地方产业集聚、优化产业结构、提升地区综合影响力，间接地正向影响经济增长，是农业会展影响经济增长的间接途径。上述途径的作用机理主要在于农业会展活动带来规模经济效应、产生成本降低效应、拓宽要素供给渠道、促进市场竞争效应、提升区域经济一体化、推动产业增长极的培育等方面。

农业会展发展与地方经济增长关系的实证检验。基于相关性研究的思路，探讨了菜博会发展与寿光经济增长的特定关系。变量选择选取 2000—2016 年历年菜博会签约额（贸易额与投资额之和）作为寿光菜博会发展水平的衡量指标；选择地区生产总值、第一产业产值、第三产业产值分别作为寿光经济增长、第一产业和第三产业经济增长的衡量指标，分别对其进行协整检验、格兰杰因果检验。结果显示，农业会展活动发展与地方经济增长以及各产业经济增长存在长期均衡关系；在 1% 的显著性水平下存在农业会展发展对第一产业经济增长单向格兰杰因果作用，在 10% 的显著性水平下存在农业会展发展对第三产业经济增长和地区经济增长的单向格兰杰因果作用。可见，农业会展对地方经济增长存在较为显著的影响，但地方经济增长对农业会展发展影响并不明显。

第五章

农业会展影响地方产业结构的理论及实证分析

产业结构是过去经济发展的结果和未来经济发展的基石，可以说，会展活动对地方经济增长的影响研究属于量的分析，那么对区域产业结构产生的影响可谓质的分析，其影响更具长期意义。产业结构效应的存在主要因为农业会展广泛的产业关联性，所以产业结构优化理论及产业关联理论是本章的理论基础。据此，本章重点对农业会展对地方产业结构的影响方式、路径和机理进行理论分析，并运用实证分析检验农业会展发展与产业结构转型的相关性。实际上，由于经济增长与产业结构的密切关系，第四章和第六章的实证研究结果也可以作为农业会展对产业结构影响的量化支撑。

第一节　农业会展与地方产业结构优化

一、农业会展关联行业众多是影响产业结构的根本原因

农业会展活动带动的相关行业与会展业一致。根据国家统计局最新公布的国民经济行业分类，会展业带动的主要相关行业见表 5-1。

从综合会展活动所关联行业的产业类型可以看出，以第三产业为主，兼及第二产业。会展活动与第三产业的行业关联最多，除了电力、热力、燃气及水生产和供应业、

交通运输、仓储和邮政业等两类基础设施服务业，还有批发和零售业、住宿和餐饮业、信息传输、软件和信息技术服务业、金融业、房地产业、租赁和商务服务业、居民服务、修理和其他服务业及文化、体育和娱乐业 8 个行业。在第二产业中，会展活动在场馆建设和展台装修时直接关联建筑业。

表 5-1 会展业带动的主要相关行业

一级行业	二级行业	三级行业	四级行业
D 电力、热力、燃气及水生产和供应业	—	—	—
E 建筑业	房屋建筑业	—	—
	土木工程建筑业	—	—
	建筑安装业	—	—
	建筑装饰、装修和其他建筑业	建筑装饰业	—
F 批发和零售业	零售业	—	—
G 交通运输、仓储和邮政业	—	—	—
H 住宿和餐饮业	住宿业	—	—
	餐饮业	—	—
I 信息传输、软件和信息技术服务业	电信、广播电视和卫星传输服务	电信	—
		互联网和相关服务	—
	软件和信息技术服务业	—	—
J 金融业	货币金融服务	—	—
	保险业	—	—
K 房地产业	房地产业	物业管理	—
L 租赁和商务服务业	商务服务业	企业管理服务	投资与资产管理
		咨询与调查	—
		广告业	—
		知识产权服务	—
		旅行社及相关服务	—
		安全保护服务	—
		其他商务服务	会议及展览服务
	租赁业	—	—
O 居民服务、修理和其他服务业	居民服务业	—	—

续表

一级行业	二级行业	三级行业	四级行业
O 居民服务、修理和其他服务业	机动车、电子产品和日用产品修理业	—	—
	其他服务业	清洁服务	—
R 文化、体育和娱乐业	新闻和出版业	—	—
	广播、电视、电影和录音制作业	—	—
	文化艺术业	—	—
	体育	休闲、健身、运动	—
	娱乐业	—	—

资料来源：根据中华人民共和国国家统计局网站公布的国民经济行业分类整理。

作为一项系统工程，每一个农业会展活动的举办都需要会展行业内外各个相关行业的全力配合。如以圆环来表示相关关系（见图 5-1），最里面的一层是内圆，二层至四层圆环依次代表会展业直接关联行业、间接关联行业、外部环境行业。具体表述为最里面的核心（即内圆）是提供会展活动产品的行业，包括会展场馆、各类会展公司、协会；第二层圆环中是举办会展活动所涉及的配套产业群，包括广告、策划、传媒、设计、装

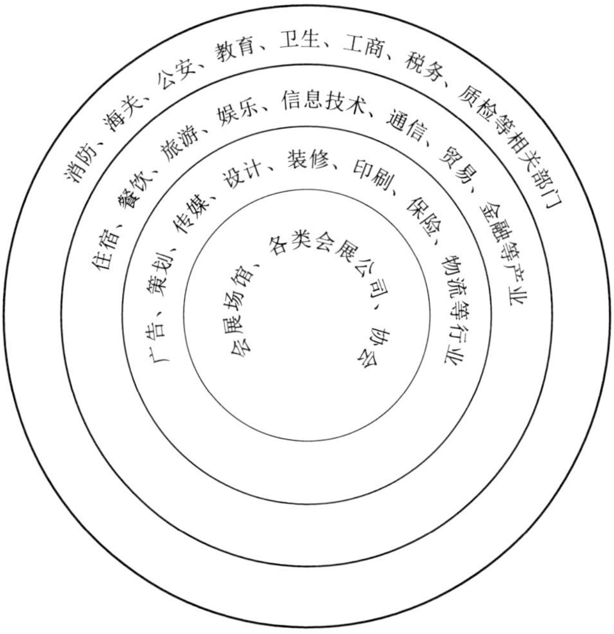

图 5-1　会展关联行业层次系统

修、印刷、保险和物流等行业；第三层圆环中是举办会展活动所涉及的相关产业，包括住宿、餐饮、旅游、娱乐、信息技术、通信、贸易和金融等产业；最外层圆环中是举办会展活动的环境支撑系统，主要包括消防、海关、公安、教育、卫生、工商、税务和质检等相关部门。[1] 农业会展作为会展活动中的一个大类，同样具有上述表现。

二、农业会展对产业结构的优化作用

霍利斯·钱纳里（Hollis Chenery）认为，四个基础因素是任何一个生产部门增长所必需的，即国内需求效应、出口扩张效应、进口替代效应和技术变化效应。同时，根据产业关联的思想，每个生产部门及其各基础因素之间是彼此影响的。因此，农业会展因其关联行业众多，其发展能够同时刺激上述四个基础因素，对各产业部门形成“反应堆”式影响，进而作用于产业结构的变动。

具体来看，产业结构高度化包含两个层次的内容。产业重点依次转移为第一层次内容，即第一产业在整个产业结构中的占优势比重渐次向第二产业、第三产业占优势比重演进。第二个层次的内容较为复杂，可细分为四个方面，即产业高加工度化、产业高技术化、产业高附加值化和产业高集约化。其一，产业高加工度化，即产业的劳动生产率较高，要求拓展产品加工的深度。其二，产业生产过程中的高技术应用普遍化，即产业高技术化。其三，产业高附加值化是指产品中绝对剩余价值率较高，超额利润较多。其四，产业高集约化要求产业组织合理化，并且具有较高的规模经济效益。上述四个方面共同体现了技术密集程度在部门生产中不断提高的过程。

农业会展发展对区域产业结构的优化作用内化于产业结构高度化的两个层次。首先，农业会展的发展与产业结构的演进方向是一致的。产业结构的演进是沿着第一产业、第二产业、第三产业依次为主导产业的方向发展的。当前，我国大部分地区处于第二产业为主导向第三产业为主导的转型时期。农业会展的发展是第三产业自身内容的扩张和发展，利于第三产业主导地位的建立。需要说明的是，第一产业地位退后并不意味着重要性降低。相反，人们对基本需求的满足层次要求也越来越高，不仅吃得要好，还要吃得明白，对相关知识和技术的关注、重视越来越多。其次，农业会展发展也与产业结构高度化的第二层次发展要求相一致。在产业结构高度化发展的过程中，三次产业各自在内部也一直处于调整演进状态。第一产业内部结构的演化凭借技术水平的变

[1] 张翠娟．会展产业对区域经济发展的影响研究 [J]. 学术交流，2014（5）：89–92.

革，主要体现在技术含量由低到高的农业类型的更替，即粗放型农业—集约型农业—绿色农业—生态农业；第二产业内部结构的演化主要体现产业要素含量的变化，即劳动密集型—资本密集型—知识密集型的转变；第三产业内部结构的演化遵循第一产业、第二产业演进规律，又高于其演进的水平，沿着传统型服务业—多元化服务业—现代型服务业—信息产业—知识产业演进。

第二节　农业会展影响地方产业结构的方式

一、农业会展的内容跨越三次产业

农业会展对促进三次产业内部高度化、合理化发展具有独特的功能。这是因为我们已进入精神经济阶段，大大拓展了农业会展业的发展空间和应用范围。农业会展活动在内容上横跨三次产业的特征决定了其产业结构优化的多方位的高效功能。农业会展活动与传统三次产业紧密关联，涉及第一产业中种植业，第二产业中的农机、农药、农业生产设施等的生产制造以及农产品加工等，以及第三产业中的农业技术研发、咨询、推广、服务、销售、贸易等内容。农业会展业横跨三次产业（见图 5–2），有较强的产业关联效应。

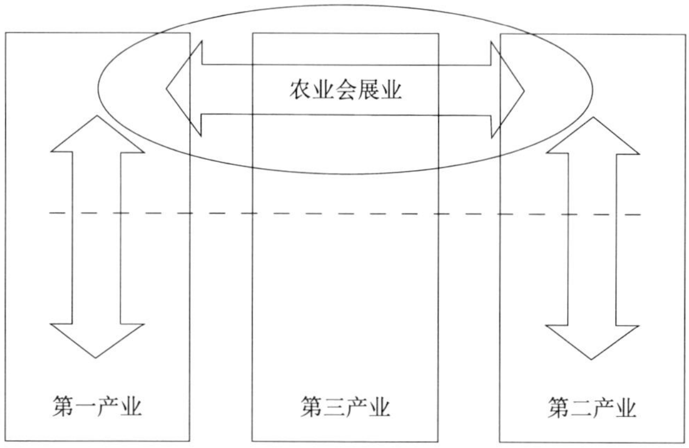

图 5–2　农业会展活动的内容范畴

因此，对第一产业来说，不仅未弱化农业中的种植功能，而且其观光、旅游、生态等功能被强化。对第二产业来说，农业会展业不仅增加了工业和建筑业的产品需求，还激励其产品和技术创新以适应新的市场需求，增加了产业附加价值，增强了竞争力，优化了产业结构。对第三产业来说，农业会展业以独特的平台媒介形式和创意思维模式调整服务业内部供求关系变化，融入会展内容的服务业必然获得更高的利润，与此同时，消费者获得更多精神层面的享受，真正实现双赢。

二、农业会展环节的产业链效应

产业链是建立在产业内部分工和供需关系基础上的产业生态图谱，是针对某一产业围绕生产要素流向形成的行业之间的供应关系或投入产出关系。产业链在本质上是一种合作关系，一般是在市场竞争中自发形成，通常划分为两类：一类是垂直分工关系下的各个环节构成的纵向链条，即供需链，它由多个相互链接的产业构成，其中的每个环节代表一个相对的产业；另一类是关联互补关系中的各个环节构成的横向链条，即协作链。作为服务业，产业链中的协作链更为广泛。

通常情况下，在一个产业的产业链中，供需链条越长说明产业层次和资源加工深度越深，协作链条越长说明产业关联程度越高。因此，产业链中要素构成的多少与供需链条的长短一起表明产业链的长短，产业链中要素构成的多少与协作链条的长短一起表明产业链的粗细，而产业链的长短和粗细，既表达着行业市场需求的满足程度，随市场成熟度和市场专业化程度变化而变化，又决定着行业、企业之间的相互关系、产业结构的发展方向以及产业对其他行业的依存度和影响力。[1]

1. 农业会展产业链

根据产业链的基本理论和会展业的基本特性，农业会展产业链就是围绕农业会展活动这一主题，以举办地区域产业基础为依托，以较有实力的会展企业为主体，整合上、下游相关利益企业，形成具有价值增值功能的、有较强竞争优势的链网式企业战略联盟。[2]实际上，它借助农业会展场馆等设施，将会展服务（会展项目策划、展台设计搭建、招展招商及推介等）提供方和会展相关服务（交通、餐饮、住宿、零售、装修、广告、印刷、物流与仓储、通信、旅游等）提供方联合起来形成一个共同发展的产业互动关系。

由于农业会展活动的服务集合性特点，其所需各种投入品之间互补关系的普遍性更为突出，农业会展服务所涉及的各个产业之间的协作关系存在更多交织。农业会展服务分工较细，涉及产业较多，一般依托于一定地域空间，具有明显的空间聚集特征。

[1] 余向平．会展产业链的结构及其产业延展效应 [J]．商业研究，2008（8）：92–94.

[2] 吴开军．会展产业链刍议 [J]．科技管理研究，2011（3）：168–171.

大量的配套企业聚集在会展中心周围，配套企业的数量与收益往往与其到会展中心的地理空间距离具有相关关系，距离越近，配套企业数量越多，其收益也越大；反之，距离越远，配套企业数量越少，其收益也越少。基于此，农业会展产生的产业链延伸和扩展效应也相应存在较大差异。另外，因为农业会展活动的具体行业特征的复杂性，不同类型的活动所形成的产业链效应差别较大。一般而言，技术交流会、高层论坛等类别的农业会议的旁向溢出效应显著且对地方经济贡献突出；农机、农药等产业资料类农业会展所产生的旁向溢出效应并不明显，但前向效应较大，对地方农业生产效率提高方面影响显著；综合性、节庆类等农业会展活动的产业结构效应集中于对旅游、零售等后向拉动作用。

总体来说，在一定范围内，农业会展产业链的组成越完整、链条越长、宽度越大、链条上各环节越均衡，其整体发挥的效能和作用就会越大。内在原因就是其促成市场交易成本的降低、生产效率的提高、行业间带动范围的扩大和带动效应的增大，进而使市场辐射作用增强，使整个农业会展业与地方第三产业的发展能力越来越大。

2. 农业会展产业链的结构

农业会展产业链可分为上游、中游和下游三部分。目前，我国农业会展活动的上游企业和机构包括政府协会类活动的主办单位、承办单位、组织者以及市场企业类活动的专业会展组织者（Professional Conference Organizer，PCO）。后者均为具有独立开发和运作能力的会展策划公司，具体工作包括活动策划、政府协调、客户招徕、财务管理和质量控制等，也扮演顾问和创意提供者角色，在组委会和服务供应商之间起到纽带的作用。为适应市场需求和提升竞争力，大部分政府协会类活动也开始委托专业会展组织者操作。目的地管理公司（Destination Management Company，DMC）是中游企业的主体，有机整合农业会展活动所需资源，为会展活动提供场馆、设施和服务等全方位服务。这是会展产业链运行的实施阶段，它们按照上游企业和机构的要求执行具体活动方案，负责现场协调、会务和旅行安排等工作。会展产业链下游企业和机构的行业覆盖范围最广，包括所有直接或间接为上游、中游企业和机构以及会展活动参与者（主办方、赞助商、参展商和观众等）提供各项服务的部门。农业会展产业链的上、中、下游企业的关系与相互作用见图 5-3。

农业会展产业链的上游、中游、下游环节展示了活动的主要流程，体现了三个环节所涉及的行业以及彼此之间资源和产品的互补性，以及农业会展产业链的纵向市场关系以及相关行业部门互促共荣的关系。

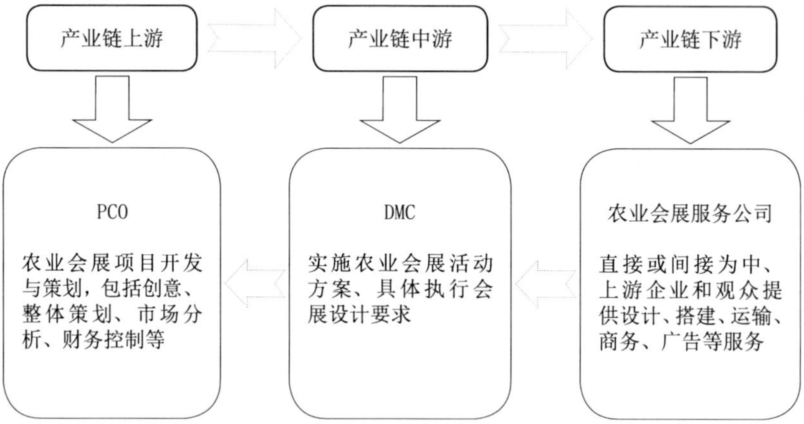

图 5-3　农业会展产业链的上、中、下游企业及其相互关系

3. 农业会展产业链的辐射效应

由于产业链中各个产业之间关联密切，农业会展产业链必然产生前向推动、后向拉动以及旁向溢出的辐射效应。农业会展业的服务业属性使农业会展产业链的上述辐射效应可以划分为两类：产业内辐射效应和产业外辐射效应，前者是农业会展产业链对第三产业内部经济结构的调整和带动效应，后者指的是农业会展产业链对第一产业和第二产业的辐射效应。[1]

产业内辐射效应较为直接，主要体现在农业会展活动对旅游、广告、保险等服务业的广泛带动。农业会展活动对举办地的旅游行业来说是不可错失的发展机遇。除了给旅游业的核心行业——景点带来大量优质客源以外，会展参与者往往具有规模大、消费水平高、停留时间久等特点，还引起对住宿、餐饮、零售、交通物流和通信等行业的需求大增。为满足出现的新要求，相关行业必将不断改善设施设备、升级技术、创新管理模式，以提高行业生产效率和服务水平。农业会展活动中组织方的招展招商以及推介广告等宣传活动必不可少，参展企业及参加招商的企业与机构在会展活动现场所需的宣传手册和海报等的设计与制作带动了广告和印刷行业的发展。此外，农业会展活动中大批人流物流的集中与转移涉及的大量展品、人身的安全、知识产权保护等问题都需要保险业的积极加入和支持，从而对保险行业的发展起到了辐射效应。

产业外辐射效应既包括直接效应，又包括间接效应。农业会展产业链会促进第一、第二产业的需求和供给。农业会展活动的产生源于农业部门及企业对展览的需求，而且

[1] 蒋魏立.会展产业链的结构及辐射效应研究［J］.特区经济，2016(9)：164-165.

农业会展产品和服务的供应需要第一、第二产业的原料或产品供给，因此农业会展产业链会直接或间接影响第一、第二产业市场需求和供给的结构和内容，进而影响其他产业的发展。另外，农业会展产业链有利于实现产品的价值。会展是一种市场活动，作为供求双方的媒介与平台，为产品价值的实现提供了机会。当产品开始被推广应用，所有其他相关产业都有可能进行调整以迎合这一产品的市场发展目标。[1]

农业会展产业链的链条通畅程度和环节契合程度是影响农业会展上、下游企业以及同级企业的效益和产业集聚能力的关键因素。作为新型现代化的城市服务业，会展业集产品与企业宣传、技术与知识交流、商务与贸易活动、对外服务于一体。基于上述平台效用的上、下游环节而构建的价值链，即会展产业链，链条上各企业之间的良性互动是会展企业利润最大化的必要条件。农业会展经济已成为我国一部分城市经济发展的新动力。农业会展产业链的效率直接影响会展行业及相关服务业的竞争力，也直接影响农业会展的主题行业农业的发展，间接影响着举办城市经济的发展。这就意味着农业会展产业链的建设会对产业结构高级化产生重要影响。因此，要增强农业会展及相关企业的合作频率，打造高效的农业会展产业链，促进地方产业结构的优化。

三、农业会展在形式上与多个产业融合

多年来，面对我国第二产业一枝独秀、资源与环境不堪重负的局面，社会各界无不认为“转变增长方式、调整经济结构”是我国经济持续稳定发展的必由之路。在现阶段经济调整过程中，产业结构演化的最主要特征是新兴产业不断涌现。这些新兴产业多为产业融合产生。因为冲破了产业分立的限制，产业融合使传统三次产业归属分类工作更加复杂，但在可持续发展经济基本理论支持下，产业融合中经济系统与生态系统的连接更为产业发展所重视。

会展业与农业的融合。农业会展本身就是会展业与农业的融合，体现了两个产业之间相互延伸的特征。一方面，会展业主动结合农业产业内容，围绕农业主题打造特色产品，丰富会展产品类型，向农业延伸，如农业会议、农产品交易会等；另一方面，农业借助会展业的功能属性主动改变传统的农业发展模式，形成一种新的融合传播农业发展信息和利用独特方式展示农业产品为主的、全新的、服务性的会展农业发展模式，如农业节庆、会展型农业等。会展业与农业的结合体现了产业之间的互动和扶持。

[1] 蒋魏立. 会展产业链的结构及辐射效应研究［J］. 特区经济，2016（9）：164–165.

农业会展与旅游业的融合。农业会展与旅游业同属于服务业下的子产业，相互支持，联系紧密，在互动发展过程中形成了新的产业形式，即农业会展旅游。从产业角度来看，产业融合分为产业渗透、产业交叉和产业重组三类。农业会展产业融合更多的是产业渗透和产业交叉的双重现象。在有关会展业融合的研究中，以会展业与旅游业的融合居多。国外很多学者关注旅游与会展的结合，认为二者是相互促进的，并称之为事件旅游或会展旅游（Event Tourism）。罗宾·斯托克斯（Robyn Stokes）研究了澳大利亚不同地区会展业和旅游业的融合程度，认为事件应该成为旅游目的地营销策略之一。[1]唐纳德·盖茨分别按照时间和主题这种顺序梳理并分析了会展旅游相关文献，提出了会展旅游不是独立的专业领域，而是属于会展与旅游的交叉部分的观点。[2]但唐纳德·盖茨等再次回顾相关文献时更新了上述观点，他们认为从本体论的角度看，会展旅游是一种单独的经济形式，需要与会展业和旅游业划清界限。[3]

农业会展与旅游业的融合发展是有内在机理和动因的。根据产业融合和产业边界理论，农业会展与旅游业的融合发展机理具体包括四个方面：技术边界上，技术创新不断提高两个产业的技术含量并增加新内容，进而加速两个产业的融合；业务边界上，包括产品和产业链两种融合，前者主要是两个产业彼此包含的产品要素越来越多，进一步发展为相互融合，后者在于产业的专业化程度提高使彼此需要专业的运营机构；市场边界上，两个产业的产品经常面对的是同一消费者，使产品走向融合；运作边界上，两个产业所依托的产业基础和配套要素相似，促使其融合。农业会展与旅游业的融合愈演愈烈，对地方的农业、会展业、旅游业的发展影响不可轻视。

农业会展对农业生产—加工—销售的纵向一体化的推进。农业经济中的纵向一体化可减少交易成本，提高经济效益，形成良性循环。农业会展中纵向环节类企业的互相了解与合作可推进农业生产—加工—销售的纵向融合。在菜博会与寿光蔬菜产业互动发展中，山东寿光蔬菜产业集团成立，并不断扩张业务，现已发展为集菜果种苗繁育、基地生产种植、批发市场经营、蔬菜物流配送、深加工出口、技术研发推广于一体的全国农业产业化龙头企业，先后在 30 多个大中城市设立品牌直供蔬菜配送业务，有 14 种品牌蔬菜先后获得无公害农产品认证和绿色食品标志。农业会展活动推动农业的纵向融合与农业经济的纵向一体化，获得了规模效应、推动了品牌建设、助力了创新发展。

---

[1] STOKES R. Tourism strategy making : insights to the events tourism domain[J]. Tourism management, 2008, 29（2）: 252–262.

[2] GETZ D. Event tourism : definition, evolution, and research[J]. Tourism management, 2008, 29（3）: 403–428.

[3] GETZ D, PAGE S J. Progress and prospects for event tourism research[J].Tourism management, 2016, 52 : 593–631.

第三节　农业会展影响地方产业结构的路径

一、农业会展自身发展直接提高第三产业比重

农业会展业的服务业属性决定了农业会展收益直接贡献于地方第三产业增长，也直接提高了第三产业比重。根据农业会展关联行业和产业链的分析，农业会展带动一系列第三产业细分行业的增长，在更大范围内提高了第三产业比重。

二、农业会展促进农业产业升级

1. 农业会展为农业企业创业及壮大提供土壤

农业企业小而散，发展面临困境。农业会展为农业企业提供培育土壤，消除其新进入缺陷。研究发现，新进入缺陷是造成新企业高失败率的主要原因。组织生态学认为，新的组织（企业）面临的压力大于成熟组织，所以失败率也高。各种资源的缺陷是新进入缺陷的主要表现。新企业获得初始资源通常依靠创业者及其个人关系得以实现，之后还需要在初始资源耗尽之前开发或从外界取得新资源，尤其是企业发展壮大所需的关键性资源。因此，新企业在成长时期必须克服资源可获得性的障碍，发现和拓展资源的获取路径，消除资源供给不确定性。[1]

农业新企业的资源位需求包括物质、技术、人力、财务、社会和组织资源。农业会展活动为满足上述资源需求提供了媒介和便利。在创业活动中，企业迫切需要的是人力资源、社会资源和技术资源。人力资源方面，新企业中技术人员和管理人员往往存在短缺现象，尤其是新生农业小企业，大多靠家人和朋友帮助以维持经营，人力资源不足。然而，这类员工常常缺少正规培训，加上情感冲突较多，引发诸多问题，从而阻挠企业发展。社会资源方面，政府部门、银行、税务部门、同行、供应商以及销售商等利益相关者之间的关系资源，对新企业而言，获取途径和机会都非常少，十分缺乏。技术资源方面，农业小型创业企业获取技术信息的渠道较少，无法及时掌握市场需求对技术要求

[1] 王晓文，张玉利，王菁娜．会展经济效应的作用机制研究——一个以创业活动为传导路径的观点 [J]. 旅游科学，2011（8）：49-57.

的更新替代状况，因而生产效率不高，造成部分企业创业之初就被迫退出市场。各类农业会展活动集聚了农业产业、行业、领域不同层次的最新业态，带来许多活跃的物流、资金流和信息流，为新企业提供所需的各类资源。农业会展为农业企业活动提供了充足的资源位支持。

另外，会展活动对企业的成长有十分重要的作用。[1]帮助买方与卖方等相关利益者建立起供需联系，这是会展活动最基本的意义。农业参展企业除了有机会快速获得所缺少的资源，还能从会展活动中发现供应商和潜在顾客而降低成本和扩张贸易，捕获行业发展信息和竞争对手的商业信息以模仿或寻求突破机会，宣传塑造企业形象以增强竞争力。参加行业相关会展活动，增加同行交流，展示企业理念，提升新企业在行业社会网络中的地位，必然促进企业的绩效，所以参加会展活动与企业绩效之间存在正向联系。[2]

由此可见，农业会展可以通过解决新进入障碍、满足新企业成长的资源需求，促进农业创业活动的经济效应提升，以及发展中的农业企业持续壮大，实现农业经济繁荣。

2. 农业会展促进区域农业产业内部结构升级

加快转方式调结构促升级，是党的十八大和近年“两会”都曾提出的经济发展战略。在这一国家战略中，把发展服务业作为打造经济“升级版”的重要举措。具体对农业来讲，要加快推进农业的转型升级，须将农业会展作为“调结构转方式”、推进现代农业发展的重要途径。国务院总理李克强曾在第二届京交会暨全球服务论坛北京峰会上发表了“把服务业打造成经济社会可持续发展的新引擎”的演讲，指出要大力发展和提升服务业。大力发展服务业既是当前稳增长、保就业的重要举措，也是调整优化结构、打造中国经济升级版的战略选择，因此，发展农业会展业与国家的经济战略一致。举办农业会展活动，带动第三产业消费链，促进相关服务行业的发展，对举办地区域第一产业、第二产业、第三产业的产业内部以及三次产业之间的结构调整、相关行业产品的更新换代发挥着积极作用。[3]

各种信息的传递是会展的最基本功能。产品、技术、市场需求等信息交互传递给生产者、供应商、消费者等产业链条上的所有信息需求者。通过信息的传递，会展活动促进生产要素的跨区转移和优势要素的重新组合，进而提高生产效率，这才是会展经济作

[1] TANNER JR J F. Leveling the playing field factors influencing trade show success for small companies[J]. Industrial marketing management, 2002（3）: 229–239.

[2] WOUTER S. Industry event participation and network brokerage among entrepreneurial ventures[J]. Journal of management studies, 2010（4）: 625–653.

[3] 张翠娟. 会展产业对区域经济发展的影响研究 [J]. 学术交流，2014（5）: 89–92.

用的最大化。[1]促进农业产业升级的作用具体由农业会展经济蕴含的四个功能来实现，即引进农业新技术，推进农业成果转化；催生新行业，加快农业产业化进程；促进农业产业集聚，扩大积聚效应；培育区域优势产业，提升农业产业影响。

推广农业新技术，加速农业成果转化。我国农业会展发展早期，举办过多次大型全国性农业博览会，展示了特产作物和农业重大成果。虽然当时农业会展不具有贸易功能，但其在各地农业科技成果交流和推广方面的宣传效果显而易见。后来的现代贸易型会展活动迅速兴起，新成果、新技术、新人才大量集聚，通过会展现场的交流碰撞，农业新技术的宣传推广和转化作用是其他任何推广方式所无法比拟的。农业这一实体经济发展是农业会展业存在和发展的依托。农业会展更主要还是为农业产业服务，即推动第一产业的发展与升级。

催生农业新行业，加快农业产业化进程。一些会展活动，如石榴节、芒果节、梨花会等，增加了农业贸易，还逐渐推动地方从单一的农业种植到观光、民宿与采摘、示范园的建设与经营等多种农业旅游新型业态的形成。草莓节、石榴节、牡丹节等会展活动探索出农业会展新途径，也促进了草莓、石榴、牡丹等产业的发展。

促进农业产业集聚，扩大农业积聚效应。这一功能通过农业会展对第一、第二产业的促进作用来实现。2014 年第十一届世界葡萄大会在北京延庆举办。之前延庆种植的葡萄中，90% 是鲜食葡萄，10% 是酿酒葡萄。作为第三产业的世界葡萄大会的召开开阔行业从业者和管理者的视野，转变其发展思路。世界葡萄大会促进第一产业葡萄种植业的表现是改变葡萄种植的产业结构，把鲜食葡萄改成酿酒葡萄，从而促进了第二产业酿酒产业，将大量葡萄酒酿制公司和研发公司以及销售公司聚集到延庆。它体现了高端的国际农业会议的强大带动效应。葡萄产业的集聚吸引了其他相关行业投资商的关注和投资，也吸引了大量旅游者的到来，促进农业会展举办地休闲农业的繁荣。

培育农业优势产业，提升农业产业影响。发展农业会展可以促进区域农业产业发展。会展活动的举办可以带动区域优势产业发展，甚至可以培育区域优势产业，进而形成区域经济增长极。综观世界著名会展城市，为了突出竞争优势，它们在选择和设计会展活动类型时，基本上是以本区域的优势产业为着力点，向全球展示本区域优势产业的最新产品、技术以及经营理念等。例如，制造业最为突出的城市——汉诺威是德国的汽车、机械、电子等产业中心，塑造了世界著名的会展品牌，如规模最大的国际工业盛会——汉诺威工业博览会（HANNOVER MESSE）、德国历史上最长的展览——德国国际汽车及配件

[1] 储祥银．要重视会展对产业结构提升和经济结构优化的作用 [EB/OL].（2016-11-22）[2020-10-10]. http://www.cnena.com/news/bencandy-htm-fid-13-id-73382.html.

展（IAA）、全球最大的信息和通信工程类展览会——汉诺威国际信息及通信技术博览会等，荟萃了各个工业领域的先进技术，向全世界展示着本区域优势产业的创新动态，引领着世界工业的创新与发展，成为“世界工业发展的晴雨表”。反过来，这些品牌会展又促进了汉诺威优势产业的发展。因此，会展产业与区域优势产业形成互促发展的良性循环，使区域经济发展达到最优状态。消费类会展名城拉斯维加斯凭借其发达的博彩业、旅游业、演出业、购物业和商贸业打造的第三产业基础以及积累的高端客源大市场，成功举办了全球知名的拉斯维加斯国际电子消费品展、国际鞋业订货会等消费类会展活动。这些会展活动反过来助力拉斯维加斯第三产业的繁荣发展。此外，德国法兰克福国际汽车及零配件展览会、意大利米兰的时装展、法国巴黎国际食品展览会、广州的中国进出口商品交易会、义乌的小商品博览会、山东寿光的菜博会、山东广饶的国际橡胶轮胎暨汽车配件展览会等，都是会展与区域优势产业紧密结合、互促发展的成功典范。在农业类会展中，始办于1962年的国际上影响力最为深远的顶级商业花卉园艺展览会——荷兰国际花卉园艺展、新西兰国际农业展览会、西班牙维哥国际水产展等都展示了本地优势产业的地位。近年来，基于我国玉米产业、草莓产业、种子产业等的充分发展，以及对农业会展的贸易、宣传功能的全新认识，我国相继举办了世界玉米大会、草莓大会、种子大会等一系列国际农业会展活动，促进了相关贸易、技术交流和产业发展。

3. 农业会展需要与三次产业协调发展

会展业要与产业结构调整相结合才能发展壮大，才能获得持久的经济效益，因为一个地区的产业结构既是本区域会展业发展的基础，又是本区域培育会展品牌的基础和先天优势。因此，以农业经济为主或者以其为区域优势产业的中小城市，需要充分认识农业会展对本地经济结构和经济发展、经济地位的重要性，同时注意与其他产业发展的协调性、与区域产业结构优化目标的一致性。在产业结构优化过程中，三次产业的相互关系及协调发展的问题值得关注。根据发展经济学理论，第一产业对第二、第三产业产生产品、要素、市场和外汇有贡献。反过来，第二、第三产业的发展也会促进第一产业的增长，如第二产业的发展带来农业机械及生化技术产品的广泛应用，提高了农业生产效率。服务业的发展，如广告、物流、销售等服务水平提高促进了农业生产者与市场消费者的对接，间接带动了农业企业的经营规模扩大，促进了农业发展。三次产业协调发展才能最终实现区域整体经济水平的提升。但在我国大部分区域的产业发展过程中，一些因素的存在阻碍了其协调发展程度，如农村投入不足、城乡商品流通体系不畅等。农业会展发展恰好可以排除上述不利因素，有助于三次产业协调发展。因此，农业会展的发展通过推动现代农业的发展间接促进第二、第三产业发展，优化地方产业结构。

第四节　农业会展影响地方产业结构的作用机理

多种因素综合影响着产业结构的调整变化。具有第三产业属性的农业会展在内容上横跨三次产业，对整个国民经济的发展有相当大的影响。李铁成等运用区域间投入产出模型分析了我国会展业区域关联效应，结果显示，我国会展业经济拉动效应和产品供给效应均高于全社会平均水平，表明我国会展业具有较高的关联效率和较强的产业链配套能力，[1]也说明会展业在我国经济转型升级过程中发挥了较好的带动作用和服务功能。农业会展发展直接在市场需求、要素分配、区域贸易、技术进步和发展机遇等方面影响三次产业的发展，进而直接或间接地作用于产业结构，推动或制约着区域产业结构的转型与优化（见图 5–4）。

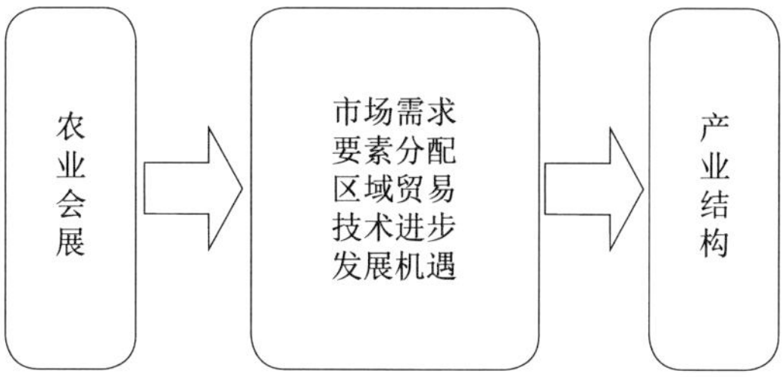

图 5–4　农业会展影响地方产业结构的作用机理

一、农业会展影响市场需求

1. 农业会展影响个人消费结构

首先，农业会展活动是汇聚并展示农业创新产品的平台。会展活动访问者同时也是消费者，通过参观所展示的农产品对新的消费品及其相关信息接触较早，了解较多，往往率先购买，起到消费引领者的作用，示范带动周边消费者的市场需求，从而使农业会展活动起到提高消费水平、优化重组消费结构的作用。其次，农业节庆、博览会等农业会展旅游活动中，农业消费品的档次更加趋于高度化；参与者又增加了旅游者这一角

[1] 李铁成，刘力．区域间投入产出模型（IRIO）的我国会展业经济影响分析 [J]. 旅游学刊，2014, 29（6）：34–45.

色，提升了物质产品消费的同时增加了精神产品的消费，个人消费结构升级。综合看来，农业会展能够不断培养新的消费需求，使消费结构多样化和多层次化，推动第三产业比重不断上升。可见，个人消费水平提高以及消费结构多样化最终会带动产业结构递进升级。

2. 农业会展影响消费和投资的比例

根据霍夫曼比例，人们对生产资料行业的投入大于对消费资料行业的投入，生产资料行业不断发展推动着产业结构逐步优化。然而，消费结构和消费趋势的变化也引导相关行业改变投资比例。随着全球会展业的繁荣，我国各地纷纷论证并实施会展项目。会展项目的投资可吸引相关投资注入消费资料行业和其他生产资料行业，如博鳌项目总投资约20亿元，博鳌亚洲论坛给琼海市引来的投资额高达50亿元。另外，作为农产品信息的聚集地，农业会展活动起到农产品社会认可程度的风向标作用，引导生产厂商调整供应产品的种类和生产规模以适应市场需求，进而出现农业生产及加工行业内部的要素聚集和整合，并产生规模效应，推进资源配置方式的改变，最终会引发整个社会生产体系内部发生巨大的结构变动，逐渐从劳动密集型产业向资本密集型和技术密集型产业转变。

3. 农业会展影响企业投资流向

已有产业结构发生改变的直接原因就是投资方向的变化。作为现代会展业的发源地，制造业和文化产业的发达为欧洲各国奠定了雄厚的基础，后起之秀的美国和澳大利亚等国则聚焦于大型活动和高端会议等，但会展业发达的国家和地区具有的共同特征是以会展业为核心，配套企业对酒店、餐饮、旅游、零售、信息技术等行业的投资迅速集中，第三产业扩张加速，会展活动举办地产业结构进一步优化。农业会展活动中所展示的国内外高新产品也吸引着企业对农业高新技术增加研发投资，推进农业现代化进程，逐步实现农业高级化，将改变原有产业结构。

中国杨凌农业高新科技成果博览会（简称“杨凌农高会”），目前已建成杨凌国际会展中心，其中三个室内展馆面积共计4.7万平方米，还建成了4万平方米的农业机械展区和5.5万平方米的现代农业示范展区。农业机械展区和杨凌现代农业示范展区已经率先成为永不落幕的农高会。示范展区财政每年安排会展业发展专项扶持资金500万元，主要用于成效显著的会展活动和贡献较大的个人的奖励，以及会展活动和会展企业在专业认证、人才培养、会展形象宣传等方面的经费支持。[1]政府对会展及相关设施、要素的投资自然带动企业投资，从而改变企业投资流向。

[1] 刘合. 陕西杨凌将打造全国农业会展之都[N]. 中国贸易报，2013-05-07.

二、农业会展影响要素分配

1. 农业会展影响人力资源供给

会展业属于劳动密集型行业，人力资源需求量大，就业机会多而灵活。农业会展活动的举办需要农业种植和养护人员、保安人员、保洁人员、室内装饰工人、礼仪服务人员、讲解人员等，尤其是前三类人员的相关岗位可以吸收部分农村剩余劳动力，促进劳动力从农村向城市的转移。另外，农业会展业的多米诺骨牌效应带动相关服务产业，直接推动产业结构调整。同时，零售、餐饮、物流等行业的发展也将吸收部分农村劳动力，间接影响城乡产业结构变动。农业会展业急需高端专业人才做策划与管理。这一需求会倒逼相关培训行业发展及整个行业从业人员素质提升，促进农业会展业内部结构优化。因此，农业会展活动对不同层次的临时岗位和固定岗位的人力资源的大量需求，将促进人力资源在不同地域、不同行业的流动与升级，间接推动产业结构升级。

2. 农业会展影响资金供应状况

凭借媒介功能，农业会展刺激市场需求，提高农业产品销售量，提升地方整体形象和综合竞争力，取得较好的经济效益和社会效益。农业会展因此备受各地政府和企业重视。国家在“十一五”规划中首次提及发展会展业，从宏观政策方面鼓励其发展，并颁布了会展业利用外资的鼓励政策和港澳地区资本进入内地会展业的优惠政策。关于农业会展，各级政府纷纷表示支持和鼓励其发展。2010 年《国务院关于支持继续办好杨凌示范区若干政策的批复》中提出，支持把杨凌农高会“办成国际化展示交易平台”。2011 年陕西省人民政府《关于加快会展业发展的意见》中提出，“把杨凌打造成为全国农业会展业之都”。杨凌则以农高会为龙头，培育壮大会展业市场，提升服务业水平，以期培育当地新的经济增长点，对其跨越式发展发挥积极作用。政府的支持态度和大量资金的投入扩大了社会资金投入规模，成为农业会展行业成长的主要驱动力。另外，农业会展业关联服务行业以及参展主题农业的发展会增加存量资本的吸收，提高社会资本利用效率，从而推动科技含量高的新型服务业、新兴农业的发展，使整个地方产业结构演进趋向合理化和高度化。

三、农业会展影响区域贸易

农业会展是农业及相关产品的生产者与消费者进行直接交流的有效途径，便于达成交易。杨凌农高会以“现代农业创造美好生活”为主题，始于1994年，每年11月5日至9日在国家杨凌农业高新技术产业示范园区举行，主要活动包括展览展示、科技成果及植物新品种信息发布、项目及技术洽谈与交易、国际合作交流、农业技术咨询培训、评奖评优六大板块。前22届累计吸引了上万家涉农单位、2200多万客商和群众，交易额累计达5000多亿元；参展参会访问者涉及70多个国家和地区以及我国31个省市。仅2016年第23届农高会的签约投资及交易总额就高达1167.8亿元。可见，农业会展对区域贸易以及国际贸易的促进效果显著。在农业会展活动现场，生产者与消费者面对面交流、参展同行相互观摩比较、上下游企业合作或交易洽谈、资金和劳动力等生产要素被引进等过程中，既能充分发挥本地区特色农业及相关行业的比较优势，又能通过区域间竞争提高本地区农业会展业的发展水平。对以农业经济为主的地区来说，发挥后发优势，借助农业会展的开放性，快速学习会展业发达地区丰富的办展经验，有效吸收其成熟的办展理念，提高本地农业会展业专业化水平，并带动其他相关行业的整体水平。另外，全国乃至国际会展业的发展也会吸收举办地的产品和劳务，要素对外流动加强，贸易更加频繁且范围扩大，区域内相关产业向合理化和高度化演进。

四、农业会展影响技术进步

在农业会展活动中，产品供需双方对接，技术需求得到及时反馈，容易推动技术改进或创新思想，农业及相关生产技术交流效果提高，增加了生产成本降低和生产效率提高的可能性。另外，农业会展为已有高新技术的市场交易提供了平台，技术扩散功能被强化，为普遍降低行业生产成本做出了贡献。新产品、新技术的推广和使用使可替代资源增加，资源消耗弹性下降，加深了产业分工。农业会展通过激励新产品的开发，催生新兴产业，直接实现产业结构高级化发展，而且新产品、新行业作用于区域竞争格局变化，也间接影响本地产业结构。寿光菜博会的发展加强了寿光蔬菜种植、交易、研发的发展，巩固了寿光蔬菜业在全国的地位。通过菜博会这一国内外蔬菜种植技术的交流契机，寿光引进蔬菜良种，并加强自我创新，拥有的自我研发品种不断增多。这是农业会展影响科技进步的力证。总之，农业会展通过促进行业技术引进，提高了资源利用效率，优化了地方农业及相关行业资源的配置，也吸引了一定外部资本投入，从而有利于产业结构的优化与升级。

五、农业会展提供产业发展机遇

由于农业会展广泛的产业关联效应，农业会展的客源也是相关服务业的客源。共享客源扩大了市场需求，而且在所有关联行业中一个行业的客源均为其他行业潜在客源的积极开发创造更大的市场。农业会展活动的举办对第一、第二产业的部门也增加了新的产品需求，也提出了更高的技术要求，为有关部门提供发展机遇。

从幼小薄弱到强大雄厚是所有行业和企业发展必然要经历的过程，而农业会展活动对区域农业中幼小新生行业和产业环节发展的促进作用不容忽视。在新行业发展的初始阶段，行业培育的成本支付和精力投入的需求较高。而农业会展活动就是一个平台，为该行业及企业提供一个低成本的宣传场所，把行业发展和资源需求的信息传递出去，并且能够迅速地收到反馈信息，及时与其他关联行业协调与适应，调控该行业在市场中的地位和发展态势。涉外农业会展活动中，还可以通过与其他国家和区域的相关行业进行对比、交流，学习先进的管理经营理念。特别是对传统农业发展地区来说，因其信息闭塞、技术落后而难以获得发达地区的行业、技术、产品等优势。利用农业会展活动提供的机会，上述问题很可能迎刃而解，为本区域的新生行业和产业环节带来良好的发展前景。

第五节　农业会展与地方产业结构转型动态关系实证检验

2000—2016年，寿光市产业结构变化情况见图5-5。与全国2001年三次产业产值占GDP比重（15∶51∶34）及全省三次产业产值占GDP比重（14∶49∶37）相比，寿光市（25∶41∶34）第一产业产值比重明显过高，第二产业产值比重过低，第三产业产值比重低于全国平均水平。2016年，寿光市三次产业产值占GDP比重为11.36∶42.50∶46.14，全国三次产业产值占GDP比重为8.6∶39.8∶51.6，山东省三次产业产值占GDP比重为7.3∶45.4∶47.3。寿光市第一产业产值比重分别从高于全国和全省66.7%、78.6%调整为高出32.1%、55.6%，第一产业产值比重大大减少，16年下降了54.6%。寿光市第三产业产值比重分别从低于全国和全省2.9%、8.1%调整为低于10.6%、2.5%，第三产业产值比重明显增加。2016年，山东省和寿光市都实现了从“二三一”向“三二一”的历史性转变。但与全国和全省水平相比，寿光第三产业产值发展仍显不足。

在图5-5中，2000年以后，寿光第三产业产值比重获得持续的显著提高，第一产业产值比重17年来一直呈逐步减少状态，而第二产业产值比重经历了先增加后减少的过程，因此应加大提高第三产业产值比重的力度，力图达到或超过全国、全省的水平。

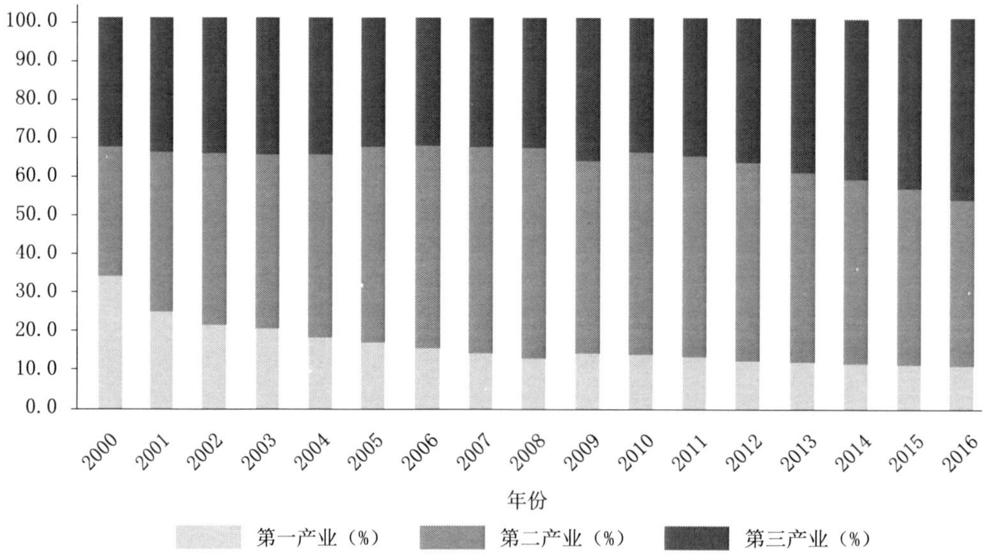

图5-5　2000—2016年寿光市三次产业产值占GDP比重变化趋势

资料来源：2001—2017年《寿光统计年鉴》。

根据2001年和2016年山东省和寿光市产业结构特征来看，山东省第一产业占比下降了6.1%，第三产业占比提高了8.3%，而寿光市第一产业占比下降了13.5%，第三产业占比提高了8.9%。由此可见，寿光市产业结构优化速度明显高于全省平均水平。

自国家“十三五”规划纲要出台以来，国内产业结构升级步伐加快。2016年，寿光市人均生产总值为73444元，已经突破1万美元大关，产业结构升级需求增强。加快产业结构升级，促进寿光市经济快速稳定发展更为重要。理论上，农业会展活动促进产业结构升级，是十分重要的外部力量，而地方合理的产业结构和发达的服务业也是农业会展发展的基础，但二者的相关关系还缺乏实证检验。下面将运用17年菜博会的规模增长率和成果增长率与寿光市产业结构转型指标，对农业会展活动发展水平与地方产业结构优化的长期均衡关系进行检验。

一、变量的确认和模型的建立

国内外大部分文献均围绕会展活动或会展业对地方经济影响进行量化分析，属于对经济增长的分析，只有零散的文献提及会展业影响地方产业结构。根据目前我国统计资料的可支持程度，无法直接运用一般均衡模型方法来测算二者的长期关系。由于产业转型需要选取某个年份与之比较对照，表示产业转型程度，本书选择产业结构转变系数作为产业转型指标，并选择菜博会签约额增长率、参与人次数增长率这两个指标值以代表农业会展活动发展的成果和规模的增长情况，然后分别计算产业转型指标和菜博会增长指标，再通过产业转型指标与增长指标之间的相关分析来衡量菜博会成果增长和规模增长对寿光市产业转型的影响（见图 5-6）。为分别探究两个序列是否具有长期均衡的稳定关系，本部分也应用协整检验和格兰杰因果检验。

产业转型指标可以通过矢量夹角来计算（凌文昌等[1]），公式如下：

$$\theta = \arccos\left[\sum_{i=1}^{n} Y_i(t_1)\times Y_i(t_2) \Big/ \sqrt{\sum_{i=1}^{n} Y_i(t_1)^2 \times \sum_{i=1}^{n} Y_i(t_2)^2}\right] \tag{5-1}$$

式中，n 为产业部门数，$Y_i(t)$ 为第 i 个产业部门 t 年增加值（或总产值）占 t 年 GDP 的份额，本书使用寿光市三次产业的 GDP 占比。θ 为 $Y_i(t)$ 和 $Y_i(t-1)$ 这两个向量间的夹角，代表产业结构转型系数，θ 的最大值为 90 度。

菜博会签约额、参与人次数指标。用历届菜博会签约额、参与人次数作为衡量指标，分别用 IV、RC 表示，主要讨论它们的增长率。

之后，运用统计学上的相关性分析来计算产业转型指标和农业会展活动增长率的相关系数。公式如下：

$$\rho = \frac{\sum_{i=1}^{n}(x_i-\bar{x})(y_i-\bar{y})}{\sqrt{\sum_{i=1}^{n}(x_i-\bar{x})^2\sum_{i=1}^{n}(y_i-\bar{y})^2}} \tag{5-2}$$

相关系数取值从 −1 到 1 之间，$|\rho|=0$ 时，称 x、y 不相关；$|\rho|=1$ 时，称 x、y 完全相关，此时 x、y 具有线性函数关系；$|\rho| \leqslant 1$ 时，称 x 的改变会引起部分 y 值的改变，$|\rho|$

[1] 凌文昌，邓伟根．产业转型与中国经济增长［J］．中国工业经济，2004（12）：20-24.

的绝对值越大，x、y 相互变动就越大；$|\rho| \geqslant 0.8$ 时称为高度相关，当 $0.3 \leqslant |\rho| \leqslant 0.8$ 时称中度相关，当 $0 \leqslant |\rho| \leqslant 0.3$ 时称低度相关。

使用简单的协整方程 5-3、5-4。

$$\text{ZX}(t) = C + C_1 \times \text{IVE}(t) + U \tag{5-3}$$

$$\text{ZX}(t) = C + C_1 \times \text{RCE}(t) + U \tag{5-4}$$

这里 ZX 代表上文所说的结构转型度，IVE、RCE 代表会展成果的增长率，C、C_1 是要估计的常数，t 表示时序数，$t = 2000$，…，2016，U 表示误差。

二、数据来源与整理

由寿光市 2000—2016 年三次产业的 GDP 占比计算出当年的产业结构转型系数，以此代表产业结构转型度。由历届菜博会的签约额、人次数，分别计算出菜博会的成果增长率、规模增长率（见图 5-6、表 5-2）。

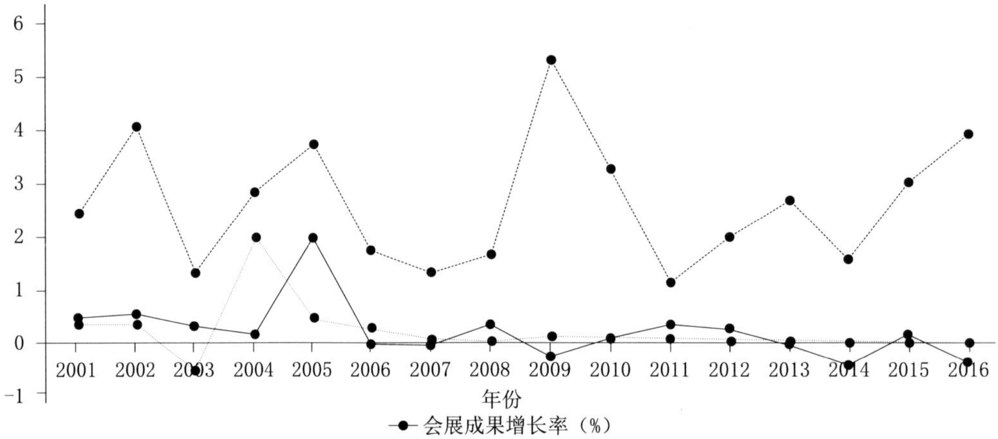

图 5-6　2000—2016 年菜博会发展水平与寿光产业结构转型度

表 5-2　2000—2016 年寿光市产业转型系数、菜博会规模增长率及成果增长率

年份	第一产业占比（%）	第二产业占比（%）	第三产业占比（%）	产业转型系数（度）	菜博会签约额（亿元）	菜博会成果增长率（%）	菜博会规模（万人次）	菜博会规模增长率（%）
2000	27.0	40.5	32.5	—	11.9	—	28	—
2001	25.0	41.0	34.0	2.4712	18	0.5126	38	0.3571
2002	21.8	43.9	34.3	4.0717	32	0.7778	51	0.3421

续表

年份	第一产业占比（%）	第二产业占比（%）	第三产业占比（%）	产业转型系数（度）	菜博会签约额（亿元）	菜博会成果增长率（%）	菜博会规模（万人次）	菜博会规模增长率（%）
2003	20.7	44.8	34.5	1.3191	42.78	0.3369	24	−0.5294
2004	18.4	47.0	34.6	2.8605	52	0.2155	71.6	1.9833
2005	17.1	50.4	32.5	3.7455	96.7	0.8596	106	0.4804
2006	15.8	52.0	32.2	1.7530	98.4	0.0176	136	0.2830
2007	14.5	52.8	32.7	1.3437	89	−0.0955	146	0.0735
2008	12.9	54.1	33.0	1.6783	138.7	0.5584	152	0.0411
2009	14.6	49.1	36.3	5.3381	106	−0.2358	171	0.125
2010	14.2	51.9	33.9	3.2819	144.7	0.3651	186	0.0877
2011	13.4	51.7	34.9	1.1517	259.2	0.7913	201	0.0806
2012	12.7	50.6	36.7	1.9964	381	0.4699	212	0.0547
2013	12.3	48.7	39.0	2.7023	372	−0.0236	216	0.0189
2014	12.0	47.2	40.0	1.5712	156	−0.5806	218	0.0093
2015	11.5	45.5	42.9	3.0343	222	0.4231	219	0.0046
2016	11.4	42.5	46.1	3.9396	98.3	−0. 2333	220	0.0046

资料来源：2001—2017 年《寿光统计年鉴》，菜博会网站 http://www.sgcbh.com。

三、模型分析

1. 相关性分析

农业会展活动成果增长对产业结构升级影响的滞后性并不明显。在经济学中，变量 Y（因变量）对另一变量 X（自变量）的影响很少是瞬时的，Y 对 X 的回应往往有一个时间的滞后性。但具有平台经济性质的会展活动对产业发展，尤其是第三产业的即时影响非常明显，第三产业中的大部分行业对资源禀赋的依赖或者受地理空间的限制均比较弱，所以其发展壮大在更大程度上取决于需求发展的水平。

从图 5-6 可以看出，菜博会的成果增长率、规模增长率分别与寿光产业结构转型度具有一定的正相关关系，去除异常值后算得相关系数为 0.44、0.58。会展的成果增长率、规模增长率越高，则地方产业结构转型度越大；会展活动的成果增长率、规模增长率越低，则产业结构转型度越小。运用统计的方法，二者之间的联系得到了证明，但仍不确定其具有长期稳定的关系，因此进一步引入协整检验来验证。

2. 协整分析

在进行协整检验之前，需要进行平稳性检验。若变量都通过平稳性检验且为同阶单整，才有可能存在协整关系。常用的平稳性检验方法是 ADF 单位根检验法。根据迪基（Dickey）和富勒（Fulkr）的观点，当 ADF 大于临界值时，接受原假设，即时间序列非平稳；当 ADF 小于临界值时，拒绝原假设，即时间序列平稳。检验结果见表 5-3。

表 5-3　菜博会的规模增长率、成果增长率与寿光市产业结构转型度的平稳性检验结果

变量	模型形式（C,T,K）	ADF 统计量	1% 临界值	5% 临界值	10% 临界值	结论
IVE	（C,0,0）	−3.6677	−4.0044	−3.0989	−2.6904	平稳
RCE	（C,T,3）	−16.2422	−5.1249	−3.9334	−3.4200	平稳
ZX	（C,0,1）	−4.5734	−4.0579	−3.1199	−2.7011	平稳

由表 5-3 可见，变量 IVE、RCE 和 ZX 没有差分时在 5% 显著水平均通过检验，时间序列均平稳，所以它们具有的单整阶数相同，都是零阶单整 I（0）序列，满足协整检验的前提，可以进一步检验它们之间是否存在长期协整关系。

协整检验有 EG 检验法和 JJ 检验法。前者通常适用于单变量方程中变量之间关系的检验；后者由约翰森（Johansen）和吉斯迪乌斯（Jiisdius）提出，适用性更广，既可检验单变量方程中变量之间的关系，也可检验多变量方程中变量之间的关系。这里利用 EVIEWS7.2 软件，采用极大似然法进行检验。检验结果见表 5-4、表 5-5。

表 5-4　寿光市产业结构转型度与菜博会成果增长率的协整检验结果

零假设	特征值	迹检验统计量	0.05 临界水平值	概率	结果
None *	0.9524	36.5395	14.2646	0.0000	拒绝
At most 1*	0.4292	6.7279	3.8415	0.0095	拒绝

*：显著水平 α=0.05。

表 5-5　寿光市产业结构转型度与菜博会规模增长率的协整检验结果

零假设	特征值	迹检验统计量	0.05 临界水平值	概率	结果
None *	0.7000	15.6520	14.2646	0.0300	拒绝
At most 1*	0.2934	4.5145	3.8415	0.0336	拒绝

*：显著水平 α=0.05。

根据表 5-4、表 5-5 的检验结果，在 5% 显著水平，二者均拒绝了没有协整关系和最多只有 1 个协整关系的假设。也就是说，存在协整方程用来描述寿光产业结构转型与菜博会成果增长率和规模增长率之间的关系。协整方程参数的估计结果分别见表 5-6、表 5-7。

表 5-6　寿光市产业结构转型度与菜博会成果增长率的协整方程参数的估计结果

标准化协整系数（标准差）	
ZX	IVE
1.000000	-1.150153 （0.26808）
调整系数（标准差）	
D（ZX）	-1.571531 （0.87315）
D（IVE）	0.785492 （0.18497）

表 5-7　寿光市产业结构转型度与菜博会规模增长率的协整方程参数的估计结果

标准化协整系数（标准差）	
ZX	RCE
1.000000	-0.164453 （0.51292）
调整系数（标准差）	
D（ZX）	-1.637668 （0.41021）
D（RCE）	-0.068243 （0.25720）

表 5-6、表 5-7 显示前述两个协整方程 5-3、5-4 系数的标准化结果和调整系数，括号内为标准差。调整系数有负值，说明协整关系存在。因此，根据估计结果得到协整方程 5-5、5-6。

$$ZX = 1.15 \times IVE \quad (5\text{-}5)$$

$$ZX = 0.16 \times RCE \quad (5\text{-}6)$$

上述方程显示：IVE 每增加 1 个百分点，产业结构转型度就提高 1.15 个百分点；RCE 每增加 1 个百分点，产业结构转型度就提高 0.16 个百分点。

协整关系说明各变量之间是有关系的，但并不能说明哪个是因变量，哪个是自变量。为了确定菜博会的发展水平是否是产业结构转型的直接原因，对各个变量进行格兰杰因果检验（见表 5-8）。

表 5-8 中，“菜博会成果增长非产业结构转型的格兰杰原因”项显示，接受原假设；

而“产业结构转型非菜博会成果增长的格兰杰原因”项显示，拒绝原假设（在 5% 的显著水平下）。菜博会规模增长与产业结构转型互相不是对方的格兰杰原因。

表 5–8　寿光市产业结构转型与菜博会成果增长、规模增长的格兰杰因果检验结果

因果关系假定	F 值	p 值	决策	结论
IVE 非 ZX 的格兰杰因	0.54988	0.6698	接受	非因
ZX 非 IVE 的格兰杰因	5.87905	0.0428	拒绝	是因
RCE 非 ZX 的格兰杰因	0.51658	0.4873	接受	非因
ZX 非 RCE 的格兰杰因	0.86330	0.3728	接受	非因

四、研究结果

结合图 5–5 可以看出，菜博会签约额的增长和寿光市产业结构转型有一定的相关性。菜博会成果增长率、规模增长率分别与寿光产业结构转型度具有一定的正相关关系，去除异常值后算得相关系数为 0.44、0.58。菜博会规模增长率、会展活动成果增长率越高，则地方产业结构转型度越大；反之，则产业结构转型度越小。

从估计出的协整方程 5–5、5–6 可以看出，长期来看，菜博会发展水平与寿光市产业结构转型存在长期动态均衡关系。虽然菜博会规模增长对寿光市产业结构转型贡献不大，但菜博会成果增长对寿光市产业结构转型具有重要的促进作用，菜博会签约额每增加 1 个百分点，则寿光市的产业结构转型度能提高 1.15 个百分点。格兰杰检验结果显示，寿光产业结构转型是菜博会发展的格兰杰原因，充分说明了农业会展的发展对地方第三产业持续发展和第一产业升级的要求，产业结构合理化和高级化是举办农业会展的产业基础，也是吸引参与者，增加其消费支出，进而产生更大经济影响的产业基础。

需要说明的是，根据格兰杰因果关系检验结果，菜博会发展不是寿光产业结构转型的格兰杰原因，可能的原因是时间序列数据较短且是会展活动而非会展行业的数据。另外，农业会展的影响广泛且以间接影响为主，限于数据的可获取性，简单选取了参与者人次数、签约额作为农业会展活动发展水平的指标。

目前，寿光市整个产业结构仍处于调整优化期，2015 年第三产业占比已达 42.9%，接近第二产业占比 45.5%；2016 年第三产业占比 46.1%，已超过第二产业占比 42.5%。因此，寿光市未来产业结构转型的方向是既要兼顾“量”上的积累，又要注意转变经济增长的“类型”，既要重视会展活动自身的“三低三高”特性（即低投入、高产出、低消耗、高质量、低污染、高效益），又要强调会展活动对于转变地方的“三高三低”（即

高投入、低产出、高消耗、低质量、高污染、低效益），将促进三次产业从粗放型转变为集约型，实现从量到质的转变。产业结构转型，既包括产业间的升级，也包含产业内的升级。政府应该利用并引导农业会展活动帮助地方，尤其是中小城市农业产业内部的加工和科技逐步向纵深化发展，实现产业技术化和技术集约化，不断提高农业及相关产业的生产效率，促进经济服务功能进一步完善。

本章小结

产业结构是各产业的构成及各产业之间的联系和比例关系。产业结构优化，一方面具体反映在各产业部门之间产值、就业人员、国民收入比例变动的过程上；另一方面以产业升级为核心。农业会展活动的经济特征决定了其显著的产业关联性，并通过产业关联效应作用于地方产业结构的调整过程，同时决定了其多方位的高效功能，可实现上述产业结构优化的两个方面要求，即提高第三产业比例和推动农业产业升级。

农业会展作为会展业的组成部分，具有会展业的一般特性，即较强的产业关联性。关联行业覆盖三次产业，带动效应明显，并有利于区域经济各产业协调发展。农业会展影响地方产业结构的作用方式主要体现在内容上横跨三次产业、环节上产业链条长而宽、形式上与多个产业融合这三个方面。第一，农业会展活动的内容横跨三次产业。第二，农业会展产业链条长，辐射效应强，不仅囊括传统服务业的内容，而且涵盖现代服务业的诸多领域，其发展代表着区域第三产业的整体发展。第三，农业会展促进农业产业与旅游等其他行业融合发展，加强了农业产供销的纵向合作，改变传统农业种植的单一性，向产业多元化高级化发展，提高了农业效率，推进农业产业内部结构优化。

上述三种影响方式通过两条具体路径实现。一是农业会展及其所关联服务业的发展本身就是地方第三产业比重增加的表现；二是农业会展活动推动农业产业的升级。农业会展活动通过其资源集聚性，提供农业产业及其成长所需资源。农业会展经济蕴含的四个基本功能，即引进农业新技术，推进农业成果转化；催生新行业，加快农业产业化进程；促进农业产业集聚，扩大积聚效应；培育区域优势产业，提升农业产业影响。由此，农业会展活动可以加速农业产业升级进程。

影响的作用方式和具体路径可以用农业会展对区域产业结构的影响机理来阐释。通过影响市场需求、要素分配、区域贸易、技术进步、产业机遇，农业会展活动影响着一个区域的产业结构演进过程和方向。

理论上，农业会展发展促进地方产业结构优化，而举办地合理的产业结构、发达的第三产业也是农业会展发展的基础，二者具有相关性。时间序列的实证分析将对二者的动态关系进行检验。本章选取 2000—2016 年菜博会接待观众总人次数、签约额分别作为农业会展规模增长水平和成果增长水平的指标，历年寿光产业结构转型度为产业结构优化水平指标。通过统计的方法，菜博会成果增长率、规模增长率分别与寿光产业结构转型度具有一定的正相关关系，去除异常值后算得相关系数为 0.44、0.58。菜博会成果增长率、规模增长率越高，则地方产业结构转型度越大；反之，则产业结构转型度越小。为确定二者具有长期稳定的关系，进一步引入协整分析来验证。结果显示，长期来看，菜博会发展对寿光市产业结构转型具有重要促进作用，菜博会签约额每增加 1 个百分点，则寿光市的产业结构转型度能提高 1.15 个百分点。目前，寿光市整个产业结构仍处于调整优化期，第三产业占比接近第二产业占比，因此寿光市产业结构转型的方向既要兼顾“量”上的积累，更要注意转变经济增长的“类型”，重视农业会展活动对提高农业及相关产业生产效率、促进区域经济服务的功能。

结合理论分析与实证结果，农业会展发展对传统产业结构的演变和高级化升级发挥着积极的作用。一方面，它能够推动农业结构优化转型、农业产业升级；另一方面，它通过自身的渗透作用，改善传统三次产业内部的构成，从而达到优化产业结构的目的，最终使国民经济的产业结构不断从第二产业为主体向第三产业为主体的理想状况演进，同时加速产业升级，这是它对产业结构优化的意义所在。

第六章 农业会展活动的经济效应及量化评估

经济活动中某一变量的增减将引起相关产业活动的改变，所有关联性改变将大于支出的初始促进。这种乘数效应在会展经济中通常表现为投资支出或消费支出造成经济总量变化的连锁反应。结合农业会展活动的特点，其经济乘数效应可以概括为直接经济效应和间接经济效应、会展不同阶段经济效应、办展和参展经济效应。

对农业会展举办地而言，由于外来资金不存在机会成本，其乘数效应更受关注。国外大量学者和研究机构对此做了实证评估，分析的主要问题就是举办地来访者的数量及其相关支出带来的直接经济效应和间接经济效应。目前，应用最广泛的是投入产出分析模型和可计算一般均衡模型。结合本实证研究的实际，确定选择投入产出分析模型量化分析第 17 届菜博会对寿光市的经济影响。首先测量访客消费带来的直接经济影响，然后运用投入产出模型计算间接影响。计算结果将反映本届菜博会在举办地的经济效应大小以及主要影响部门和关联部门。

第一节 农业会展活动的经济乘数效应

乘数效应（Multiplier Effect）指的是经济活动中某一变量的增减所引起的经济总量变化的连锁反应程度，是一种宏观的经济效应。经济学中将其描述得更为完整，即支出乘数效应和收入乘数效应。经济中支出的变化将造成经济总需求与其不成比例的变化，会以乘数加速度方式引起最终量的增加。农业会展活动中的支出同样产生连锁反应影响。结合农业会展活动的特点，其经济乘数效应可以分为直接经济效应和间接经济效应、会展不同阶段经济效应、办展和参展经济效应。

一、直接经济效应和间接经济效应

1. 农业会展的直接经济效应

按照影响的传递程度，农业会展活动产生的乘数效应有直接经济效应和间接经济效应。经过较长时期而广泛的发展，农业会展活动的市场规模扩大，进而形成一个行业。农业会展行业增加值增长直接造成地区生产总值同量增长，这就是农业会展的直接经济效应。农业会展作为会展业的重要组成部分，包括农业会议、农业节庆和农业展览，所有这些经营活动将形成商务服务业的增加值，从而增加地区生产总值。直接经济效应反映了农业会展业在城市经济增长中的规模。

任何一个农业会展活动都涉及组成会展产业链的核心企业、配套企业和外围企业，因此农业会展发展会增加上述行业的增加值。这种增加效应就是农业会展业直接经济效应的扩张影响。农业会展产业链也是以会展企业为中心，集商贸、交通、运输、餐饮、酒店、购物、信息、农业旅游等为一体的经济消费链。农业会展发展必然直接带动第一产业和第三产业的相关行业的增长。

农业会展的直接经济效应及其扩张影响之和为完全经济影响，即农业会展完整产业链的经济增长影响，也是农业会展的第一轮经济影响。科学评估农业会展完整产业链的影响，需要以相应的统计数据做支撑，但截至目前还没有建立实际应用的会展统计指标体系。基于可行性，国内外学者们均从支出视角调研会展参与者的消费总量和支出明细，以测量会展活动的直接影响量和扩张影响结果。所有参与者包括主办方和参加会展活动的各类群体，其支出直接注入行业的增加值，归结为会展的第一轮经济影响，参见图 6-1 中钱的初始注入所产生的影响。

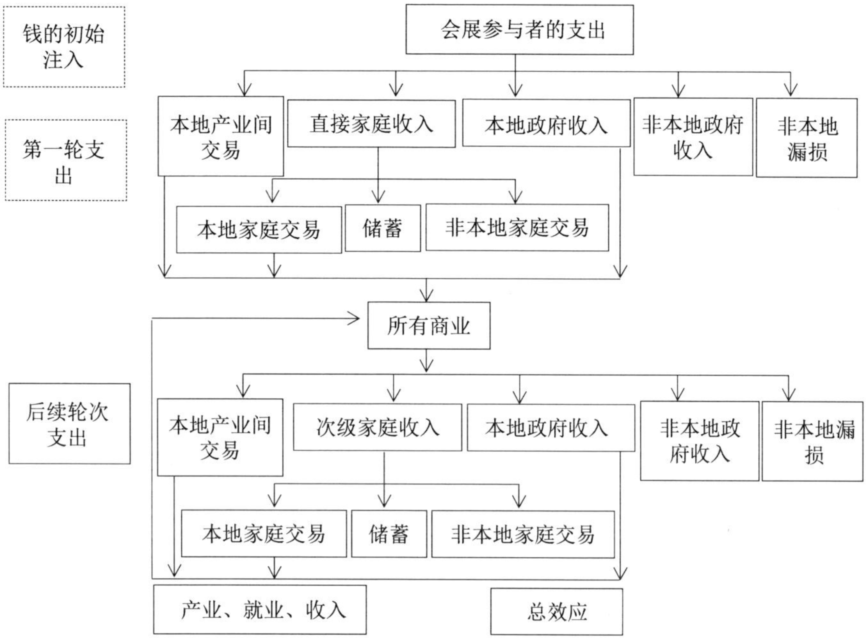

图 6-1　农业会展的乘数效应

2. 农业会展的间接经济效应

农业会展的间接经济效应指的是上述第一轮经济影响带来的乘数效应，即第二轮支出和后续轮次支出所产生的经济影响（见图 6-1）。农业会展活动中受直接经济影响的企业获得收入的一部分用于购买原材料等支出，这部分支出会成为相关行业的收入，这些生产资料生产行业增加的收入又将继续做此种转化，从而使地区生产总值的增长是会展初始注入的若干倍。同理，会展带来的消费支出的一部分会成为会展业和相关行业的从业者的收入，这些收入有一部分会转化为消费，从而带来相关消费品生产行业收入的增加，进而增加这些行业的劳动者的消费。这种转化不断持续，就形成了引致经济效应。可见，农业会展的间接经济影响具有较强的持续性。另外，乘数效应影响的客观存在揭示：农业会展业的发展不仅推动第三产业的增长，实际上对第一、第二产业也有促进作用，只不过相对较为隐性。

二、农业会展的阶段性经济效应

农业会展可以根据举办时间划分为三个阶段，相应地，有展前、展中和展后阶段经济效应。农业会展展前阶段，对农业场馆设施建设、扩建、维护等和会展活动现场布置等投资引发的支出。其收益是建设活动成果，即场馆设施、有关基础设施和交通、绿化等配套设施以及场馆内部活动现场展位搭建成果。基础设施建设的投资支出巨大，尤其是一些国际性大型活动，如奥运会。场馆建设、交通、绿化等相关基础设施建设的直接投资将直接促进 GDP 的增长。顾海兵等[1]运用投资经济增长模型得到北京场馆建设和基础设施建设方面的 GDP 与投资关系模型，最终分别测算了冬奥会新建场馆和基础设施对 GDP 的具体拉动效果。应该注意的是，需要权衡公共开支的机会成本。对于小城市举办大型会展活动，其资金支持多属“外援”，对本地影响效果更强烈。展中阶段，农业会展的门票收入、本地企业在会展现场达成的交易收入等收益以及参与者的住宿、餐饮、商务、营销、旅游、购物、娱乐等相关消费，以及活动主办方的运作成本支出等，都将产生乘数效应。展后阶段，会展现场达成交易协议的后续贸易收入，参与者在商业往来和后续旅游活动等方面的持续支出，会展场馆的清理费用支出、场馆的后续租费收入等都将产生乘数效应，促进本地经济发展。值得一提的是，在分阶段评估经济效应时，必须考虑资金的来源地、目的地以及支出原因[2]，支出的最终去向并非举办地的，则需考虑即时漏损。

三、办展经济效应和参展经济效应

农业会展对举办城市经济增长的影响还可以从办展和参展两个角度分析。从办展角度看，宏观上指的是农业会展产业以及以其为中心形成的产业链通过农业会展获得的收益将拉动城市的经济增长，这种影响涵盖上述直接经济效应和间接经济效应；微观上，办展经济效应主要是指组织方支出对地方经济的影响程度。大型会展活动组织者支出所占比重大，因为新建场馆或升级场馆及设施等，而中小型会展则不必新建，组织方支出较少，效应不显著。在方法论视角，评估时组织者支出被计算为会展活动净收入，如门

[1] 顾海兵，张晓燕．冬奥会对北京经济的影响预测 [J]. 经济与管理研究，2016, 37（9）：27-36.

[2] TRYRRELL T, JOHNSTON R. A framework for assessing direct economic impacts of tourist events：distinguishing origins, destinations, and causes of expenditures[J]. Journal of travel research, 2001, 40（1）：94-100.

票收入和赞助费等。这些产自主办经济内部，与参与者支出一样，当资金的来源地和目的地相同均为本地时，就是再分配效应而非新钱注入，因此并非所有的组织者支出都有必要转换成直接支出效应。从参展角度看，所有参展企业通过农业会展获得了产品销售和营销机会，以较低成本提高了企业和品牌知名度，为企业带来可能的现实或潜在收入增长。根据英国联邦展览业联合会的调查结果，通过一般渠道找到一个客户，需要的平均花费是 219 英镑，而通过展览会仅需要 35 英镑。若参展企业来自举办地，收入的增加和成本的降低将大大促进本地经济增长；如参展企业来自外地，其收益则是会展活动的溢出效应。

由于直接经济效应和间接经济效应在理论上的系统性和计算上的可行性，所以纵观国内外关于会展业对地方经济影响的研究，大多集中在直接和间接经济影响以及办展影响方面。一般研究步骤为获得样本的详细支出信息—用样本参数估测总支出—采用相应模型得到总的直接经济效应和间接经济效应。

第二节　国内外会展经济影响实证评估进展

一、代表性实证研究及模型

1977 年，发表于《旅游研究》杂志的论文《短期旅游事件经济效应评估》为会展经济影响实证评估的首个案例，其中阿尔伯特 · J. 德拉比塔等通过调研参展者的各项支出，直接加总得到罗德岛州的高桅帆船庆典总的经济影响，并根据量化结果分析了主要影响部门。简单地累加参会者的各项消费支出，计算会展活动的直接经济影响[1]，这是在研究的初始阶段常用的方法，被称为直接支出法，至今仍得到部分学者的认可和使用。他们认为，直接支出法是最直接的衡量经济影响的方式，结果是最真实的，其他方法和模型往往因为自身的复制性导致经济影响计算结果的失真。

首例研究之后，有学者在此基础上采用旅游业等其他行业的乘数进行粗略估计，如威廉 · C. 加特纳（William C. Gartner）等，或发展相关乘数经济模型，如澳大利亚 URS 有限公司，以估测其总体经济影响。前者采用乘数分析法估测了为期 9 天的大密歇根船

[1] DELLABITTA A J, LOUDON D L, BOOTH G G. Estimating the economic impact of a short-term tourist event[J]. Journal of travel research, 1977（16）: 10-15.

及渔业展的经济效应，并指出小事件对地方经济有大量影响，不应被忽视和低估。[1]后者在提交给澳大利亚旅游与运输论坛及澳大利亚财产委员会的研究报告《悉尼扩建会展设施的经济影响分析》中，尝试量化研究因会展设施拨备不足而失去的产业支出而非新建会展设施带来的经济影响。报告基于两种情境（即基准情境和增量情境）做了2007—2016年10年期的分析，前者以当前会展供给水平下的会展活动预设为基础，后者以会展供给能够迎合需求增长时悉尼会展活动不断增加之预设为基础。结果发现，悉尼大型会展设施每年形成23亿美元的经济活动，贡献给州总产出10.55亿美元，创造14685个工作机会。会展设施拨备不足导致产业潜在支出减少了4.77亿美元的经济活动、2.18亿美元的州总产出以及3037个工作机会。[2]

布拉德利·M. 布劳恩（Bradley M. Braun）第一个会展经济影响的系统研究，也是最先将投入产出模型法应用于会展经济影响评估。他调整了国家和佛罗里达州的信息做了奥兰多市会议的经济效应分析，1989年167万会议代表产生的总影响为22.8亿美元的产出，通过计算乘数和产业关联度方法估算了会展业对该市就业机会、工资收入和产值等方面的经济影响。[3]

20世纪90年代末，拉里·德怀尔等开发了会展业对全国经济的影响和净收益框架评估，第一次区分了会议活动的三种不同效应：对迎合产品和服务增量需求的供应商的直接效应、直接供应商从其他公司购买投入品以及其他公司进一步购买投入品等引起的间接效应、直接或间接支出的受益人用其增加的收入购买消费产品和服务时产生的诱导效应，并在这一框架下评估了直接支出、产出、增加值和就业影响。[4]

近几十年来，事件经济影响评估技术几乎都采用投入产出分析模型或者该模型的变体。但是，在狭义会展研究中，尼娜·米斯帝里斯（Nina Mistilis）等首次使用投入产出分析模型评估了澳大利亚会展业对门户城市及区域经济的影响。之后，韩国、美国、加拿大、英国等研究者的诸多实证评估采用了此模型。国内的罗秋菊、李铁成等分别用投入产出分析模型和区域间投入产出模型对广交会的经济影响做了量化评估。[5]

---

[1] GARTNER W C, HOLECEK D F. Economic impact of an annual tourism industry exposition[J]. Annals of tourism research, 1983, 10（2）: 199-212.

[2] URS Australia Pty Ltd. Economic impact of expanded convention & exhibition facilities in Sydney[R]. Sydney：Property Council of Australia, 2007.

[3] BRAUN B M. The economic contribution of conventions：the case of Orlando, Florida[J]. Journal of travel research, 1992, 30（3）: 32-37.

[4] DWYER L, FORSYTH P, SPURR R. Assessing the economic impacts of events：a computable general equilibrium approach[J]. Journal of travel research, 2006, 45（1）: 59-66.

[5] 衣莉芹，周玉玺．国外会展经济影响实证研究述评 [J]. 旅游科学，2015, 29（4）: 78-95.

拉里·德怀尔等运用可计算一般均衡模型，模拟墨尔本举办的一级方程式大赛（VAG 2007）揭示了一项增长的实际结果。此事件相关支出 5840 万美元注入维多利亚州，产生了积极的宏观经济效果，GSP 增长 6240 万美元，然而事件聚集了州内和全国其他地区的一些产业活动。模型显示事件与维多利亚州以外全国其他地区的资源和经济活动大量变动相关联，减少了其他州 GSP 共计 6050 万美元。整体看来，事件在全国范围内仅产生 190 万美元的 GDP 增长。[1]

随着研究的增多和深入，评估方法趋于复杂且日臻完善。已有会展经济影响研究多倾向于提供理论框架，并强调累计到目的地的经济收益，因此实证研究中研究者基于个案研究视角灵活选择了不同模型。投入产出分析模型、可计算一般均衡模型等相继被引入和改进，虽然均未考虑资源的机会成本，却迅速被广泛应用。考虑最为完整的成本收益分析模型也引起了业内研究者的探讨。

二、投入产出分析模型、可计算一般均衡模型与成本收益分析模型

1. 投入产出分析模型

投入产出法最早由经济学家华西里·里昂惕夫（Wassily Leontief）提出，可评估每一新增消费对本地不同经济部门的影响，其系数量化了不同部门之间的资金流动，包括了参与者消费直接影响的部门以及通过消费循环和再消费而受到间接影响的部门。[2] 投入产出分析模型已成为特殊事件经济影响评估的标准模型。投入产出分析模型展示了经济组成中的各种产业以及产业之间买卖关系的内部关联性。在投入产出分析模型中，一项外生支出的注入，如访问者的消费支出，将带来供给产业的产出增加，这就要求上述供给产业的部门增加投入，进而要求相关产业增加产出以供应上述投入。任何产业的任何改变，投入产出分析模型都可追踪到与其相关联的所有产业，进而估测产业间的这些投入需求。[3]

关于投入产出分析法的优点，麦哈姆德·N.H. 马苏穆德（Mohammad N.H. Mazumder）

---

[1] DWYER L, JAGO L. Economic evaluation of special events : challenges for the future[M]// YEOMAN I, ROBERTSON M, MCMAHON-BEATTIE U, et al. The future of events & festivals.UK : Routledge, 2015 : 99-114.

[2] 王起静 . 事件经济影响研究述评——一个评估框架 [J]. 旅游科学 , 2009, 23（4）: 57-63.

[3] DWYER L, JAGO L. Economic evaluation of special events : challenges for the future [M]// YEOMAN I, ROBERTSON M, MCMAHON-BEATTIE U, et al. The future of events & festivals.UK : Routledge, 2015 : 99-114.

等做了总结：①在一般均衡框架下运行；②是给定经济的综合评估；③关注了产业间依赖性；④分析结构具有灵活性，如选择加总；⑤统一处理每一个产业部门，减少了主观性；⑥增强了数据可用性；⑦可将经济影响在直接效应、间接效应和引致效应不同水平上评论。❶

许多研究者也指出了投入产出分析模型存在诸多缺陷。经济合作与发展组织（The Organization for Economic Co-operation and Development，OECD）报告曾指出，投入产出分析模型的缺陷在于其下述基本假定：假定持续的规模反馈；假定每个产业只生产一种产品；假定产业内每个产品相同；假定技术系数是固定的；假定没有资源约束。上述限制性假定中每一个都有可能扩大或低估会展活动对主办地的实际经济效应。也就是说，投入产出分析模型存在限制，它关注直接受影响的产业和与经济其他部分的直接联系。假定这些经济部分中的资源，包括资金和劳动力等不受约束地流动，即资源不来自其他产业，也不会减少其他领域的产出。但实际上资源约束劳动力运行及其他市场，经济与其他方面的交互作用等出现的效率均被忽略，它未捕获与初始变动相反方向运行的反馈效应。在现实中，经济是一个一般均衡系统或整体上紧密结合的系统，内部须保持整体上的平衡。在其内部，间接和反馈机制与直接机制一样重要。这些反馈方式如下：一项活动使用了资源意味着替代性经济活动拥有更少资源，因而其产出减少；当消费者支出金钱用于新活动，就转移了其他商品和服务的支出，导致有关产业较低产量，而所支出的产业因需求较多而价格上升；当新活动针对外国人销售时，本国货币需求增加，推高了其价格，抑制其他出口和进口竞争行业。❷反馈机制允许市场应对任何变化时做充分调整。例如，一个城市额外活动可能产生工作和劳动力需求增加，反过来这将提高工资水平，高工资水平将抑制企业雇工并降低城市竞争力，所以源于额外活动的增长将被充分调整的劳动力市场中的反馈机制消减。投入产出分析法在一般经济活动和一些特殊变量（如就业）上通常是被高估的。另外，投入产出分析法是静态的，没有时间维度。投入产出分析模型只提供了基础设施投资或会展活动“之前与之后”的图画，没有时间维度让政策制定者可获知整个会展设施生命周期里预期年度收益。❸

---

❶ MAZUMDER M N H, AL-MAMUN A, AL-AMIN A Q, MOHIUDDIN M. Economic impact of tourism— review of literatures on methodologies and their uses：1969-2011[M]// KASIMOGLU M.Visions for global tourism industry—creating and sustaining competitive strategies.Croatia：InTech, 2012：269-294.

❷ DWYER L, FORSYTH P, SPURR R. Evaluating tourism's economic effects：new and old approaches[J]. Tourism management, 2004, 25（3）：307-317.

❸ MORGAN A, CONDLIFFE S. Measuring the economic impacts of convention centers and event tourism：a discussion of the key issues[J]. Journal of convention & event tourism, 2006, 8（4）：81-100.

拉里·德怀尔等指出，投入产出分析法假定能够自由供应事件所需的所有投入而不降低其他经济活动，所以是忽略消极效应的有偏见的方法。但很多学者依然继续使用投入产出分析法评估事件的乘数效应，坚持下述观点：模型选择依赖于事件规模；模型选择取决于事件所处区位；模型不重要，可调整使其更接近现实等。[1] 所以，评估结果的有效性依赖于各种基础方法问题，许多问题与投入产出分析框架的细节有关。如果不审慎对待内在假定（Inherent Assumptions）、样本变化性（Sampling Variability）、支出转换（Expenditure Switching）、经济变量选择等问题，投入产出分析法理论上的适用性可能提供误导性结果。未来研究需要更好的概念化的框架，弄清上述所有关注点因素，并要求有更精确的包含在内的数据集。[2]

投入产出分析法仍是常见的旅游支出改变的经济影响评估技术，也非常适合分析会展活动对地方的实际经济效应。投入产出分析模型的本质使它可能分析会展产业作为次级部门间的内部关联系统。当会展产品生产过程变得更加复杂时，彼此直接和间接影响要求许多不同业务中不同生产阶段的相互作用。毫无疑问，投入产出分析法在经济效应研究中是最具综合性的方法。

2. 可计算一般均衡模型

关于可计算一般均衡模型这一评估方法，拉里·德怀尔等做了详细介绍。[3] 可计算一般均衡模型把整个经济看作一个完整系统，并假设在这个系统中各个不同部门之间相互影响，存在资源限制，即价格引致的替代效应，供需必须平衡。它可以估计整个省或国家经济，并且可知额外投入的成本和净收益，可用来做成本收益分析。可计算一般均衡模型合成了投入产出分析中的产业要素和地理要素，提供了一段时期内各产业与各区域之间的功能性经济关联。例如，解析数据模拟模型（REMI）不仅捕获流动于会展场馆与当地供应商、雇员和雇主之间的支出效应，也捕获了由于雇工及其他资源竞争使工资和价格变动而导致的对其他市场的溢出效应。这是模型的一般均衡性质，即所有市场同时均衡。模型包含区域间就业人口流动—基于经济机会改变的反应—产生效应结果，也模拟了使用历史参数对这些市场的时间上的路径调整。这对照了传统投入产出分析法的静态性（所有效应被假定为同时发生，故无时间上的调整路径）和部分均衡（如就业

[1] DWYER L, FORSYTH P, SPURR R. Assessing the economic impacts of events : a computable general equilibrium approach[J]. Journal of travel research, 2006, 45（1）: 59-66.

[2] LEE M J. Analytical reflections on the economic impact assessment of conventions and special events[J]. Journal of convention & event tourism, 2006, 8（3）: 71-85.

[3] DWYER L, FORSYTH P, SPURR R. Assessing the economic impacts of events : a computable general equilibrium approach[J]. Journal of travel research, 2006, 45（1）: 59-66.

改变不影响工资率)。另外，从国际汇兑效应看，国际旅游者支出增加会影响举办地的国家汇率。额外海外旅游者到来的结果之一是支出增加，对实际汇率产生推高影响，进而对其他出口以及进口竞争行业在国内外产生负面效应，对国际整体经济和地方区域经济影响不同，因此不能只关注总注入支出，忽略其来源，否则将不能估测因汇率变动而导致的差别效应。汇率变动可能被忽视，但它又是某些经济系统中事件净经济效应中的重要因素。可计算一般均衡模型中纳入了汇率市场的反应。

可计算一般均衡模型包括更多的消费者、生产者和投资者的行为方面的参数，允许特定模型针对特定经济中的特殊事件的实际情况做调整，能捕获存在于所有经济中的通过偶然主办特定事件引起需求方变动而引起的价格变动、反馈效应、资源约束等更复杂的方式。它认识到因资源约束而导致价格上升可能会限制特殊事件偶然引起的经济活动的增加，甚至导致其他行业经济活动的缩减。❶ 因此，可计算一般均衡模型这一评估方法可检测政策调整、需求变化等变动的影响，在澳大利亚、美国、加拿大、英国等被广泛使用，但应用于会展业背景的评估并不广泛，仅见汤米·D. 安德森(Tommy D. Andersson)等和拉里·德怀尔等的评估案例，后者通过模拟 2 个事件对地区、全州、全国的经济影响，以比较投入产出分析模型和可计算一般均衡模型的评估结果。投入产出分析模型得到的全州、全国范围的实际产出和总产品效应远远大于可计算一般均衡模型所得；可计算一般均衡模型模拟揭示出一个州的事件净影响对其他州的经济活动存在负效应，而且主办州的运输、保险等少数几个行业的总产出存在负向效应。❷ 尽管可计算一般均衡模型纳入考虑的方面更多，具有巨大的优越性，但应用限制也很多，如需要太多假设、运用复杂、成本太高，更适用于一定时期整体经济的影响评估。❸ 事件规模越大，评估的影响范围越广，越适合采用可计算一般均衡模型。菜博会等单体会展活动对经济是一个特别冲击，其效应非常集中，也非常局部化，不适合使用可计算一般均衡模型。

3. 成本收益分析模型

传统的成本收益分析是评估特别事件公共支出的一种合适方法，但是其收益观点是狭义的，即只集中在消费者剩余测量和利润方面，这一点不合适。更恰当的应当是会展

---

❶ DWYER L, JAGO L. Economic evaluation of special events : challenges for the future[M]// YEOMAN I, ROBERTSON M, MCMAHON-BEATTIE U, et al. The future of events & festivals.UK : Routledge, 2015 : 99-114.

❷ DWYER L, FORSYTH P, SPURR R. Estimating the impacts of special events on an economy[J]. Journal of travel research, 2005, 43(4): 351-359.

❸ DWYER L, FORSYTH P, SPURR R. Assessing the economic impacts of events : a computable general equilibrium approach[J]. Journal of travel research, 2006, 45(1): 59-66.

活动对区域收入的影响，而不仅仅是会展活动的经济收益，因为会展活动的主要经济收益为外地消费者对相关产业的初始影响。在目前的成本收益分析模型论证中，成本收益分析的福利经济学范式与增长为基础的发展经济学范式之间存在关联，这一联系是建立在一个潜在假定的基础上，即资源未被利用或未被充分利用，因而收入产生是与成本收益法视角一致的一种实际收益。[1]成本收益分析中，通过测算给出“无事件”选项情形下额外的消费者剩余和生产者剩余来计算福利收益，用“机会成本”测量经济成本，即人们放弃的相对于事件相关活动中投入资金和雇佣工人之外的最佳选择。

可见，成本收益分析模型中成本和收益内容最为完整，如拉里·德怀尔等模拟评估在墨尔本举办的世界一级方程式锦标赛的经济影响时，基于维多利亚州政府视角对成本与收益种类做了充分考虑[2]（见表 6–1）。从实践来看，所需数据过于密集，在许多国家公共部门资金约束增强的情况下，是不可能被组织者或政府采用作为常规评估工具的。

表 6–1　成本收益分析中的成本构成和收益构成

成本构成	收益构成
1. 事件相关基础设施资金支出； 2. 运营支出，如事件管理筹划、促销宣传、餐饮供应、行政等； 3. 政府机构支出的事件相关其他成本，如公路运输局、警察、紧急事件等； 4. 社会和环境成本，如企业和居民正常生活干扰、交通拥堵、交通事故、犯罪、垃圾、噪声、拥挤、财产损坏、环境降级、文物破坏、空气和水污染、碳足迹等	1. 支付给事件组织者的款项，如门票收入、赞助收入[3]、广告收入、媒体付款； 2. 本地家庭来自参加事件的消费者剩余（许多事件中主顾愿意支付的事件参加价格超出了被要求的，因而对主顾而言这是一种收益）； 3. 本地家庭来自参加相关异地事件的消费者剩余（许多事件举办一些关联活动，居民参加这些活动而得到的）； 4. 本地家庭间接享受事件的其他收益，如来自事件体现出的主办能力或被世界关注的自豪和兴奋等精神收益； 5. 企业（生产者）剩余，即事件访问者相关企业中本地企业主的经营利润；生产者剩余是产出的价值与生产要素成本的差额，反映机会成本； 6. 劳动力剩余，即与事件相关本地劳动力的净收益。如果事件引起目的地额外就业，当劳动力得到比其即将准备接受的雇佣工资高的事件雇工时，劳动力剩余产生； 7. 未来旅游者的后续收益（品牌收益）； 8. 事件资产建设的持续收益或遗产收益

[1] DWYER L, FORSYTH P, SPURR R. Assessing the economic impacts of events：a computable general equilibrium approach[J]. Journal of travel research, 2006, 45（1）：59–66.

[2] DWYER L, JAGO L. Economic evaluation of special events：challenges for the future[M]// YEOMAN I, ROBERTSON M, MCMAHON–BEATTIE U, et al. The future of events & festivals. UK：Routledge, 2015：99–114.

[3] 门票收入和赞助收入对纳税者是一种收益，它们抵消了事件筹划发生的成本，减少了政府补贴事件的额度。

有学者曾提及经济影响评估时应从总收益中扣减机会成本以得到净收益，但至今所有文献中并无有关计算的解释。最近几年，拉里·德怀尔等一直倡导成本收益分析模型在会展业评估中的应用，认为经济效益（Economic Benefit）不同于经济影响（Economic Impact）。[1]成本收益分析模型是目前综合性最强的经济评估技术，能够捕获和测量一项投资的全部预期的当前及未来收益和当前及未来成本。成本收益分析模型优于投入产出分析模型和可计算一般均衡模型，它考虑了目的地居民的福利效应[2]，也涵盖了机会成本，即将相关消费者剩余以及全部的社会和环境成本都纳入评估体系，而且更强调相关社区的福利收益（或净社会收益），涵盖市场中存在的经济福利和隐性的价值。但会展活动部分成本和收益的量化仍难以达成，目前此分析工具在会展经济影响评估研究中仅限于理论层面的探讨。

第三节　菜博会对寿光经济影响的量化评估

一、评估框架

参考一般会展经济评估实证研究的研究步骤，根据菜博会的个案特点，笔者设计菜博会对寿光经济影响的评估框架（见图 6-2）。基于前期文献和访谈了解，菜博会的参与者中除了主办方之外，主要有参展商、采购商、销售商和普通观众四类。他们的直接消费支出构成菜博会经济乘数效应的资金源头，因此拟通过调研四类参与者的支出并做相应处理得到总直接支出，即直接经济效应，进而利用反映乘数效应的投入产出分析经济模型计算得到菜博会对寿光经济的间接效应。

[1] DWYER L, JAGO L. Economic evaluation of special events : challenges for the future[M]// YEOMAN I, ROBERTSON M, MCMAHON-BEATTIE U, et al. The future of events & festivals.UK : Routledge, 2015 : 99-114.

[2] ABELSON P. Evaluating major events and avoiding the mercantilist fallacy[J]. Economic papers, 2011, 30（1）: 48-59.

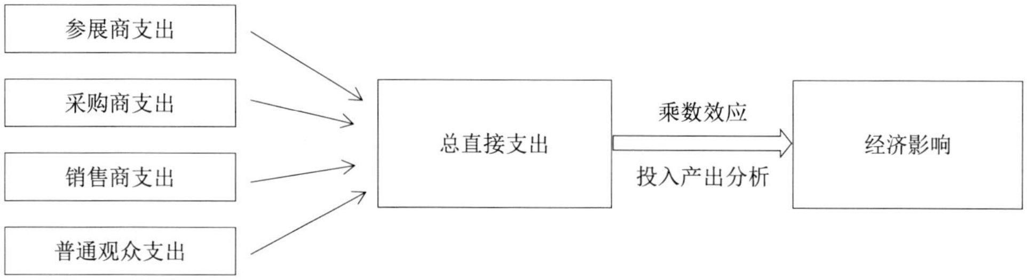

图 6–2　菜博会经济影响评估框架

二、I–O 模型选择

菜博会作为单体会展活动对经济是一个特别冲击，其效应非常集中；研究地域为举办地寿光市，评估范围相对较小，不适合使用可计算一般均衡模型，因此考虑当前应用最为普遍的 I–O 模型。I–O 分析法以投入产出表为基础工具，操作简单、过程清晰。I–O 模型在一般均衡框架下运行，关注产业间的依赖性，客观地统一处理每一个产业部门，在评估直接影响和间接影响等不同层次影响时应用灵活。[1] 截至目前，大约 2/3 的会展经济影响实证研究文献采用投入产出分析法，尼娜·米斯帝里斯等、余英苗等、约翰·L. 克朗普顿等、凯瑟琳·C. 席林（Kathleen C. Schilling）等、迪帕克·查布拉等、玛格丽特·J. 丹尼尔斯（Margaret J. Daniels）等、阿依尔·U. 格兰、金圣燮（Samuel Seongseop Kim）等、李仲基（Choong–Ki Lee）等、迪莫·托赫莫（Timo Tohmo）、马里恩·乔普等、城市合作伙伴机构（Urban Partners）、布鲁斯·索尔特（Bruce Sorte）、马克·伯恩（Mark Bourne）等、巴顿·史密斯（Barton Smith）、罗秋菊等、罗德尼·B. 沃尼克（Rodney B. Warnick）等、牛津经济研究院（Oxford Economics）、特伦斯·J. 雷普汉、李铁成等的文献均按其需要运用具体模型做了实证评估，研究对象包括会展行业、会展中心以及单个会展活动，此方法可基于各地 I–O 模型灵活应用于不同研究目标。[2] 上述丰富的案例可为本书提供借鉴。

毋庸置疑，I–O 模型也存在一些缺陷，但本案例研究可弱化其部分缺陷的影响。首先，I–O 忽略了经济过程中供给约束、政府预算约束、贸易支付差额约束等各种约束，

[1] KASIMOGLU M. Visions for global tourism industry–creating and sustaining competitive strategies[M]. Croatia：InTech, 2012：269–294.

[2] 衣莉芹，周玉玺．国外会展经济影响实证研究述评 [J]. 旅游科学，2015, 29（4）：78–95.

容易导致夸大会展活动的间接影响，而且评估的区域范围越大，这一点表现得越突出。[1]本研究选择的影响区域为中小型城市寿光，评估范围不大，将减少对经济影响的夸大。其次，菜博会为中小型会展，带来的临时性物价上涨以及交通拥堵并不严重，不会由此导致本地居民外出旅游的状况，将不存在挤出效应；据调研观众反映，菜博会为不可替代性消费，不必考虑剥离经济影响评估中的本地消费，都在一定程度上避免了尼尔·雷珀（Neil Leiper）提及的投入产出分析无法模拟所有经济波动的这种情形。[2]再次，投入产出分析模型假定为事件投入的供给是自由的，未考虑导致其他地区减少产出的资源约束，但有些主要投入是不能扩张的，供给存在刚性，如住宿业，当地不能增加供给，价格将提升，从而鼓励访问者转移到其他地方，因此投入产出分析模型会高估影响规模。菜博会不存在此情况，因为前期调研发现菜博会的参展商和销售商除外，其他参与者多不停留于举办地。最后，在复杂反馈效应和资源约束中，对中国而言，劳动力充足，可忽略其约束效应。至于资金，用于任何行业均会抑制其他行业，会展联动性强，利于贸易和经济发展，抑制性作用被减弱。

基于上述研究工具的可操作性和可借鉴性，会展活动个案规模和研究影响范围的适用性，本研究的评估工具选定为投入产出分析模型。

三、数据收集及处理

1. 数据有效性相关问题

经济效应研究的有效性的问题之一，与样本选择的变化性有关，如酒店、餐馆、零售商等收款方或访问者、主办方等消费方（付款方）。许多研究倾向于对支付方做调查，尤其是对访问者，然而没有会展活动就不会产生的支出很难测量。投入产出分析时，由于乘数效应将对数字的进一步放大，所以包含与会展活动无关支出的总效应计算将出现明显高估，应该从全部会展活动期间访问者中分离出与会展活动直接关联的访问者，以区分总效应与净效应。需要一个评估框架去考虑，主要包括四个方面，即支出来源、支出的地理区域来源、支出的终点和支出的原因[3]，因而除非经济影响评估框架考虑了这些

[1] MADDEN J R, CROWE M. Estimating the economic impact of the Sydney Olympic Games[C]// European Regional Science Association.Ersa conference papers.1998.

[2] LEIPER N. A town like Elis ? The Olympics : impact on tourism in Sydney[C]// Bureau of Tourism Research.1997.

[3] TYRRELL T, JOHNSTON R. A framework for assessing direct economic impacts of tourist events : distinguishing origins, destinations, and causes of expenditures[J]. Journal of travel research, 2001, 40（1）: 94–100.

差异中的每一点，否则结果都可能是对会展活动经济效应的部分的错误表达。

经济影响文献中另一个主要关注点是如何对待或处理支出转换问题。根据巴巴里·伯根（Barry Burgan）等学者的观点，这包含两类转换问题，即访问者的转换和公共资金支出的转换。[1]前者指的是访问者已有访问目的地的计划，只是因为会展活动举办而改变了访问时间参与会展活动。后者关注的是视全部发生在会展活动上的支出为经济收益的倾向性。就是说，主办会展活动所需的公共资金被忽略，如果只能通过政府从其他活动中转移支出来建设会展设施或组织会展活动，那么会展经济效应被高估。

完美的会展经济发展决策要求其经济效应的准确信息，以及替代性发展战略的相对收益与成本。因此，目的地市场开发者和经济学家面对的典型问题是关注如何准确地、系统地评估目的地经济效应。研究者不断提出事件经济效应评估方法上的问题，伯根等只计无事件则不来访者的支出[2]，约翰·L.克朗普顿等排除了当地居民、时间转换者（Time-Switchers，即只因事件发生而改变原访问日期使其与事件发生一致的外地居民，若其因节庆而延长停留日者则计入）和偶然者（Casuals，被主办地其他因素吸引而在事件发生期间访问，或为探亲访友，或为享受度假地环境，或只将参加节事作为打发时光的愉悦方式，如果没有节事，其支出将花在其他度假事宜上）。[3]在评估争论中，蒂莫西·J.蒂雷尔（Timothy J. Tyrell）等指出，事件真实的净经济效应与总经济效应混淆了。[4]阿依尔·U.格兰在评估实证中将据调查而得属于事件驱动的5%本地访问者计入，另外还因为进口漏损项目而在总直接效应中扣减了200万英镑[5]，区别于上述学者的全部剔除处理。上述处理方案为笔者调研提供了有价值的借鉴。

2. 调研内容

经济影响评估有效性的基础是数据的有效性。本书数据以第17届菜博会实地调研获取为主，并以当地的统计年鉴和菜博会网站查询为辅。为获取有效数据，本研究在合理界定调研内容的基础上设计调研问题，并对所收集的数据进行必要的剔除、折算等处理。

---

[1] BURGAN B, MULES T. Economic impact of Sporting Events[J]. Annals of tourism research, 1992, 19（4）: 700–710.

[2] 同[1].

[3] CROMPTON J L, LEE S, SHUSTER T J. A guide for undertaking economic impact studies : the Springfest example[J]. Journal of travel research, 2001, 40（1）: 79–87.

[4] TYRRELL T, JOHNSTON R. A framework for assessing direct economic impacts of tourist events : distinguishing origins, destinations, and causes of expenditures[J]. Journal of travel research, 2001, 40（1）: 94–100.

[5] GELAN A U. Local economic impacts : the British Open[J]. Annals of tourism research, 2003, 30（2）: 406–425.

精确的会展活动经济影响评估高度依赖于对会展活动参与者及其支出的合理准确的测量。根据菜博会的实际情况，从所有参与者中甄别范围支出者，再合理剔除其非范围支出，是调研的基础工作。会展活动性质和类别差异较大，参与者构成比较复杂，但一般包括主办方参展商和观众，观众进一步细分为专业观众（以专业考察、交流、采购为主，统称为采购商）和普通观众。商业类综合性的会展活动大多还设置商业摊点进行招商，销售商的出现兼顾了主办方的利益需求和参与者的购买意愿。菜博会的参与者主要包括主办方，以签订销售合同为主要目的的蔬菜种子、种植机械设施设备、化肥农药等参展商，以考察采购为目的的上述行业的批发商、经销商、零售商及部分农业大户等采购商，在场馆内外租赁摊点以销售各种食品、纪念品等的销售商，为了参观展览和参加菜博会各项展中展、会中会而到来的普通观众。

范围支出者的界定，首先考虑参与者支出资金的外生性。主办方资金来源于政府公共资金投入和招展招商等收入。公共资金是其他活动的转移支出[1]，存在机会成本；招展招商收入中本地未参展企业的广告支出，假定为本地其他宣传支出的替代，是本地资金的内部循环；[2]其余收入为参展商、销售商的展位、摊位租赁费和部分广告费，将在参展商支出中计入。因此，本研究未将主办方列入范围支出者。

关于本地参与者的支出计入与否争议较大，主要有两类观点。一类是以尼娜·米斯帝里斯为代表的学者们将其视为其他产品服务消费的转换[3]，即本地如果不举办此会展活动，此部分花费将用于本地其他会展或产品，对本地访问者做剔除处理。另一类观点基于进口替代效应的考虑，认为本地访问者的会展活动支出取代了其参加外地会展的支出，被视为保留支出（Retained Expenditure）[4]，应计入评估范围。根据调研时部分参与者的支出意愿替代性的访谈结果，本研究分别处理。针对参展商、采购商和销售商，笔者考虑进口替代效应，认为本地参与者的菜博会支出取代了其参加外地会展的支出，被视为保留支出。对普通观众而言，菜博会作为旅游景点的价值在当地无可取代，其支出并非本地其他消费的转换（Expenditure-Switching），因此视所有本地参与者为范围支出者，

---

[1] KIM S S, CHON K, CHUNG K Y. Convention industry in South Korea : an economic impact analysis[J]. Tourism management, 2003, 24（5）: 533–541.

[2] WARNICK R B, BOJANIC D A, XU F. Economic impact and significance : additional insight for measurement in special events[A]//Proceedings of the 2012 northeastern recreation research symposium. 2012 : 1–8.

[3] MISTILIS N, DWYER L. Tourism gateways and regional economies : the distributional impacts of MICE[J]. International journal of tourism research, 1999, 1（6）: 441–457.

[4] YU Y, TURCO D M. Issues in tourism event economic impact studies : the case of the Albuquerque international balloon fiesta[J]. Current issues in tourism, 2000, 3（2）: 138–149.

不做抽离处理。[1] 此外，考虑参与者的访问动机。尼娜·米斯帝里斯等提出，若无会展活动则不来的访问者为范围访问者[2]，只有以参加菜博会为主要目的的参与者，其支出的经济影响当属菜博会经济影响范畴。在随机调查的采购商和普通观众问卷中设计了访问动机问题，以排除偶然到访者、时间转换者（只调整了原有到访计划，将访问时间改到菜博会举办期间的采购商和普通观众）。[3]

研究中的假定。通常本地居民的支出是不计入对当地的经济影响的，因为假定事件不发生，当地居民将把钱花在本地经济的其他方面，削除了一个支出机会，但此处计入是因为没有相近的替代品。菜博会的吸引力的核心要素是蔬菜技术与艺术奇观，如果不在寿光举办，人们将被吸引到寿光以外的其他菜博会。因此，将其视同本地经济中的新支出，故本研究中计入，但因为其数量比例和平均支出与外地来源者的差异将影响总支出结果，所以对本地来源者和外地来源者进行分类统计核算。

参展商的支出一般包括展位租金及展台设计搭建费、展品物流与仓储费、广告宣传费、商务宴请费以及展位工作人员的住宿、饮食、交通、娱乐、旅游费用等[4]，部分参展商种植试验大棚租赁及雇用人工种植等相关费用。[5] 销售商的支出项目与其相似。采购商、普通观众的支出项目主要是门票、交通费、餐饮、住宿、旅游、购物等支出。范围支出指的是会展范围支出者的支出中注入本地企业的部分[6]，在理论上表明了资金终极去向的要求，即资金受益者为本地企业。在现实中，难以精确统计所有受益企业中真正留存在本地的收入比例以及测算各种漏损。所以，本研究假定所有范围支出者在会展举办地发生的支出均为范围支出。需要说明的是，参考国外相关研究不计入长途交通费用的惯例，本研究对交通费用做了分类统计，只计入本地交通费用。

3. 调研实施

由于事件的独特性，参与者调查不可替代。为获取参与者的数量、比例及其动机、活动和支出等信息及数据，在相关性、覆盖性和准确性原则指导下，本研究分四个阶段开展调研工作。

[1] 需要说明的是，由于存在支出项目的差异，本地参与者与外地参与者均做分类统计处理。

[2] MISTILIS N, DWYER L. Tourism gateways and regional economies：the distributional impacts of MICE[J]. International journal of tourism research, 1999, 1（6）：441–457.

[3] 调查时发现，菜博会普通观众中不存在偶然者和时间转换者，只有部分采购商、普通观众因菜博会延长了停留时间，仅调查统计其所延长停留时间段内的消费支出。

[4] JOPPE M, CHOI H S C, YUN D. Economic impact of consumer and trade shows in Toronto[R]. Toronto：Tourism Toronto in Partnership with International Center, 2006.

[5] 预调研发现，部分参展商在举办地租赁种植试验大棚，便于采购商实地参观以提高交易签约率。

[6] 衣莉芹，周玉玺．国外会展经济影响实证研究述评 [J]. 旅游科学，2015, 29（4）：78–95.

第一阶段，设计问卷和访谈提纲。在查阅国内外会展经济影响评估实证研究文献的基础上，2016 年 1—3 月，根据前述期望获取的调研内容，初步设计调研问题并确定问卷。之后与部分会展专业教师和从业人士商讨，进一步修改完善。问卷设计时，充分考虑了这一数据收集工具的特点，即主要目标越简短，所需完成时间越少，获得配合的可能性越大，信息越有效。[1]

第二阶段，预调研。第 17 届菜博会布展期间采用访谈式、问卷式进行预调研。2016 年 4 月 16—18 日，连续 3 天对提前报到的参展商、搭建商、组委会展览部、招商部、市场营销部等工作人员派发问卷、进行访谈。回收问卷 21 份，访谈 12 人。根据预调研的情况对问卷做了调整。调查反馈将被用于修正调查表。

第三阶段，拟定数据收集方案。针对菜博会相关活动分段安排的时间差异，调研小组进行分类分时段多次数据调查与收集。第 17 届菜博会的举办时间为 2016 年 4 月 20 日至 5 月 30 日，共 41 天。其中，交易会时间为 4 月 20 日至 5 月 3 日，参展商和采购商的调研安排在此时间段内完成。普通观众和销售商的调研，选择在菜博会第 1、2、3、8、9、10、20、21、37、38 天，分别位于展会前期、中期和后期。另外，普通观众的现场观测时间段选在上午 8：00 —8：15、10：00 —10：15、12：00 —12：15、14：00 —14：15、16：00 —16：15，以记录和统计其流量。

第四阶段，正式调研。在上述所选择日期内，每天 15 名调研者分别对参展商、采购商、销售商和普通观众进行抽样，深度访谈了 12 位外商、23 位场馆管理人员和工作人员。问卷调查情况如下：采购商问卷发放 120 份，回收有效问卷 91 份，有效率 75.8%；参展商问卷发放 120 份，回收有效问卷 108 份，有效率 90%；销售商问卷发放 80 份，回收有效问卷 61 份，有效率为 76.3%；普通观众问卷发放 1200 份，回收有效问卷 1034 份，有效率为 86.2%。调研者在问卷上逐个标识参与者的属性，包括参与者的来源和类型的比例等信息。

样本统计概况见表 6–2。总体而言，此次抽样具有代表性，与实际比较相符。调查的科学性检测：其一，根据观众样本数量计算得到的观众总数量结果为 196 万[2]，接近组委会公布的数据 220 万。经济效应的评估是根据访问者样本数得到总访问者数量进行外推，其准确性具有基础性意义。其二，以采购商为例，此次抽样的样本地域结构基本与

[1] CROMPTON J L, LEE S, SHUSTER T J. A guide for undertaking economic impact studies : the Springfest example[J]. Journal of travel research, 2001, 40（1）: 79–87.

[2] 此数据不包含以下两类观众：一是菜博会期间与会展主题无关的房产展、遮阳窗饰展等展中展的参与者，根据访问动机界定其为非范围支出者，未予统计；二是无资金流入的学校组织的学生参观团体和政府接待的学习交流团队，未予统计。

参展商访谈了解到的客户情况大致相符，即参展商和采购商的地域分布在一定程度上都呈现出距离衰减规律，距离较近的省内客源和北方省份客源的比重较高，南方和国外的客源较少。

表 6-2　采购商、参展商、销售商、普通观众样本结构情况

社会统计特征		采购商❶	参展商❷	销售商	普通观众
性别（%）	男	96.2	72.3	55.5	51.9
	女	3.8	27.7	44.5	48.1
年龄（%）	0 ~ 17	0	0	0	12.8
	18 ~ 30	6.5	33.9	43.7	26.6
	31 ~ 40	37.1	34.4	27.6	18.2
	41 ~ 50	32.3	28.1	21.2	19.3
	51 ~ 60	22.9	2.5	7.1	16.5
	60 岁以上	1.2	0	0.4	6.6
教育程度（%）	中小学	3.3	1.1	43.5	36.5
	高中	25.5	24.7	30.8	21.5
	专科	38.9	30.6	21.1	19.7
	本科	29.4	39.4	4.6	18.8
	硕士或博士	2.9	4.2	0	3.5
职位（%）	基层员工	5.6	22.5	33.3	—
	基层管理者	9.4	21.8	7.4	—
	中层管理者	19.7	14	1.9	—
	高层管理者	36.4	22.1	1.6	—
	自主创业者	28.9	29.6	55.8	—
参加菜博会次数（%）	第一次参加	19.4	16.6	23.2	83.1
	参加过几次	6.8	22.4	24.9	10.7
	参加过多次	35.5	21	31.8	5.9
	每届都参加	38.3	40	20.1	0.3

❶ 预调研时发现，许多参展商在参展前开发客户，部分客户在会展现场直接与其商洽谈并签订合同，不参观其他展览；部分客户不到会展现场，而是直接抵达参展商的试验大棚考察并协议签约。研究者难以获取上述采购商的信息，故委托参展商代为发放和回收调查问卷；然后，根据参展商对这类采购商所占比例的估计，获得相应统计数据。其余采购商的统计由现场发放问卷调研而得。表中采购商的统计结果为上述两部分合计而成。

❷ 特展和其他品牌企业展位的调研，选择熟悉参展支出的展位负责人作为调查对象，以提高数据的有效性。

续表

社会统计特征		采购商	参展商	销售商	普通观众
平均停留天数（天）		1.2[1]	11.8	39.4	1.1
来源地（%）	本市	4.2	13.6	6.8	11.1
	省内其他城市	19.6	35.7	23.2	59.7
	国内其他城市	76	43.8	71	29.2
	国外	0.2	6.9	0	0

资料来源：根据菜博会现场调查问卷（2016 年 4—5 月）整理而成。

4. 问卷设计说明

经验研究显示，不同参与者的社会特征和消费结构均存在差异性，本研究设计了有针对性的调查问卷。参与者社会特征的调研有助于了解菜博会参与者的结构以及其与消费结构和消费总量的关联探索，但参与者消费状况调研仍然是问卷的核心部分。菜博会范围支出者情况见图 6–3。为明确所设问题所搜集的信息对象及暗含的信息关键点，现拟对问卷中计算经济效应相关问题做以解释与说明。

问题“您（单位或团队）一共____人参加菜博会？”的设计目的为统计团体参与者的数量和人员的多少，便于计算每个团体的支出，进而得到平均支出。如果只统计受访者个人，下述两种情况将加剧所得支出信息的不准确性：一是部分受访者为别人买单或者他人代其买单，其个人支出信息模糊不清；二是若团队统一支出，受访者个人要在脑中快速做平均处理，计算难免有误。

问题“您（及同事或朋友）在寿光停留____天？”的设计目的为获悉参与者的停留天数以计算平均支出，同时了解各类参与者的停留时间特征，探索与其相关的消费支出规律。调研发现会展前期，参展商中的中高层管理者在举办地或会展现场停留，后期则随客户到访量减少而逐渐离开。采购商到访集中于会展前期，但不管到访早晚，绝大多数不停留过夜。90% 以上的普通观众当天往返。在总体上，菜博会参与者较短的停留将影响其支出总量。

问题“您（及同事或朋友）住宿于：本市、省内其他城市（是否潍坊市）、国内其他省市”的设计目的为获悉参与者的住宿地选择情况。住宿于本市者，其所有支出将注入本地，为范围支出；住宿于其他城市者，其消费支出大部分流失外地，无法对本地产生经济连锁效应，评估经济效应时将予以剔除。调研发现，菜博会参展商和销售商因业

[1] 经拦截式访谈采购商和间接咨询参展商发现，采购商停留时间普遍较短，为当天往返或停留一夜。远距离采购商多选择晚上出发，第二天早上参展，晚上乘车返回。

务之便均住宿于寿光市，采购商和普通观众考虑出行便利选择住宿于潍坊市。

问题“展会前后您（及同事）是否到周边旅游？如果是，访问的其他旅游景点位于（可选择多项）：本市、省内其他城市（____市）、国内其他省市”，其设计目的为辨别菜博会参与者的范围支出者和范围支出。参展商和销售商参加菜博会的唯一目的性毋庸置疑，但需要明确采购商和普通观众的访问动机，以灵活处理偶然到访者和时间转换者，因此，在采购商和普通观众的问卷中设计下述问题。

问题“若不举办菜博会，您近期会到访寿光吗？若选‘会’，您是否会因为参加菜博会而延长在寿光的停留时间？ 若选‘是’，您为了参观菜博会在寿光延长的停留时间是___天？”，其设计目的是辨别偶然到访者。选择“不会”者，即“没有菜博会则不到寿光访问”的范围访问者，必须被纳入统计范畴。选择“会”者，为菜博会全部偶然到访者（包括时间转换者），其来访动机并不是菜博会的举办，因此其支出不可全部计入对菜博会产生的影响。选择“不是”者，意味着除了其菜博会门票和少量地方交通支出外，此部分访问者的其他支出不受菜博会影响，故忽略其对本地少量资金注入的贡献，剔除此部分访问者。对于其他偶然到访者和时间转换者，本研究认为，即使主要访问动机不是菜博会或者为了参加菜博会转换了到访时间，但实际情况是他们会因为参加菜博会而增加支出。直接剔除这些访问者过于武断，也不符合其对菜博会经济影响做出贡献的事实，因此调研时统计其因参加菜博会延长停留时间而发生的支出。此问题作为排除非范围支出的基础。

问题“您（单位或团队）是第几次参加寿光菜博会：第一次、参加过几次、参加过多次、每届都参加”和问题“若您（单位或团队）多次参加菜博会，此次与往年相比总花费有何变化：差不多、少很多、多很多”，除了获得菜博会参与者的访问次数，还在提醒受访者将本次访问的消费支出与往年相比，势必促使其更加认真地回忆和估计本地访问的消费支出，为后续填写本次访问支出明细奠定基础。

问题“您（单位）此次访问的各项消费支出”。参考经验研究中各类参与者的消费结构，在不同调查对象的问卷中设计了不同的消费项目及支出表格。其中，长途交通费均不予统计。预调研之后主要调整了参展商支出项目调查表的内容，因菜博会不收取注册报到费，从该预调研问卷中删除此项；部分参展商为展示蔬菜生产情况在寿光市租赁试验大棚，故在正式调研问卷中增加此支出项目。值得强调的是，调研问卷为现场填写，许多支出还未发生，是可能要发生的，支出情况可能有误。力求做到严谨，调查者在受访者填写问卷时不断回答疑问，并提醒注意信息关键点。

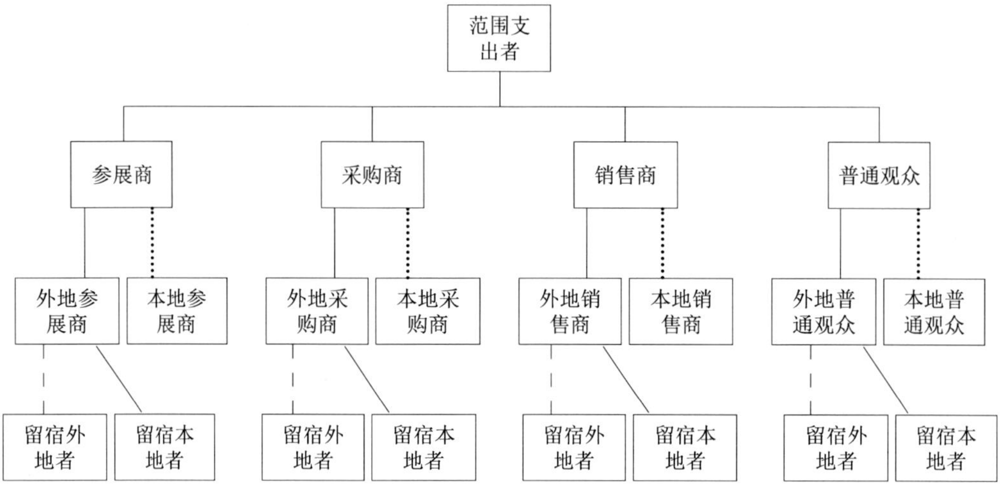

注：——— 表示纳入

┈┈┈ 表示需根据实际情况考虑是否纳入

－ － － 表示不纳入

图 6-3 菜博会范围支出者

四、计算结果与分析

1. 直接经济影响的计算及结果

菜博会的直接经济影响为采购商、参展商、销售商和普通观众四类参会者的范围支出之和，其计算分为三个步骤。第一步，根据调研得到各类参与者的总数。其中，参展商、销售商的数量分别由现场的展位数、摊位数与参展商、销售商样本展位的平均参展人数相乘得到；普通观众由现场观察流量记录得到的每日平均客流量乘以总天数而得；采购商总数为估测数量，结合问卷调研数量和参展商访谈结果而得。第二步，对四类参与者根据来源地进一步细分为本地来源者和外地来源者两个类别，分别统计其人数比例、各项目平均消费额以及各项目消费总额，然后各类参与者总数量分别乘以其细分类别人数所占比例，再乘以对应细分类别的平均消费额得到各类参与者的消费总额，最后加总得到菜博会所有参与者的消费总额，见公式 6-1。第三步，各类参与者消费总额中剔除非范围支出，加总得到直接经济影响，见公式 6-2。

本案例中，用 TE 表示菜博会所有范围支出者的消费总额，采购商（buyer，简写为 b）、销售商（vendor，简写为 v）、参展商（exhibitor，简写为 e）及普通观众（tourist，简写为 t）的消费总额分别表示为 E_b、E_v、E_e 和 E_t。E_{ni}、E_{vi} 分别为 i 类参与者中本地来源者（native，简写为 n）和外地来源者（foreigner，简写为 f）对应的消费总额，AE_{ni}、AE_{fi} 则分别表示 i 类参与者中本地来源者和外地来源者的平均消费，Q_i 为不同参与者 i 的数量，R_i 为各类参与者中来源于本地者所占比例，j 表示不同的消费项目。DE 表示直接消费效应，Φ_i 表示各类参与者中范围支出的数量比例，即剥离非范围支出。

$$TE=E_b+E_v+E_e+E_t=\sum_j E_{ni}+\sum_j E_{fi}=\sum_j AE_{ni}Q_iR_i+\sum_j AE_{fi}Q_i(1-R_i) \quad (6\text{-}1)$$

$$DE=\sum_j AE_{ni}Q_iR_i+\sum_j \Phi_i AE_{fi}Q_i(1-R_i) \quad (6\text{-}2)$$

根据样本统计，菜博会四类参与者中本地来源者和外地来源者各自所占比例（见表 6–2）以及人数、各消费项目的平均支出（见表 6–3），由公式 6–1、6–2 计算得到菜博会所有范围支出者的消费总额。

表 6–3　菜博会参与者的数量、平均消费及总体消费

参与者		平均消费（元 / 人）	数量（人）	总消费（万元）	合计（万元）
采购商	本地来源者	134.40	1344	18.06	515.20
	外地来源者	184.91	26885	497.14	
参展商	本地来源者	3726.83	567	211.31	1781.41
	外地来源者	4358.97	3602	1649.91	
销售商	本地来源者	6188	25	15.47	280.30
	外地来源者	7905.37	335	264.83	
普通观众	本地来源者	132.10	217198	2869.19	26611.61
	外地来源者	148.36	1600375	23742.42	
直接经济影响合计		—	—	—	29188.52

资料来源：根据菜博会问卷调查、现场观察和访谈记录的数据计算整理。

调研结果显示，所有留宿者选择寿光市或潍坊市为住宿地。潍坊市距离寿光市 40 千米，往返便利。菜博会期间，选择居住在潍坊市的外地采购商占总体的 12.3%，外地普通观众占 8%，外地销售商和参展商全部住宿于寿光市。住宿地选择在潍坊市的采购商和普通观众，其产生的住宿、餐饮等费用大部分流出寿光市。所以，本研究以住宿地为寿光的比例作为剥离系数。根据公式 6–2，最终得出菜博会的直接经济影响（见表 6–4）。

表 6–4　菜博会参与者的直接经济影响　（单位：万元）

支出项目	采购商	参展商	销售商	普通观众	合计
当地交通费	64.00	15.04	—	1565.39	1644.43
住宿费	74.99	195.86	41.62	1149.39	1461.86
餐饮费	125.75	207.57	44.28	5087.51	5465.11
临时人工费	—	6.95	—	—	6.95
商务宴请费	—	277.92	—	—	277.92
广告宣传费	—	120.75	—	—	120.75
仓储及物流费	—	108.87	14.40	—	123.27
展位费或摊位费	—	663.14	180.00	—	843.14
设计搭建费	—	68.31	—	—	68.31
门票费	160.00	—	—	9783.68	9943.68
购物费	90.46	—	—	9025.64	9116.10
试验大棚租赁费❶	—	111.00	—	—	111.00

资料来源：根据菜博会问卷调查、现场观察和访谈记录的数据计算整理。

依据以上原则和计量方法，得到第 17 届菜博会的直接带动效应为 2.92 亿元。其中，采购商带动 515.20 万元、参展商带动 1781.41 万元、销售商带动 280.3 万元、普通观众带动 2.66 亿元。

参与者的消费结构（见表 6–4）显示，各类参与者的消费项目比较单一，采购商交通、住宿支出较大；参展商支出主要用于展位租赁及搭建、商务宴请、广告宣传等；销售商的仓储物流、住宿支出较大；普通观众花费最高的是门票、餐饮和购物。可见，菜博会在地方经济中直接影响到行业并不广泛，集中于住宿、餐饮、广告、搭建和物流等。

2. 间接经济影响的计算及结果

本研究以山东省 2012 年投入产出表作为主要的测量工具，将菜博会参与者的直接消费总 DE 看作经济体额外的产出，这些额外产出需要寿光市相关部门的投入，也就是菜博会参与者对寿光市的间接经济影响。首先，根据所选择的投入产出分析法，以 2012 年山东省投入产出表为基础工具，运用 MATLAB 软件计算出各部门之间的直接消耗系数 a_{ij}，建立直接消耗系数矩阵 A，根据 $\boldsymbol{B}=(\boldsymbol{I}-\boldsymbol{A})^{-1}-\boldsymbol{I}$（$\boldsymbol{I}$ 为单位矩阵）得出完全消耗系数矩阵 $\boldsymbol{B}$，完全消耗系数表中列表示要满足 1 单位该部门的产品需要各个部门投入的

❶ 据调研，一季试验大棚租费 3 万元，包含种植养护人员费用。试验大棚的运作是本届菜博会现场专业观众相对较少的原因之一。据统计，40% 以上采购商选择直接参观大棚，缺位展会现场。这作为参展商争取客户的一种手段，增加了对当地资金注入，但在一定程度上打击了首次参展的参展商的积极性。

数量。其次，把参与者 i 的各个消费项目归入投入产出表中的对应部门，得到分类后部门的直接经济影响（见表 6–5）。通过菜博会参展商访谈调研发现，表中商务宴请费均以餐饮支出为主，所以本研究将此项支出归入住宿和餐饮业，异于其他实证分析中归入商务服务业。再次，根据模型 $\boldsymbol{X}=\boldsymbol{BY}$，其中 X 为社会总产品，$\boldsymbol{B}$ 是完全消耗系数矩阵，Y 是最终产品的外生变量，即菜博会的直接消费 DE。通过 MATLAB 软件结合完全消耗系数矩阵，计算得到各参与者 i 的直接经济影响 DE_i 所对应引致的间接影响 X_i。最后，四类参与者的 X_i 相加得出菜博会的总间接影响。

表 6–5　参会者的消费项目在投入产出表中的对应部门及完全消耗系数

参会者的消费项目	投入产出表中的对应部门	完全消耗系数
展位费或摊位费	租赁和商务服务	1.87110541
门票费		
广告宣传费		
当地交通费	交通运输、仓储和邮政	1.84675201
仓储物流费		
试验大棚租赁费	农林牧渔产品和服务	1.26171434
住宿费	住宿和餐饮	1.29212426
餐饮费		
商务宴请费		
购物费	批发和零售	0.59854772
展位设计搭建费	建筑	2.85204708
临时劳工费	居民服务、修理和其他服务	1.52858061

依据以上投入产出分析法，得到第 17 届菜博会的间接经济影响为 38800.47 万元（见表 6–6），主要带动租赁和商务服务业（20409.21 万元）、住宿和餐饮业（9309.61 万元）、批发和零售业（5456.42 万元）以及交通运输、仓储和邮政业（3264.50 万元）。

表 6–6　菜博会主要参与者的间接经济影响　　（单位：万元）

行业	采购商		参展商		销售商		普通观众		合计	
	产出	投入	产出	投入	产出	投入	产出	投入	产出	投入
农林牧渔产品和服务业	—	—	111.00	155.29	—	—	—	—	111.00	155.29
建筑业	—	—	68.31	194.82	—	—	—	—	68.31	194.82
批发和零售业	90.46	54.14	—	—	—	—	9025.64	5402.28	9116.1	5456.42

续表

行业	采购商		参展商		销售商		普通观众		合计	
	产出	投入	产出	投入	产出	投入	产出	投入	产出	投入
交通运输、仓储和邮政业	64.00	118.19	123.91	228.83	14.40	26.59	1565.39	2890.89	1767.70	3264.50
住宿和餐饮业	200.74	259.38	681.35	880.39	85.90	110.99	6236.90	8058.85	7204.89	9309.61
租赁和商务服务业	160.00	299.38	783.89	1466.74	180.00	336.80	9783.68	18306.30	10907.57	20409.21
居民服务、修理和其他服务业	—	—	6.95	10.62	—	—	—	—	6.95	10.62
总计	515.20	731.09	1775.41	2936.69	280.30	474.38	26611.61	34658.32	29182.52	38800.47

第四节　研究结果及分析

一、研究结果

1. 菜博会的经济影响源

参与者的一般特征。主要从参与者的来源地和停留时间这两个主要因素来看菜博会的经济影响源。参与者的来源地方面，采购商和参展商的来源较为广泛，国际访问者分别占比为 0.2% 和 6.9%，反映了菜博会的国际化特征。其中，参展商中以日本、韩国、俄罗斯、东南亚部分国家等地缘邻近国家以及美国、加拿大、澳大利亚等农业大国为主；采购商以中东地区国家居多。普通观众和销售商均来自国内，但前者以省内其他城市来访者为主，占 59.7%；后者以国内省外城市为主，占 71%。采购商主要来自外省（占比 76%），参展商来自外省、省内其他城市、本市的比例分别为 43.0%、35.7% 和 13.6%，体现了寿光市和山东省的蔬菜产业及农业的发展实力和一定影响力。参与者的停留时间方面，为期 40 天的博览会，销售商的平均停留时间为 39.4 天；为期 14 天的交易会，参展商的平均停留时间为 11.8 天。可见，参展商和销售商没有超过业务时间的额外停留，必然影响其支出总量。采购商和普通观众的停留时间都较短，平均分别为 1.2 天和 1.1 天。总体上，这些数据反映了菜博会有较大的行业吸引力，但扩展至其他行业的影响非常有限。同时，也反映出菜博会的带动效应仍具有较大的增长空间，开发潜力较大。

参与者的消费支出及消费结构。参与者在消费支出总量上的贡献从大到小依次为普通观众（2.66 亿元）、参展商（1781.41 万元）、采购商（515.20 万元）、销售商（280.30 万元），凸显了菜博会对旅游业极强的带动作用。从人均支出上看，从大到小依次为销售商、参展商、采购商和普通观众。这是因为销售商因业务原因停留时间较久。实质上，人均每天支出量分别为参展商 362.12 元、销售商 197.61 元、采购商 152.09 元、普通观众 133.10 元。据了解，采购商支出较低的原因主要是其餐饮、门票等费用因其客户身份，大多由参展商代为支付。从消费结构上看，门票和购物支出总量最高，分别为 9943.68 万元和 9116.1 万元，其次为餐饮（5465.11 万元）、交通（1644.43 万元）、住宿（1461.86 万元）等支出项目。从中可以看出，支出项目以门票、餐饮、交通、住宿等刚性需求支出为主，而旅游、娱乐、购物等弹性需求支出太低，需要加大刺激。

2. 经济影响数量结果

第 17 届菜博会的直接经济影响为 2.92 亿元，间接经济影响为 3.88 亿元，二者合计经济总影响为 6.80 亿元。直接影响与间接影响之比为 1∶1.33。2016 年，寿光市生产总值 856.8 亿元，第 17 届菜博会的直接影响与间接影响总和约占寿光市全年生产总值的 0.79%。菜博会的经济影响较为明显。国内外大型会展活动，如广交会的间接经济影响可达直接经济影响 2 ~ 3 倍，菜博会经济影响相对较小。与已有研究结果比较，菜博会的间接影响具有较大提升空间。

菜博会参与者对寿光的经济拉动作用依次为普通观众 6.13 亿元、参展商 4712.10 万元、采购商 1246.29 万元、销售商 754.68 万元。其中，普通观众的直接影响 2.66 亿元，间接影响 3.47 亿元，其直接影响与间接影响之比为 1∶1.30；参展商的直接影响 1775.41 万元，间接影响 2936.69 万元，其直接影响与间接影响之比为 1∶1.65；采购商的直接影响 515.20 万元，间接影响 731.09 万元，其直接影响与间接影响之比为 1∶1.42；销售商的直接影响 280.30 万元，间接影响 474.38 万元，其直接影响与间接影响之比为 1∶1.69。普通观众的支出对菜博会经济影响在总量上的贡献非常突出。

3. 经济影响结构结果

依据投入产出分析结果，菜博会对七个产业部门的带动效应分别为租赁和商务服务业 1.08 亿元，批发和零售业 9116.10 万元，住宿和餐饮业 7135.31 万元，交通运输、仓储和邮政业 1707.70 万元，农林牧渔产品和服务业 111 万元，建筑业 64.85 万元，居民服务、修理和其他服务业 6.95 万元。其中，对第一产业的带动效应位列第五。这是国内外已有会展活动经济影响研究结果中首次见到。

投入产出表中所有投入部门，菜博会影响的前十个行业依次为食品和烟草（3432.82

万元），化学产品（3108.74 万元），农林牧渔产品和服务（2739.53 万元），交通运输、仓储和邮政（2675.20 万元），通信设备、计算机和其他电子设备（2483.56 万元），金属冶炼和压延加工品（2288.83 万元），石油、炼焦产品和核燃料加工品（1997.82 万元），造纸印刷和文教体育用品（1931.99 万元），住宿和餐饮（1885.51 万元），电力、热力的生产和供应（1610.68 万元）。这充分体现出农业会展对第一、第二、第三产业的广泛带动作用。

关联行业的影响分析。金圣燮等对韩国的会议业和展览业的经济影响分别做了包括产出、增加值、收入、就业、进口、税收等经济效应的量化分析，除此之外，还对其权力分散指标和敏感性分散指标进行分析。前者表示后向关联效应的等级，即一定产业中每一单位最终需求的变动对所有产业的影响效应；后者描述前向关联效应的等级，即任何一个产业每一单位最终需求的变动对某一产业的影响效应。[1][2]本研究中七个菜博会相关行业的分散系数（影响力系数）分别是建筑业 2.852，租赁和商务服务业 1.871，交通运输、仓储和邮政业 1.847，居民服务、修理和其他服务业 1.529，住宿和餐饮业 1.292，农林牧渔产品和服务业 1.262，批发和零售业 0.599。需要特别提及的是，建筑业与租赁和商务服务业：建筑业的分散系数最高，但场馆建设已饱和，低碳理念影响下的展台设计搭建日趋简约和循环利用的追求，使会展活动对建筑业的最终需求量是有限的。本届菜博会仅带动建筑业支出 68.31 万元，其分散影响为 194.82 万元。租赁和商务服务业的影响力系数位居第二，但其带动支出额高，所以分散影响多达 2.02 亿元。

二、研究结果分析

农业会展活动对地方经济影响明显，尤以第三产业为甚，但其经济影响与国内外一般的大型会展活动的评估结果相比，并不太显著。在菜博会经济影响中，普通观众的突出贡献值得关注。结合调研数据和相关理论，可以发现上述结论的三个主要原因。

其一，受制于农业会展的规模和参与者的主体特征。一般情况下，参展商和采购商的消费和停留时间都远远多于一般旅游者，但农业会展参展商和采购商中中小企业较多，总体上高端参与者较少，消费支出和停留时间与广交会等参与者不可相提并论。

[1] KIM S S, CHON K, CHUNG K Y. Convention industry in South Korea : an economic impact analysis[J]. Tourism management, 2003, 24（5）: 533–541.

[2] KIM S S, CHON K. An economic impact analysis of the Korean exhibition industry[J]. International journal of tourism research, 2009, 11（3）: 311–318.

其二，受制于主办地的经济特点。会展活动刺激地方经济活动，但资源约束会限制经济活动受到刺激的程度。菜博会参与者调查反馈，寿光“没有可买的东西”“没有可玩的地方”，完全未产生旅游和娱乐消费支出，而且 90% 以上的观众当天往返，仅部分受制于地理距离的观众至多停留一晚。这是大多数中小型会展举办地的尴尬之处。地方消费水平低、休闲娱乐设施少、其他吸引物匮乏等束缚了参与者的支出项目及数额。另外，经济不发达或产业单一致使参与者支出较多的住宿、饮食等主要部门的影响被外地购进投入品等漏损效应和连锁企业的利润上缴部分地抵消了[1]（迪帕克・查布拉等），将进一步限制会展活动在举办地的经济效应。会展活动通常是许多城市经济发展的战略选择，但经济实力雄厚和经济联动性强的举办地，其经济影响远远大于其他城市。金哲元等提及先前研究中的短期事件产出乘数 1.61 ~ 3.39，较高乘数通常位于城市地区，农村地区乘数较小，主要原因在于产业部门数量有限，从其他地区购买投入品的倾向大，住宿、饮食等旅游者主要支出的部门被增加雇员等收支的大量引致效应部分地抵消了。[2]

其三，受制于会展活动的性质和类型。会展活动内容丰富，参与者越多，影响越大。菜博会是在 AAAA 级旅游景区内举办的综合型会展活动，包含交易会、节庆、旅游等功能。交易展厅以外，主办方打造的新品种、新种植工艺以及种植文化的展厅吸引了大量普通观众，在门票、餐饮、购物等支出项目上贡献突出。巧妙结合会展所涉及行业的特征，灵活设计活动内容是菜博会扩大经济影响的法宝，可供借鉴。

另外，需要提及的是，城市的等级和城市特征影响会展活动经济效益的高低。从总量上看，较小的城市其经济受益程度低于规模较大的城市，但从投入资金对地方的实际效用来看，较小城市受益程度并不低，而且农业会展业发展能够带动三次产业的共同发展，不会出现“荷兰病”（即某个产品部门异常繁荣而导致的其他部门衰落），所以中小型城市会展产生的经济效应不容忽视。威廉・C. 加特纳等用乘数分析法测算了为期 9 天的大密歇根区轮船与渔业展对举办地底特律的总经济影响，165 位参展商和 8 万多观众对大都市区的总经济影响达 380 万美元。他的结论是小事件对地方经济有大影响，不应被低估。[3] 另一个可供参考的相关论证研究是巴顿・史密斯（Barton Smith）等发现的南卡罗来纳州和北卡罗来纳州举办的节事活动基于规模存在明显的组织差异。他们选择 100 个

[1] CHHABRA D, SILLS E, CUBBAGE F W. The significance of festivals to rural economies : estimating the economic impacts of Scottish Highland Games in North Carolina[J]. Journal of travel research, 2003, 41 (4) : 421−427.

[2] KIM C, SCOTT D, THIGPEN J F, KIM S S. Economic impact of a birding festival[J]. Festival management and event tourism, 1998, 5 (2) : 51−58.

[3] GARTNER W C, HOLECEK D F. Economic impact of an annual tourism industry exposition[J]. Annals of tourism research, 1983, 10 (2) : 199−212.

节事活动样本，分为较大事件活动（运作预算为 10 万 ~ 100 万美元）和较小事件活动（运作预算为 1 万 ~ 10 万美元），按访问人数分摊总运作预算。较小事件活动人均支出成本为 3.44 美元，较大事件活动人均支出成本为 7.90 美元。大规模会展活动并不存在规模经济性，因为访问者增多导致了管理复杂性和成本的指数级升高❶，但大型活动能带来更多的外部资金注入，他们还是倾向于支持举办大规模会展活动。对无法举办大型活动的中小型城市而言，低成本限制下极力打造中小型会展活动精品进而提升经济影响效应是最佳路径。另外，一般而言，经济欠发达地区的会展发展基础较为薄弱，会展发展需要场馆及更多配套设施的投入，在投入结构和投入系数相同的情况下，在经济欠发达地区推动会展业的发展，能够较经济发达地区带动更多其他部门的投入，带来更大的总产出效应。❷因此，基于相对效应，更应该支持中小城市积极举办中小型会展活动。

另外，研究案例的特质性使实证评估结果的可比性不强。会展活动类型多样，其吸引的参与者类型和数量差异巨大，带来的经济效应也大不相同，所以区域决策者要区别看待研究结果，不能一概而论。比如，会展设施建设和发展的经济效应方面，一些研究者认为会展中心与会展活动刺激了饭店、酒店、酒吧及其他特殊零售业等相关吸引物的发展。然而，也有研究考量了体育场馆或会议中心与相关经济发展的效应，发现体育设施建造对于经济发展至今不存在具有统计显著性的关联，这与体育社团和部分地区会展协会坚称的场馆建设中的可观公共支出具有巨大经济效应大相径庭。❸量化评估结果的参考意义也有局限性，其实际意义更应该在于帮助地方管理决策机构客观认识其影响的规模和结构，为寻找提升会展活动经济影响的方法和路径奠定基础。

三、研究结果的讨论

1. 评估结果准确性的影响因素

准确性是经济影响评估老生常谈的话题，研究者只能做无限接近科学性的努力。各种主客观原因都会导致本研究结果偏离客观性的存在。

首先，经常不可避免的分析的主观色彩也影响结果的可靠性。研究者、受访者、政府决策部门都可能是影响评估结果准确性的因素。研究者在调查和数据处理上的不当，

❶ SMITH B. The economic impact of Houston Livestock Show and Rodeo an estimate based upon the performance in the Spring of 2010[R]. Houston：Houston Livestock Show and Rodeo, 2010.

❷ 李铁成，刘力．我国会展业区域关联效应演化机理研究 [J]. 经济经纬，2015, 32（1）：1–5.

❸ MORGAN A, CONDLIFFE S. Measuring the economic impacts of convention centers and event tourism：a discussion of the key issues[J]. Journal of convention & event tourism, 2006, 8（4）：81–100.

受访者在提供信息时主观上的保留意识，由于经济影响分析经常被活动支持者用来评判活动基础设施的公共支出，享有研究结果既得利益的代理部门所做的分析能否客观地评测活动的经济效应是一个现实问题，即主体主观倾向于高估经济效应。

其次，现有研究方法的局限性。目前常用评估模型和方法各有优缺点，不能尽善尽美。消费的替代性：经常忽略替代效应，参与者只是将花在本地其他活动的钱支付在菜博会上，这些转换支出只是经济消费的重新分配，不是真正的净增长。经常忽略挤出效应（Crowding Out Effect）。访问者的挤出效应：会展活动若在旅游热点城市举办，平时酒店、餐馆等就已饱和或接近饱和容量，则会展活动的经济影响只是替代而非补充。支出是否最终为本地受益：无法明确参与者的支出是否最终留在地方，外地访问者支出的大量金钱都用于住宿、餐饮、租车。实际上，这些公司大多是全国连锁性质，活动期间的盈利增加了全国各地股东的积累，而不能提高本地居民的福利。门票收入、赞助费、广告收入、展位摊位租金收入的部分支付给本地组织，而非全部为本地组织者留存。非经济成本未考虑，如活动举办造成的拥堵、环境水平降级或破坏、居民生活方式的扰乱、故意毁坏等。[1]

最后，研究实践中的缺陷。在各类参与者统计和样本选择程序上，不可避免地存在一定误差幅度，而且数据准确性依赖于问卷反应。例如，调查中回复误差导致数据的失真：受访者记忆模糊或计算错误、调查时还未发生花费的预估失误，部分花费如难以完全追踪清楚等导致结果出现偏差。机会成本难以计算，对较大区域经济效应评估影响巨大。

2. 本研究评估结果的局限性

导致评估结果高估倾向的几个方面。所选投入产出分析模型的自身缺陷：线性关系的假定、约束的忽略等致使结果存在高估现象；采用山东省投入产出表，实际上假设寿光市与山东省投入产出结论一致，未考虑漏损程度的差异。社区经济基础的综合性越强，访问者支出留在本区域的份额就越大。[2]一般意义上，因为地区经济的专门化和更低的自给能力，级别越低规模越小的城市或地区的进口倾向更高。寿光作为县级市，菜博会影响效应中的漏损更高，本研究评估结果中未将其纳入考虑，具有高估倾向；由于计量困难，其他漏损效应被忽略不计，本地主要漏损为上缴的国税以及本地经济中的各种产品和服务进口支出；机会成本被忽略不计，一定程度上高估了评估结果。导致评估结果低

[1] LEE M J. Analytical reflections on the economic impact assessment of conventions and special events[J]. Journal of convention & event tourism, 2006, 8（3）：71–85.

[2] GARTNER W C, HOLECEK D F. Economic impact of an annual tourism industry exposition[J]. Annals of tourism research, 1983, 10（2）：199–212.

估倾向的几个方面：范围支出甄别时完全剔除留宿外地采购商和参展商的支出，低估了评估结果；菜博会上达成的贸易额和协议投资额中，注入寿光市的外生资金未纳入评估，其他正向经济影响的影响因素未及考虑，一定意义上大大低估了菜博会的经济影响。

另外，还有值得深入探讨的两个方面。其一，短期和长期内区域间商品流动程度在会展活动经济效应评估时应引起重视。例如，需求增加是否能够通过本地产业增加生产或从其他地区进口流入以得到满足，这依赖于产品的本质和贸易的容易程度。如果商品市场高度集成化，商品倾向于被引进[1]，则会展活动引致的需求增量刺激本地经济活动的可能性不大。其二，就业指标未做评估的说明。产出和就业是国外评估实证研究中最普遍的两个指标，但就业效应本研究未做评估。就业评估中要考虑全职及兼职工作的区别，不能根据产出测量就业需求量的变化，因为产出测量不能分辨每项工作的小时数以及全职和兼职的比例。大多现有研究的就业测量假定全部现有员工被充分占用，外部支出的注入要求提升主办地就业水平，但许多情况下是充分就业不足的，不必增加员工。为应对持续较短时间的会展活动产生的额外需求，本地相关部门不可能雇用全职员工，现有员工可能搁置其他职责而解决临时需求高峰或被要求加班，极少数额外短期员工被雇用是可能的。此类情况下，就业系数被夸大了。另一个潜在误导性推论是实证分析中暗示新工作均被当地居民拥有，然而一定比例的外来者被雇佣是极有可能的，认为所有工作机会受益于本地居民并不恰当。[2]据调研了解，菜博会中短期雇用的种植养护人员、安保、保洁人员和其他服务人员数量不大，产生的就业效应相对有限。菜博会举办的短期性和就业效应处理上的复杂性容易使就业评估结果具有误导性，所以本研究仅就产出效应这一评估指标做了分析。

3. 农业会展经济影响评估研究的完善

客观而完整评估会展活动对地方的影响仍将是一个困难重重的复杂课题。除了不断探索评估技术，研究的深入开展还表现在以下五点：

第一，研究案例的丰富化。每一个事件都具有特殊性，会议、展览、节庆等特征与性质不同的会展活动，其经济影响差异巨大。实证研究的案例多样化，将有助于我国会展经济影响研究深入以及业界和政府更加全面客观地认识会展活动的经济影响。

第二，评估内容的拓展。会展活动的经济影响来源较多，如参与者的消费支出、设

[1] DWYER L, FORSYTH P, SPURR R. Assessing the economic impacts of events : a computable general equilibrium approach[J]. Journal of travel research, 2006, 45（1）: 59–66.

[2] CROMPTON J L, LEE S, SHUSTER T J. A guide for undertaking economic impact studies : the Springfest example[J]. Journal of travel research, 2001, 40（1）: 79–87.

施的设计与建设、设施的经营、贸易额和投资额、后续签约额、其他收益等。目前，评估多集中于参与者支出产生的经济影响，对其他影响来源的研究仅有零星涉及。

第三，影响层次的延展。菜博会不仅明显地带动了寿光第三产业的发展，而且对农业发展和创新产生了持续而广泛的影响力。经济影响渗透至周边县市以及整个山东省，对整个中国中北部地区具有辐射作用，所以会展活动对主办地的直接和间接经济影响只是第一层次的影响，更深层次的影响是行业类会展活动对主题行业创新和发展的促动效应以及对周边地区的扩散效应，这应是未来的一个研究重点。

第四，宽泛而完整的评估框架的创建及实施。对于为政策决策者和政府资助机构提供充足信息而言，仅关注经济影响的事件评估太狭隘。实际上，应使用除了经济效应外，还包含社会和环境效应的更具综合性的方法。评估事件净收益的任务是未来研究的挑战。完整的成本要素：事件相关基础设施资金支出；运营支出，如事件管理、筹划、促销、宣传、餐饮供应、行政等；政府机构支出的事件相关其他成本，如运输、警察、紧急事件处理以及公共服务的机会成本；社会和环境成本，如企业和居民正常生活的干扰、交通拥堵、交通事故、犯罪、垃圾、噪声、财产破坏、环境降级、文物破坏、空气水污染、碳足迹等。负面的经济外部性，如交通拥堵、居民生活模式扰乱等。难以捕获的其他积极效应，如商业机会、访问者重游、媒体报道对游客的吸引等。考虑场馆或会展活动的经济收益时，其他溢出收益也应该被包含。[1]其他潜在的收益包括社区视觉效果、形象、其他经济发展的激励、其他精神收入，即居民视角得到的情感和心理收益，即使他们没有参加会展活动。消费者剩余，这种内部收益代表了消费者的满意度超出其实际支付的非市场价值，然而心理收入很难量化，并通过非市场转换作为收益累加。[2]未来访问者的后续收益，如品牌收益。事件资产建设的持续收益或遗产收益。无形产出收益，增强贸易和商业发展，提升目的地形象等。事件对当地居民的生活质量有重要的社会和环境效应。居民、企业和工人因事件的收益评估。居民感知的成本和收益的详细研究是未来的重点。

第五，其他视角的研究，如部分事件吸引旅游者提前预订，也愿意支付较高价格。优质会展活动的举办、旅游者短期集聚，会导致举办城市会展中心附近酒店需求相对短缺而提升价格，并呈现出价格理论经济学家提出的伞状效应，即一旦某些产品和服务提

[1] CROMPTON J L. Economic impacts studies : instruments for political shenanigans[J]. Journal of travel research, 2006, 45（1）: 67–82.

[2] MORGAN A, CONDLIFFE S. Measuring the economic impacts of convention centers and event tourism : a discussion of the key issues[J]. Journal of convention & event tourism, 2006, 8（4）: 81–100.

价，则全部商品和服务形成提价趋势。基本的供求法则反映出顾客为有限商品而竞争。案例显示，市区饭店涨价 10%，外围饭店涨价 8%。普通游客意识到自己正在与专门为事件而来的访问者共享一个目的地时具有较低的价格敏感性。❶ 这体现了会展旅游者的消费心理预期，实质上是会展活动知名度的溢出收益。若会展活动知名度不足，则不会有此情况。

合理看待现有评估结果对于决策者具有较大意义。美国南卡罗来纳州查尔斯顿郡公共基金使用申请评估时，考虑了经济贡献以外的因素。节事活动总影响的标准综合了以下 5 项，与新资金注入有关的经济效应占 50%，作为宣传效果衡量标准的媒体曝光率占 20%，包含事件活动直接就业效应和为当地居民可用设施数量两个方面的社区效应占 10%，相关行业专家的意见占 20%。斯蒂芬 · W. 利特温认为，设立税收基金是事件活动与旅游良性循环的开端，建议将基金分为两部分：一部分资助吸引外来资金注入的活动，另一部分作为种子资金（Seed Money）资助有意扩大改进的本地节事活动。❷ 菜博会则兼具两种活动的特征。政府给予资金支持无疑是公共资金机会成本最低的有效决策。

❶ LITVIN S W. Festivals and special events : making the investment[J]. International journal of culture, tourism and hospitality research, 2013, 7（2）: 184-187.

❷ CROMPTON J L. Economic impacts studies : instruments for political shenanigans[J]. Journal of travel research, 2006, 45（1）: 67-82.

本章小结

经济中支出的变化将导致经济总需求与其不成比例的变化，会以乘数加速度方式引起最终量的增加。农业会展活动中的支出同样产生这种连锁反应。不论从经济影响发生的不同阶段，还是从不同参与者角度等视角分析，农业会展活动的经济乘数效应都可归于两类，即直接经济效应和间接经济效应。结合第一章相关内容，通过对国外会展经济影响理论研究进展和实证研究现状的梳理分析，奠定了本实证分析的理论基础和实践参考。

利用投入产出模型分析第 17 届菜博会对寿光市的经济影响。其一，直接经济影响的评估：各类参与者及主办者的消费支出构成农业会展的直接经济影响，采用问卷调查和深度访谈法获得其各项消费支出以及平均消费额，并根据调查样本估算各类参与者总数，进而剔除非范围支出者和非范围支出，最终得到其消费总额。其二，选择投入产出模型：以山东省投入产出表为基本工具，采用适于矩阵和向量的软件 MATLAB，计算直接消耗系数矩阵和完全消耗系数矩阵，将参与者的各项消费支出归入投入产出表中的对应部门，根据部门分类后的直接经济效应，通过 MATLAB 结合完全消耗系数矩阵计算得到间接效应。

实证研究结果显示，第 17 届菜博会的直接经济影响为 2.92 亿元，间接经济影响为 3.88 亿元，二者合计经济总影响为 6.80 亿元。直接影响与间接影响之比为 1：1.33；菜博会参与者对寿光的经济拉动作用依次为普通观众 6.13 亿元、参展商 4712.10 万元、采购商 1246.29 万元、销售商 754.68 万元。依据投入产出分析结果，菜博会对七个产业部门的带动效应按影响大小排序：租赁和商务服务业，批发和零售业，住宿和餐饮业，交通运输、仓储和邮政业，农林牧渔产品和服务业，建筑业，居民服务、修理和其他服务业。其中，对农业的直接关联影响相较于其他类型会展凸显了农业会展对主题行业的影响。投入产出表中所有投入部门，菜博会影响的前十个行业依次为食品和烟草，化学产品，农林牧渔产品和服务，交通运输、仓储和邮政，通信设备、计算机和其他电子设备，金属冶炼和压延加工品，石油、炼焦产品和核燃料加工品，造纸印刷和文教体育用品，住宿和餐饮，电力、热力的生产和供应，充分体现了农业会展对三次产业的广泛带动作用。

值得注意的是，城市的等级和城市特征影响会展活动经济效益的高低。从总量上看，较小的城市其经济受益程度低于规模较大的城市，但从投入资金对地方的实际效用来看，较小城市受益程度并不低，而且农业会展业发展能够带动三次产业的共同发展，所以中小型城市会展产生的经济效应不容忽视。经济欠发达地区发展会展业，较经济发达地区需要投入建设场馆及更多配套设施，带动更多部门投入，总产出效应相对更大。因此，基于相对效应，更应该支持中小城市积极举办中小型会展活动。

第七章 农业生产者关于农业会展经济影响的感知分析

会展活动对周边社区的经济辐射越来越深远。[1] 相对于大型国际性节事活动，地方性的日常重大节事活动虽规模和影响辐射范围较小，但举办时间相对固定，多融合当地文化，特色属性更为突出，对经济欠发达的中小城市或乡村地区的发展可能是触发器或催化剂，并产生积极的持续性影响。[2][3] 可以推断，农业会展活动对地方经济社会质量的提升具有一定影响，而举办地社区居民必然是受益群体之一。菜博会对寿光周边农业生产效率及生活改善等经济社会质量方面的影响，蔬菜种植户的相关感知最具有代表性。本章拟从蔬菜种植户的菜博会经济影响感知视角，解析农业会展活动对周边社区及主题产业发展的影响。具体选取菜博会为实证案例，采用参与性农户调查方法，对菜博会所在地寿光市的 9 个样本村 412 个蔬菜种植户进行了随机抽样，就种植户对菜博会的基本认知及菜博会的经济影响感知进行调研分析。在“认知—态度—行为”“参与—推荐”两个认知关联假设下构建的结构方程模型，利用数据验证种植户对菜博会经济影响不同维度认知、总体感知态度、支持行为之间以及参与意愿、推荐意愿之间的正向关联性，由此了解利益相关者群体的农业会展经济影响感知状态及感知过程，研究结果是农业会展活动对地方经济社会质量影响的重要表征。

---

[1] 罗秋菊，陈可耀．社区居民参与城市会展业发展的社会交换关系研究 [J]. 人文地理，2014（3）：50–55.

[2] 戴林琳，盖世杰．基于结构方程模型的乡村节事及节事旅游影响居民感知研究——以北京长哨营村为例 [J]. 北京大学学报（自然科学版），2011, 47（6）：1121–1128.

[3] CHHABRA D, SILLS E, CUBBAGE F W. The significance of festivals to rural economies：estimating the economic impacts of Scottish Highland Games in North Carolina[J]. Journal of travel research, 2003, 41（4）：421–427.

第一节　蔬菜种植户对菜博会经济影响的感知

会展活动之所以备受关注，得益于其显著的经济影响和社会影响。吸引投资、增加就业、带动相关产业发展、提高居民收入等积极经济影响是促进地方经济发展的直接形式。而社区自豪感形成、城市形象改善、社会凝聚力增强等积极的社会影响，最终的目标趋向仍然是地方产业发展、经济繁荣、居民福利增加、生活水平提高等经济层面的改进，对于欠发达地区而言更是如此。因此，会展活动的经济影响一直是地方政府运作会展活动的直接驱动因素和学者们的研究热点。关于大型会展活动的经济影响研究，学界的态度由乐观逐渐发展到理性，其间也不乏考虑公共负债和机会成本而持有的批判态度。虽然国内外大量实证研究证明了其积极经济效应，但也有案例分析结果显示，会展活动的类型和地方因素等的差异导致经济效应迥异。目前，尚无有效解决数值导向型经济影响研究缺陷的办法。因此，研究者尝试从不同视角分析经济影响发生的原因、方式和特点等一系列问题，具体而深入剖析经济影响的发生过程。其中，从会展利益相关者的感知视角切入，从侧面探寻典型会展活动经济影响的发生过程，可作为经济影响量化评估的补充性研究，被西方学者视为与经济影响评估同等重要甚至更为重要的研究思路和方法。作为会展活动的参与者，虽然在会展活动期间感知较为复杂，但最明显和最重要的感知维度也是会展活动的经济影响，此观点已被许多学者认可。[1]需要指出的是，行业会展活动除了具有会展活动的上述一般效果，更重要的是对行业发展具有深刻影响，相关感知研究具有必要性。

一、蔬菜种植户感知分析的重要性

相对于会展活动的经济效应理论研究与实证评估，居民感知问题的分析同样重要，甚至更重要[2]，那么举办地农民对农业会展活动的感知研究必然具有重要意义。居民对会展活动的态度感知是识别会展活动影响的重要表征。在我国，农业会展活动中政府参与较多。部分研究对此持批评观点，完全否定有失偏颇。因为我国农业在国民经济中的基

[1] 梁明珠，王婧文．城市节事居民感知测量——以大同市为例 [J]. 城市问题，2017（8）：42–51.

[2] BRIAN J, MIHALIK, LEO SIMONETTA. A midterm assessment of the host population ’ s perceptions of the 1996 Summer Olympics：support, attendance, benefits and liabilities[J]. Journal of travel research, 1999（37）：244–248.

础地位和自身的弱势性，农业会展活动的举办主体多数为政府，是具有合理性的。进一步来看，还需多角度评判具体会展活动的绩效。那么当地居民的认知和态度如何，尤其是居民中作为农业产业链末端的农民，其认知和态度更具有代表性。居民对农业会展活动产生的经济影响和农民对农业会展活动带来的农业发展影响的认知和态度，无疑是农业会展活动政府行为恰当性的有效检验。

近年来，国内外社会学、地理学一直关注旅游地居民感知相关研究，也从多个角度、采用多种方法对重大会展活动举办地的居民感知进行了研究。[1]总体来看，参与者对会展活动影响的感知和期望将对会展成功举办有重要的指导作用。但是，学术界关于会展活动经济影响的居民感知研究仍然相对较少。[2]现有研究对象侧重于大型综合性会展，倾向于探讨居民对大型活动涵盖经济、社会、环境和文化等多个方面的综合影响感知，鲜有关于行业会展活动经济影响感知的专门研究，也缺乏测量行业会展活动经济影响居民态度测量的标准量表以及对经济影响测评结果的分析等细化研究[3]，应该进一步深入和拓展相关研究，尤其是农业等行业会展活动举办地居民的实证分析，了解蔬菜种植户的认知、态度以及行为意愿，反映不同于大型活动的特殊规律，为农业会展发展规划和地方政策制定提供依据。

总而言之，对会展活动参与主体的多元利益诉求，这一特殊性的认知和研究还较少。开展相关研究，于行业实践，有利于实现预期效果，减少负面性；于理论研究，则可为从个案到群体的研究范围拓展、会展活动关联效应和布局优化等区域尺度的关注等研究奠定基础。

二、案例选择

大型会展活动因规模大、影响范围广等特点得到研究者较多关注，鲜有农业类会展活动经济影响的专门研究。然而，农业会展活动对所在地的经济影响以及农业发展的促进具有的相对意义更重要。虽然进入 21 世纪以来，我国农业生产快速发展，但相对于第二、第三产业，第一产业仍处于弱势地位。农业发展中的产业融合问题、“三

---

[1] 罗秋菊，陈可耀，黄霞．社区居民对会展业经济影响感知研究——以广州琶洲村村民为例 [J]. 热带地理，2012, 32（2）：113–120.

[2] KIM S S, PETRICK J F. Residents' perceptions on impacts of the FIFA 2002 World Cup：the case of Seoul as a host city[J]. Tourism management, 2005（26）：25–38.

[3] 杨顺勇，谷冬青．上海世博会经济影响感知的教育程度差异分析 [J]. 天津财经大学学报，2011（6）：38–45.

农”问题凸显。农业创新和交流对于农业生产效率提升以及上述问题的解决至关重要，农业会展活动无疑是促进产业融合、激励创新、提高农业信息交流与扩散效率的一种有效选择。

寿光从 1998 年开始对洛城镇洛西村进行重新规划，并征地建设蔬菜科技示范园，2000 年建设寿光国际会展中心。每年一届的菜博会举办 40 天，其间有交易会、展销会、会议论坛、文化节、蔬菜相关农业赛事等诸多活动，集聚了大量的物流、人流、资金流和信息流。菜博会经济影响的辐射效应越来越大，对周边社区及整个寿光农业发展的影响也越来越深远。

感知是人们获得感性知识和直接经验的主要形式。种植户作为菜博会主题产业的直接主体之一，是菜博会经济价值的终端受益者和重要信息反馈者，经历着蔬菜种植和经营的变化过程以及经济收入、生活方式及生活保障等方面出现的变动和问题，能真实理性地感知到菜博会的举办在其经济生产和生活中的直接和间接经济影响。感知具有动态性，会随时间的推移而发生改变，需要进行追踪研究。[1] 国外早在 20 世纪 80 年代就开启了居民感知研究，而我国学者在 20 世纪 90 年代中后期才开始着手。现有研究较零散，系统性不够强，且多采用截面数据进行分析，缺乏参与者对重大事件影响的感知及变化的系统性追踪研究。[2] 金禹顺（Woosoon Kim）等认为，居民在重大事件举办之前，会依据自身学识、价值观及过往类似事件经历等个人因素，以及政府机构、重大事件组委会以及媒体等提供的各种外部信息，而对重大事件形成一个先入为主的价值评估，并以此为“参照点”，在重大事件举办之后会依据自身的经历和感受对重大事件进行重新评估，将那些高于参照点的视为收益并产生积极和肯定的看法，而将那些低于参照点的视为损失并产生负面或失望的看法，重新评估的结果会帮助居民建立一个新的参考点，并影响未来举办重大事件的态度。[3] 菜博会已经连续举办 18 届，参与者已对此会展活动反复衡量和思考，其认知趋于理性，态度趋于稳定，所以本结果将更具有动态感知结果的代表性以及研究意义和参考价值。

为了深入了解居民对 18 届菜博会经济影响的特有感知及作为种植户身份的居民对菜博会农业发展影响的动态过程，本研究选择菜博会场馆所在地及周边村镇蔬菜种植户

---

[1] LEE C K, TAYLOR T. Critical reflections on the economic impact of a mega-event : the case of the 2002 FIFA World Cup[J]. Tourism management, 2005, 26 : 595-603.

[2] 罗秋菊 . 居民对 2010 年广州亚运会影响的感知变化研究——基于事件举办前视角 [J]. 地理科学 , 2010（5）: 693-701.

[3] KIM W, WALKER M. Measuring the social impacts associated with Super Bowl XLIII : preliminary development of a psychic income scale[J]. Sport management review, 2012,15（1）: 91-108.

为访谈对象，并与其以半开放式访谈形式进行深入交流，既获得了种植户对问卷相关问题的真实感知和评价，也更为全面而深入地了解其感知原因、背景及对相关问题的看法。问卷调查时，经过培训的调查人员均来自寿光，选择熟悉的或经人介绍的调查对象，并提醒根据个人真实感受填写问卷，在填写过程中解答疑问，保证了问卷回答能够反映居民的真实感知现状。

第二节　理论假设及测项选择

一、理论框架及理论假设

基于理性行为理论和社会交换理论，国内外节事活动感知研究主要集中于参与者感知内容与感知维度、参与者感知与态度、支持行为之间的两个变量关系或三个变量关系、感知态度的影响因素等几个方面的研究。本研究借鉴上述研究成果，构建“认知—态度—行为（意愿）”“参与—推荐”理论框架。在此研究框架下，本章拟具体关注和解决下述科学问题：作为社区居民、旅游者、农业生产者的蔬菜种植户对农业会展活动的经济影响感知中重点关注的影响维度有哪些？各影响维度对经济影响总体认知的影响力多大？经济影响感知差异的影响因素是什么？农业生产者对农业会展活动的经济影响感知是否直接产生支持行为，其参与意愿（行为）是否对推荐意愿（行为）产生直接影响？因此，笔者选取菜博会作为农业会展活动研究个案进行实证研究。根据理性行为理论，身兼三种角色的蔬菜种植户是一个理性人，凭借已有知识、能力，结合参与菜博会活动过程中的认知，处理菜博会经济影响的相关信息并做出合理行为的决定。在这里，支持行为结合研究需要定义为“参与意愿（行为）”和“推荐意愿（行为）”。

经济影响和利益感知是影响社区居民大型会展活动支持度的主要决定性影响因素之一。[1] 城市形象塑造、城市威望提升、城市建设改进、居民地方归属感增强等社会影响最终仍反馈于经济影响，将促进主题产业发展、地区福利提高、居民生活改善等经济现象的变化。王起静的实证研究结果显示，参与程度和奥运会积极经济影响的感知显著正

[1] GURSOY D, KENDALL K W. Hosting mega events : modeling locals support [J]. Annals of tourism research, 2006, 33（3）: 603- 623.

向影响社区居民的支持度。[1]戴林琳和盖世杰[2]的案例分析结果说明，社区居民参与度高度正向影响乡村节事的收益感知，而且一定程度上正向影响乡村节事举办的支持度。

基于前述理论分析，参照上述研究结论，蔬菜种植户作为菜博会的参与者，其对菜博会的经济影响感知做出如下理论假设：

H1：种植户感知的生产改进影响对其菜博会经济影响总体认知态度具有正向效应。

H2：种植户感知的销售促进影响对其菜博会经济影响总体认知态度具有正向效应。

H3：种植户感知的产业发展影响对其菜博会经济影响总体认知态度具有正向效应。

H4：种植户感知的经济环境改善影响对其菜博会经济影响总体认知态度具有正向效应。

H5：种植户菜博会经济影响总体认知态度对参与意愿（行为）具有正向效应。

H6：种植户菜博会经济影响总体认知态度对推荐意愿（行为）具有正向效应。

H7：种植户菜博会参与意愿（行为）对推荐意愿（行为）具有正向效应。

二、测项选择

在前述国内外不同利益相关者群体的节事活动感知文献中，不论横向研究还是纵向分析，大多都以社会交换理论为解释框架，因此测度参与者对节事活动影响感知的问卷设计上，已经有比较成熟的内容体系。本研究主要在参考国际权威的约翰·艾普等旅游影响感知态度量表[3]，以及国内外事件感知态度研究中已采用的量表的基础上，结合感知对象与感知主体的特点进行修订，再根据预调研情况做了微小调整，最终确定 17 个感知测量指标和 6 个支持度测量指标。

农业会展活动中种植户的角色具有多重性，涵盖乡村社区的居民角色、会展活动主题行业的生产者角色、活动参与的旅游者角色，感知内容是复杂的，但会展影响感知均基于社会交换理论和理性行为理论来分析其感知价值。感知价值最初研究集中于顾客消费领域，指的是消费者在进行产品消费的过程中感知到的收益与付出的成本进行权衡后

---

[1] 王起静．居民对大型活动支持度的影响因素分析——以北京 2008 年奥运会为例 [J]. 旅游科学，2010（3）：63-74.

[2] 戴林琳，盖世杰．基于结构方程模型的乡村节事及节事旅游影响居民感知研究——以北京长哨营村为例 [J]. 北京大学学报（自然科学版），2011, 47（6）：1121-1128.

[3] AP J, CROMPTON J L. Developing and testing a tourism impact scale [J]. Journal of travel research, 1998, 37（2）：120 -130.

的总体评价[1]。身兼多重角色的蔬菜种植户，菜博会经济影响感知同样可分为收益感知和成本感知。

结合上述研究文献和预访谈结果，种植户经济影响收益感知的内容主要包括增加会展场馆工作机会、蔬菜产业链条中的细分行业的就业机会、吸引更多外来投资带来的就业机会；改善基础设施、增加休闲设施、带动相关产业发展繁荣等的经济环境改善；促进蔬菜种植、蔬菜销售以及蔬菜种植科技学习与应用；强化农业与旅游业的融合发展和农业多元化发展趋势，宣传推广蔬菜大棚种植技术等。故设计相关测量项 14 个（测项 1 ~ 14），组成生产变化、销售促进、产业发展、衍生效应（经济环境改善）等四个一阶潜变量。经济影响总体认知态度为二阶潜变量，由测项 15 ~ 17，即菜博会对寿光经济是有实际作用的、有帮助的、有意义的 3 个测量项反映。

相对而言，蔬菜种植户菜博会经济成本感知微弱，本研究未设计相关测项。一方面，农业会展活动的参加成本主要包含门票、交通、食宿等金钱支付成本以及时间成本。根据调研和访谈情况，作为居民的蔬菜种植户，菜博会主办方（即寿光市政府）鼓励参与，引导种植户了解行业信息和趋势；作为社区居民福利，菜博会期间免费发放门票，居民每人一张。当地访问者均不存在住宿费用支出，半天往返者居多，交通方式选择自驾或公交。寿光市各村已全面开通公交车，菜博会期间寿光市汽车站设有公交专线，换乘方便，成本很低，因此种植户认为参加菜博会的金钱成本可以忽略。另外，种植户劳动时间具有的弹性以及菜博会持续 40 天提供的参加可选择性，种植户参加菜博会的时间成本也可以不计。另一方面，因菜博会举办当地政府支出的机会成本。当地居民代表性的观点：其一，菜博会具有举办的必要性，“是寿光的名片，也是寿光蔬菜宣传的重要渠道，不举办不行”；其二，菜博会是政府出钱举办，门票收入足以弥补支出。因此，基于菜博会的重大影响效应和巨大的门票收入效应，种植户对菜博会成本感知不敏感，本研究问卷中不予设计相关问题并分析。

蔬菜种植户的支持度分别由参与意愿（行为）和推荐意愿（行为）两个维度的测项反映。再次参与意愿设计了以种植户角色会主动再次参加菜博会、亲朋邀约会参加菜博会、我是菜博会的忠诚参与者 3 个测项（测项 18 ~ 20），推荐意愿则分别由会口头推荐、会微信等社交媒体推荐、受到咨询时会给出正面评价 3 个测项（测项 21 ~ 23）组成。

[1] ZEITHAML V. Consumer perceptions of price, quality, and value : a means-end model and synthesis of evidence [J]. Journal of marketing, 1988, 52 (3) : 2-22.

三、问卷设计

本次调查问卷分为3个部分。第一部分主要为受访者的社会学特征和参与度调查项，即种植户的住址、年龄、性别、受教育程度、种植面积、家庭收入、菜博会参与次数等基本情况；第二部分主要调查受访者对菜博会经济影响4个维度以及总体认知态度的17个题项；第三部分主要调查包括受访者对菜博会的再次参与意愿与推荐意愿的支持行为的感知状态，共包含6个题项。第二部分和第三部分都要求受访者按照李克特五级量表衡量受访者对调查表所列观点的感知状态，即1 = 非常不同意、2 = 比较不同意、3 = 不确定、4 = 比较同意、5 = 非常同意。进行计分时，所获得的分数越高，表示该题项中的菜博会的举办对受访者的影响程度越大。另外，还有一个开放性问题，调查蔬菜种植户对菜博会经济影响的其他感受和观点。后两个部分共计24个小题。

第三节　数据来源与研究方法

一、数据调查

目前广泛应用的参与式农村评估（Participatory Rural Appraisal，PRA）是获取观点和态度行之有效的调查研究方法，它通过研究者和被调查主体的持续交流，实现双方在专业知识和大众化认知的全面理解，可获得对相关问题的准确态度和数据信息。笔者于2017年8月进行了预调研，采用调查问卷、观察法、小型座谈会等参与式农村评估工具在寿光进行种植户调查。在研究目标指导下，通过收集背景资料、参阅国内外相关文献、走访研究区村委等宏观了解菜博会场馆所在村镇及周边村镇的基本情况，随机选择部分蔬菜种植户入户走访或在蔬菜集散点（合作社）访谈并完成调查问卷。之后，针对不同种植户在生产方式、收入来源及周边环境变化等感知基础上调整和修改调查问卷问题，完善问卷内容，并根据预调研情况确定菜博会场馆所在洛城街道的洛西村、唐家村、于家尧河村以及周边的圣城街道的南马范村、北马范村，距离更远的文家镇的八里村、田柳镇的申明亭村、稻田镇的赵家村、卜家村9个村作为种植户调研点。2017年9—10月，研究者选择本校生源地是寿光的会展经济与管理专业和旅游管理专业大学生进行调查培训，分别在所选择的菜博会场馆所在社区、临近村镇及较远村镇3个典型样带的 9 个样点村进行了正式调研。调查时，采取分层随机抽样法选取受访种植户，然后入户调查或在蔬菜集散点集中蹲点随机调查前来卖菜的种植户，均采用 PRA 中半结构式访谈和问卷调查相结合的方法，最终抽取受访种植户数量约为各村蔬菜种植户总数的 20%，共完成 412 份调查问卷（样本分布见表 7–1），从而获得了菜博会举办对寿光蔬菜种植户在生产、销售、行业发展、经济环境等方面的影响认知、参与及推荐的态度和意愿等方面的数据信息，完成了种植户对菜博会经济影响感知的调查研究。

表 7–1　典型样本村种植户的基本情况及样本分布

社区名称	基本情况	样本数量
洛西社区	隶属洛城街道，菜博会场馆所在地。洛西社区共有居民 412 户。70% 以上居民收入来源仍以大棚蔬菜种植为主，因围绕建设蔬菜科技示范园和菜博会场馆等的城市化发展需求，本村土地已全部被征用，种植户均外出租地种植。小部分居民为餐馆、宾馆、五金、超市、理发店等个体经营户以及蔬菜公司打工者、蔬菜大棚技术员、房租出租者等。其中，极小部分种植户家庭收入为混合收入，家庭成员兼职者不同程度地涉及上述从业类型	61
于家尧河村	隶属洛城街道，距离菜博会场馆约 3 千米。寿光典型模范村，全村 180 户，其中 80% 以上种植大棚蔬菜，小部分种植户外村租地种植蔬菜，兼职涉及蔬菜冷库经营、果蔬合作社（蔬菜集散业务）、农资销售店、饭店、超市等商业经营等行业	36
唐家村	隶属洛城街道，距离菜博会场馆约 3 千米。全村 91 户，其中 95% 以上种植大棚蔬菜。大部分种植户外村租地种植蔬菜，兼职涉及蔬菜冷库经营、果蔬合作社（蔬菜集散业务）、农资销售店、饭店、超市等商业经营等行业	15
南马范村	隶属圣城街道，距离菜博会场馆约 7 千米。全村 490 户，其中 85% 以上种植大棚，兼职从业类型涉及育苗公司打工、蔬菜深加工（赛维低温油炸、冻干菜公司等）企业上班、经营农资、开货车、经营商铺、其他企业上班等	83
北马范村	隶属圣城街道，距离菜博会场馆约 8 千米。全村 342 户，其中 85% 以上种植大棚，兼职从业类型涉及育苗公司打工、蔬菜深加工（赛维低温油炸、冻干菜公司等）企业上班、经营农资、经营商铺、其他企业上班、开货车等	58
八里村	隶属文家镇，距离菜博会场馆约 13 千米，但距离寿光蔬菜集散中心较近。全村 267 户，其中 70% 以上种植大棚，兼职从业类型依次主要有蔬菜加工企业上班、经营农资、其他企业打工、开货车、经营个体商铺等	37
申明亭村	隶属田柳镇，距离菜博会场馆约 22 千米，但距离寿光蔬菜集散中心较近。全村 135 户，其中 70% 以上种植大棚，兼职从业类型依次主要有蔬菜加工企业上班、开货车、企业打工、经营个体商铺、经营农资等	19
赵家村	隶属稻田镇，距离菜博会场馆约 18 千米。全村 319 户，其中 90% 以上种植蔬菜，兼职从业类型主要有贩卖蔬菜、经营合作社收集批发蔬菜、蔬菜育苗、企业上班、个体养殖、经营农资、经营个体商铺	57
卜家村	隶属稻田镇，距离菜博会场馆约 17 千米。全村 258 户，其中 90% 以上种植蔬菜，兼职从业类型主要有蔬菜育苗、贩卖蔬菜、经营合作社收集批发蔬菜、企业上班、经营个体商铺、个体养殖、经营农资	46

资料来源：根据预调研与正式调研资料统计。

二、研究方法

本章主要应用基本数量统计方法和结构方程模型分析方法。结构方程模型是一种综合性建模方法，在西方数理经济学界应用较多，近年来，已成为国内社会科学研究的重要工具之一，旅游研究领域的应用也越来越丰富。目前，这种方法主要用于验证自变量与因变量之间的相互关系，通过探索性因子分析、验证性因子分析、回归分析、路径分析等方法的整合，反映解释变量（外生观测变量和潜变量）对被解释变量（内生观测变量和潜变量）的（直接或间接）影响程度。[1]具体应用主要是针对现实问题，构建包含观测变量及潜变量的初始假设模型，通过数据拟合检验初始假设模型是否成立，通过对模型的反复修正，验证和确定假设变量间相互作用的路径指向及其路径系数数值。

本章以蔬菜种植户感知为切入点，尝试测度菜博会这一综合性农业会展活动在经济上的影响，通过构建种植户对菜博会经济影响的四个维度感知以及总体认知态度、再次参与行为意愿和推荐行为意愿等变量的结构方程模型（SEM），明晰各变量之间的相互作用关系。在实证分析中，首先，结合已有相关研究文献和案例特点，对菜博会发展与寿光蔬菜种植户态度与感知之间的相互作用机理提出假设。其次，描述性统计分析蔬菜种植户菜博会经济影响认知，并探寻感知差异及原因。最后，利用模型数据进行验证性分析，得到相关路径系数，进而探讨各关联变量的主要影响因素。

三、结构方程模型的建构

农业会展活动举办地居民的参与程度、会展活动影响的具体感知以及会展活动举办的支持行为三者之间具有一定的关联关系。其中，参与程度既是影响感知的重要影响因素，也是影响感知的行为结果之一，而居民的影响感知直接导致支持行为的存在程度。农业会展活动中居民的支持行为可以表现为再次参与意愿和推荐意愿。已有旅游和会展研究论证了三者之间的逻辑结构关系，这对农业旅游和农业会展的可持续发展有重

[1] 戴林琳，盖世杰．基于结构方程模型的乡村节事及节事旅游影响居民感知研究——以北京长哨营村为例 [J]. 北京大学学报（自然科学版），2011, 47（6）：1121–1128.

要的指导意义。本书在理查德 · R. 珀杜等[1]建立的居民旅游影响感知对旅游开发支持度之间的关联模型基础之上，结合菜博会经济影响效应的具体特征，对相关观测变量进行了修正，将支持行为分解为再次参与意愿和推荐意愿这两个潜变量，尝试建立农业会展活动居民经济影响感知结构方程模型，并做了包含 7 个潜变量和 7 条路径的假设（见图 7–1）。

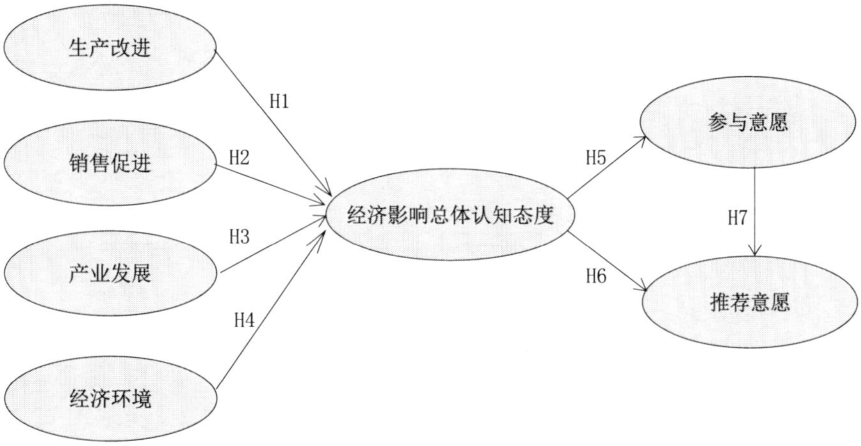

图 7–1　蔬菜种植户菜博会经济影响感知结构方程模型

潜变量包括 4 个经济影响认知的一阶潜变量、1 个经济影响总体认知态度的二阶潜变量、支持行为的两个潜变量。居民经济影响总体认知态度、参与意愿、推荐意愿，每个潜变量分别对应相应的观测变量或一阶潜变量。路径系数的正负值表示路径两端潜变量的正负相关性。[2]

[1] PERDUE R R, LONG P T, ALLEN L R. Resident support for tourism development[J]. Annals of tourism research, 1990, 17（4）: 586–599.

[2] 戴林琳，盖世杰 . 基于结构方程模型的乡村节事及节事旅游影响居民感知研究——以北京长哨营村为例 [J]. 北京大学学报（自然科学版）, 2011, 47（6）: 1121–1128.

第四节　模型分析及研究结果

一、描述性统计分析

本次蔬菜种植户调查样本数为412个，表7-2、表7-3做了性别、年龄、受教育水平、大棚种植数量、种植年收入、种植户从业类型以及参加次数等社会特征的构成统计。

表7-2　调查样本统计特征及构成

统计特征		比例（%）	统计特征		比例（%）
性别	男	78.40	大棚种植数量（个）	1	13.55
	女	21.60		2	64.08
年龄（岁）	18～30	2.91		3	20.87
	31～40	18.75		4及以上	1.50
	41～50	37.86	种植年净收入（万元）	＜5	7.04
	51～60	34.23		5～10	21.85
	＞60	6.25		11～15	38.83
受教育水平	小学	20.87		＞15	32.28
	初中	58.01	菜博会参加次数[1]（次）	0	0
	高中或中专	14.08		1～5	3.15
	大学	7.04		6～10	4.85
	研究生	0		11～17	25.73
				18	66.26

资料来源：研究者调查数据统计。

1. 性别、年龄、受教育水平统计特征

本次蔬菜种植户调查样本数为412个，其中男性调查对象323人，占样本总量的78.40%；女性调查对象89人，占样本总量的21.60%（见表7-2）。本次调查过程中发现，除非被调查种植户中只有女性成员在场，填写调查问卷者往往是男性成员。目前，

[1] 参加次数按参加菜博会的届数统计，即多次参加同一届菜博会按1次统计。

大多数农村家庭仍视男性为一家之主，往往推选男性户主进行填写，少数女性在旁补充观点。可见，农村社会中我国传统思想影响深远，这必然会对种植户的种植生产和相关生活行为决策有一定影响。因此，男性占调查样本的大多数，符合我国农业生产现状，表明本次调查样本具有代表性。

调查样本中，30 岁以下的 12 人，占样本总量的 2.91%；31 ~ 40 岁的 69 人，占样本总量的 18.75%；41 ~ 50 岁的 156 人，占样本总量的 37.86%；51 ~ 60 岁的 141 人，占样本总量的 34.23%；60 岁以上的 34 人，占样本总量的 6.25%。根据表 7–2 可知，蔬菜种植者总体上以中年人为主。41 ~ 50 岁和 51 ~ 60 岁的中年人占比合计高达 72.09 %，相较于其他地区以及农业内部其他生产行业年轻劳动力流失严重的情形，寿光大棚蔬菜种植者中 31 ~ 40 岁的中青年比例呈现较高水平。访谈中了解到，年龄大的调查户多为种植经验丰富者，大多数已种植二三十年，YJ0–1[1]、NM1–2 等大量种植户表示“干顺手了”“琢磨出经验来了”，加之“现在有大棚电动卷帘机了”，所以“搞大棚种植并不太累”。由于早期大棚蔬菜的先发优势，寿光农村的生活水平相对较高，部分年轻人选择种植蔬菜，但 18 ~ 30 岁和 31 ~ 40 岁的年轻人仍然选择在企业上班为主。根据受访户反映，年轻人认为“种植蔬菜比较辛苦，也没面子”，目前三四十岁的种植户在年轻时也曾外出打工或在企业上班，后因收入较低，遂“转变观念，建设大棚种植蔬菜”。

受教育水平方面，被调查的种植户中具有初中文化的 239 人，占样本总量的 58.01%；小学及以下的 86 人，占样本总量的 20.87%。也就是说，被调查样本中初中及以下的共有 325 人，占样本总量的 78.88%。中专或高中文化的有 58 人，占样本总量的 14.08%；大专及以上的共 29 人，仅占样本总量的 7.04%（见表 7–2）。可见，寿光蔬菜种植者的受教育水平普遍偏低，往往限制其对蔬菜种植新技术和新方法的学习和接受程度以及对产业发展信息和最新趋势的了解和认知效果，这也是造成种植户不愿意积极接触和使用新技术的一个重要原因。

2. 蔬菜种植户的从业类型、种植面积及种植收入

表 7–3 中的统计数据以主要收入来源为划分依据。从调查样本的专职和兼职从业类型来看，专门种植蔬菜者高达 293 户，占样本总量的 71.12%；以务农为主，同时兼职的 119 户，占样本总量的 28.88%。其中，家庭成员兼职蔬菜行业经营或打工的共 70 户，占样本总量的 16.99%；家庭成员兼职其他行业经营、上班或打工的 49 户，占样本总量的 11.89%（见表 7–3）。可见，调查样本全部为蔬菜种植户，而且家庭成员兼职也

[1] 调查访谈对象编号，编号为村名前两个字首字母—性别—访谈序号，下同。

以蔬菜相关行业为主。因此，本次样本调查的感知及意愿结果能够代表大多数从业类型种植户的感知及意愿水平。

表 7–3　被调查种植户的从业类型

种植户从业类型	百分比（%）
专门种植蔬菜	71.12
兼职蔬菜行业经营或打工	16.99
兼职其他行业经营、上班或打工	11.89
合计	100

在访谈中了解到，蔬菜大棚多为 90 ~ 100 米长，占地 1 亩左右。早期建设的大棚略小一些。根据样本调查数据统计（见表 7–2），种植 2 个蔬菜大棚者数量最多，占比高达 64.08%，其次为种植 3 个大棚的种植户，数量占比为 20.87%。种植 4 个及以上大棚的种植户最少，仅占 1.50%。种植 1 个大棚的种植户占种植户总数的 13.55%。综合访谈对象情况，年龄大者和新进入蔬菜种植行业者的种植数量多为 1 ~ 2 个棚，年轻者和经营丰富者的种植数量多为 2 ~ 3 个棚。种植户一般采取两种经营模式，夫妇二人共同经营或者以一个家庭成员为主而其他具有劳动能力的家庭成员兼职从事其他工作。一般情况下，种植 1 ~ 3 个大棚，除了个别品种蔬菜仅在集中采摘时节雇用临时劳动力，其他品种蔬菜的整个种植周期内不需要额外劳动力。本村 3 口人所分配的土地可建造一个大棚，家庭成员少的种植户以及大棚数量较多的种植户往往联系非种植户租地或者到临近村镇租地。

较早建设蔬菜大棚的种植户数量少，冬季蔬菜价格高，收入很高。以唐家村为例，本村蔬菜大棚种植户存款 500 万元以上者约占全村住户数量的 10%（TJ1–3）。例如，夫妇二人种植 2 个大棚，年毛收入可达 20 万元左右（TJ1–3、YJ1–2），2016 年、2017 年这两年除外。近年来，寿光政府部门组织或者个体外派到全国各地的蔬菜大棚技术指导员特别多，外地大棚急剧增多，与寿光大棚蔬菜形成竞争态势，加之气候变暖，共同导致菜价降低，影响了种植户的收入。根据蔬菜大棚的种植周期特点，表中数据为 2016 年 7 月至 2017 年 6 月的年度净收入。种植年净收入的种植户数，低于 5 万元者占种植户总数的 7.04%，高于 5 万元而低于 10 万元者占 21.85%，高于 10 万元而低于 15 万元者占 38.83%，高于 15 万元者占 32.28%。可见，年度净收入与种植大棚数量有重要关联性，但也在一定程度上受种植品种、大棚建设新旧、种植技术和经验是否丰富等其他因素影响。例如，近年新建大棚的高度大、自动化程度高、保暖性能较好，虽然大棚建设投入成本较高，但年度种植蔬菜一茬即可生产一年，比年度种植两茬的旧棚的短期种植成本低很多，所以相对而言新棚比旧棚的种植收入要高。

3. 蔬菜种植户参加菜博会次数

据表 7–2，本次受访蔬菜种植户中不存在从未参加过菜博会者。参加过 1 ~ 5 次的仅有 13 人，占样本总量的 3.15%；参加过 6 ~ 10 次的 20 人，占样本总量的 4.85%。被调查样本中仅有极少数人参加过 10 届以下，仅占样本总量的 8%。参加过 11 ~ 17 次的有 106 人，占样本总量的 25.73%；273 人参加了 18 届菜博会，占样本总量的 66.26%。可见，大多数人每年都参加菜博会。预调研时，绝大多数蔬菜种植户表示，比较愿意参加菜博会，不管自己主动参加还是亲朋邀约参加，但参加目的多为放松游玩、欣赏蔬菜景观、观看会展活动、购买特产等，只有少数种植户提及了解蔬菜行业情况、学习蔬菜科技知识、增加见识等意愿。可见，寿光蔬菜种植户的菜博会参与程度较高，但以旅游者角色为主，专业观众角色意识淡薄，所以在正式调查过程中强调，种植户需以专业观众角色做出再次参与意愿的选择。这是经济影响认知及态度对行为影响的准确表达。

二、问卷的信度和效度检验

信度检验（Reliability）反映的是调查问卷测量结果的可靠性和稳定性。本研究运用 SPSS22.0 对问卷调研数据进行了内部一致性克朗巴哈系数（Cronbach's Alpha）综合信度检验。内部一致性信度检验是分半信度的推广，它利用测量题项之间的联系程度对信度进行估计，不需要将测量题项分成两个部分。通常，学者们使用克朗巴哈系数来检验内部一致性（取值 0 ~ 1），系数的值越接近 1，说明信度越高。一般认为，克朗巴哈系数达到 0.7 以上，则表示信度良好。克朗巴哈系数根据一次测量的结果而得出，实用简便，对相关统计数据信息利用充分，因此被广泛采用。本研究调研数据的克朗巴哈系数为 0.981，具有良好的信度。

效度检验（Validity）反映问卷测量的有效性、准确度和正确性，检验测量工具能否有效地测量被测量的问题。本研究问卷量表是在借鉴已有相关研究成果的基础上开发，并咨询了多位农业经济管理、旅游经济管理研究领域的专家，结合预调研的情况，多次修正问卷量表的内容。因此，可以认为本研究的问卷设计具有较好的内容效度；一般情况下，如果样本数据能够做因子分析，则样本数据具有较好的结构效度。具体样本信度、效度检验结果见表 7–4。

表 7–4 显示，样本的总体可靠性检验统计克朗巴哈系数为 0.981，各一阶潜变量、

二阶潜变量的测量维度的克朗巴哈系数为 0.876 ~ 0.921，均在 0.7 以上，说明样本数据信度较高；样本数据总体 KMO 值为 0.967，各一阶潜变量、二阶潜变量的测量维度 KMO 值在 0.729 ~ 0.893，均在 0.7 以上，样本分布的球形 Bartlett 卡方检验值 0.000，达到显著性效果，说明本研究样本数据具有较好的结构效度，适合做因子分析。

表 7-4　样本信度、效度检验结果

潜变量	实测项目	信度（Cronbach's α）	共同性[1]	KMO 值	显著性（Bartlett's 检验）
生产改进	X1	0.921	0.737	0.893	0.000
	X2		0.854		
	X3		0.759		
	X4		0.750		
	X5		0.774		
销售促进	X6	0. 900	0.881	0.730	0.000
	X7		0.849		
	X8		0.782		
产业发展	X9	0.892	0.791	0.738	0.000
	X10		0.860		
	X11		0.823		
经济环境	X12	0.876	0.825	0.729	0.000
	X13		0.847		
	X14		0.756		
经济影响总体认知	X15	0.916	0.877	0.752	0.000
	X16		0.878		
	X17		0.826		
参与意愿	X18	0.877	0.839	0.733	0.000
	X19		0.812		
	X23		0.766		
推荐意愿	X20	0.904	0.829	0.746	0.000
	X21		0.826		
	X22		0.876		

[1] 共同性为采用主成分分析法抽取主成分后的值。若问项共同性低于 0.200，则应将该项删除；若无低于 0.200 的问项，则表示问卷设计良好。

三、蔬菜种植户对菜博会经济影响感知的差异性

不同指标的感知均值比较具有一定差异（见表 7–5）。23 个感知指标的均值范围为 4.183 ~ 4.683，标准差的数值范围为 0.613 ~ 0.983。在总体上，种植户的菜博会经济影响感知显著。测项“菜博会的举办让我们接触更多行业新科技”的均值最高，达到 4.683，充分表明了菜博会“绿色·科技·发展”主题设定的合理性以及菜博会推广农业科技功能的有效性。测项“菜博会的举办提高了寿光蔬菜知名度，有利于蔬菜销售”均值高达 4.540，“有人咨询菜博会时，我会给出正面评价”均值高达 4.589。可见，种植户普遍对菜博会具有较高的认可度。“菜博会的举办增加了休闲设施，改善了生活品质”这一测项的均值最低，为 4.183。结合访谈情况发现，菜博会场馆所在社区及近距离村镇的种植户对此感知相对明显，而远距离村镇的种植户表示此项感知较弱。另外两个经济环境方面的测项“菜博会的举办招商引资，使寿光经济更加繁荣”“菜博会的举办改善了我们的交通条件和生产环境”的影响感知强度也受地理空间距离的影响而存在差异。总体上看来，种植户的经济环境影响感知强度随所在村镇与菜博会场馆的地理空间距离远近有密切关联。地理空间距离越近，经济环境影响感知强度越大；反之，经济环境影响感知强度越小。

表 7–5　蔬菜种植户感知价值的测量项目及描述性统计

潜变量	实测项目	项目代码	均值	标准差
生产改进	菜博会的举办增加了我们的蔬菜种植面积	X1	4.188	0.895
	菜博会的举办增加了我们的蔬菜种植品种	X2	4.464	0.837
	菜博会的举办提高了我们的蔬菜产量	X3	4.250	0.975
	菜博会的举办让我们接触更多行业新科技	X4	4.683	0.613
	菜博会的举办让我们较早使用行业新科技	X5	4.362	0.858
销售促进	菜博会的举办增加了销售渠道	X6	4.304	0.917
	菜博会的举办开拓了销售区域	X7	4.295	0.935
	菜博会的举办提高了寿光蔬菜知名度，有利于蔬菜销售	X8	4.540	0.747
产业发展	菜博会的举办促进了采摘、深加工等，增强了农业多元化	X9	4.241	0.926
	菜博会的举办巩固了寿光蔬菜集散中心的地位	X10	4.379	0.866
	菜博会的举办推广了蔬菜大棚技术	X11	4.496	0.859

续表

潜变量	实测项目	项目代码	均值	标准差
经济环境改善	菜博会的举办招商引资，使寿光经济更加繁荣	X12	4.433	0.835
	菜博会的举办改善了我们的交通条件和生产环境	X13	4.500	0.806
	菜博会的举办增加了休闲设施，改善了生活品质	X14	4.183	0.983
经济影响总体认知	菜博会的举办对寿光经济是有用的	X15	4.299	0.892
	菜博会的举办对寿光经济是有帮助的	X16	4.460	0.805
	菜博会的举办对寿光经济是有意义的	X17	4.518	0.724
参与意愿	我会主动再次参加菜博会	X18	4.321	0.892
	亲朋邀约，我会再次参加菜博会	X19	4.496	0.811
	我是菜博会的忠诚参与者	X20	4.210	0.917
推荐意愿	我会口头推荐菜博会	X21	4.362	0.899
	我会通过微信等媒体推荐菜博会	X22	4.357	0.893
	有人咨询菜博会时，我会给出正面评价	X23	4.589	0.772

从蔬菜种植户菜博会经济影响感知指标值的总体情况来看，菜博会经济影响感知的测量指标均值大于 4，认可度普遍很高。生产改进、销售促进、产业发展、经济环境四个维度的平均指标均值分别为 4.389、4.379、4.372、4.375。而蔬菜种植户的经济影响总体认知态度、推荐意愿等感知测量项的均值更高，分别为 4.426、4.436，其感知更为强烈。尤其是测项“菜博会的举办对寿光经济是有意义的”的单项均值高达 4.518，“有人咨询菜博会时，我会给出正面评价”的单项均值高达 4.589，总体上反映了蔬菜种植户对菜博会经济影响的认知度非常高，其支持意愿也非常显著，也从一定意义上反映了菜博会的成功以及举办的必要性。

四、验证性因子分析

首先，对菜博会经济影响的种植户感知数据进行验证性因子分析（见图 7–2）。以“增加了种植面积”等 23 个经济影响相关感知测项作为基础实测变量，其因子荷载为 0.747 ~ 0.944（见表 7–6），均符合大于 0.5 的标准；对每个测项分别采用主成分分析法并经过方差最大化旋转，提取特征值大于 1 的成分因子。其中，14 个经济影响感知测项提取 4 个因子“生产改进”“销售促进”“产业发展”和“经济环境”，累计贡献率为 72.421%，6 个支持度感知测项提取 2 个因子“参与意愿”和“推荐意愿”，累计贡献率为 77.482%，3 个经济影响总体认知态度测项提取 1 个因子“经济影响总体认知态度”，累计贡献率为 86.053%，均超过 60% 的方差累计贡献率最低标准，同时 KMO 值分别为 0.964 、0.927、0.752，SIG 值均为 0.000，$p<0.01$，说明研究数据具有良好的收敛效度，所提取的 7 个因子可以接受。将生产改进、销售促进、产业发展、经济环境 4 个因子作为实用认知潜变量，将参与意愿和推荐意愿这 2 个因子作为支持行为潜变量。

其次，对因子分析的结果进行信度检验，各潜变量的组合信度值为 0.880 ~ 0.927，均符合大于 0.7 的标准。研究样本的平均变异数抽取量 AVE 值为 0.603 ~ 0.805，均符合大于 0.5 的标准（见表 7–6）。

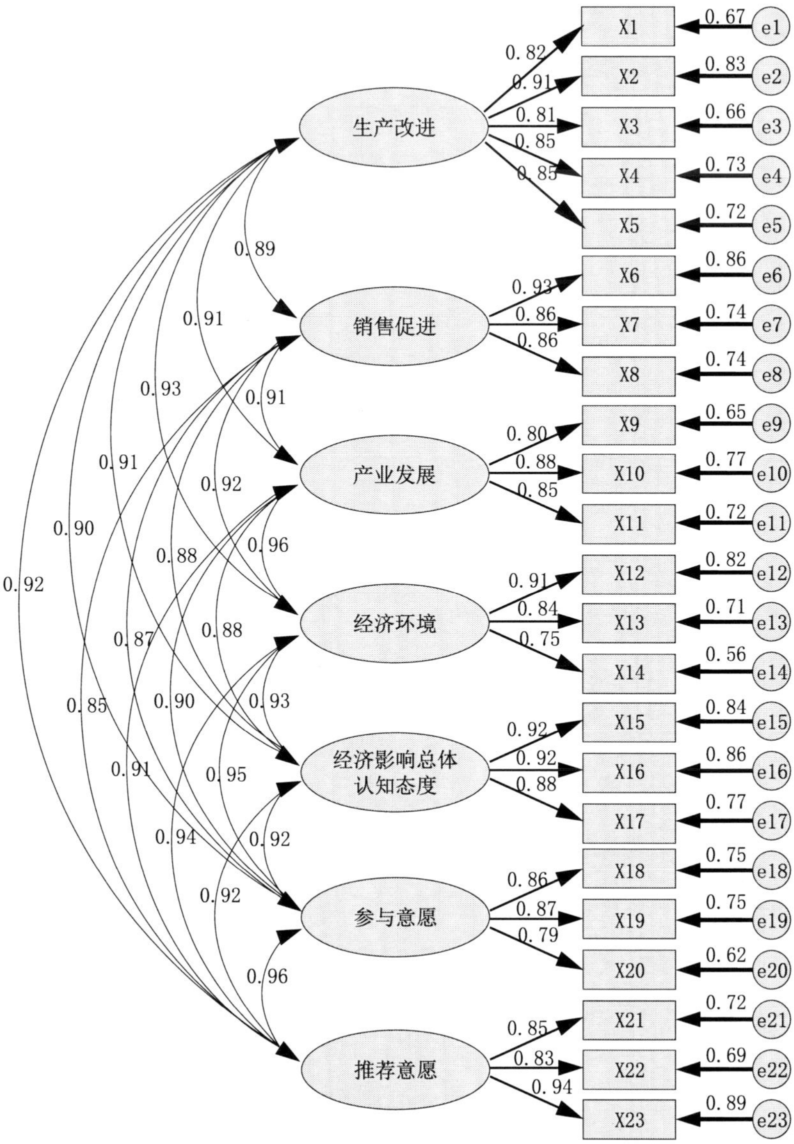

图 7–2　验证性因子分析结果

表 7-6 模型信度、效度检验结果

潜变量	实测项目	因子载荷	信度系数	测量误差	组合信度（CR）	平均变异数抽取量（AVE）
生产改进	X1	0.822***	0.676	0.324	0.927	0.719
	X2	0.922***	0.850	0.150		
	X3	0.824***	0.679	0.321		
	X4	0.829***	0.687	0.313		
	X5	0.839***	0.704	0.296		
销售促进	X6	0.934***	0.872	0.128	0.906	0.764
	X7	0.876***	0.767	0.233		
	X8	0.807***	0.651	0.349		
产业发展	X9	0.818***	0.669	0.331	0.896	0.741
	X10	0.899***	0.808	0.192		
	X11	0.864***	0.746	0.254		
经济环境	X12	0.923***	0.852	0.148	0.880	0.711
	X13	0.850***	0.723	0.278		
	X14	0.747***	0.558	0.442		
经济影响总体认知	X15	0.897***	0.805	0.195	0.920	0.794
	X16	0.906***	0.821	0.179		
	X17	0.870***	0.757	0.243		
参与意愿	X18	0.868***	0.753	0.247	0.895	0.739
	X19	0.867***	0.752	0.248		
	X20	0.844***	0.712	0.288		
推荐意愿	X21	0.831***	0.691	0.309	0.893	0.737
	X22	0.944***	0.891	0.109		
	X23	0.794***	0.630	0.370		

***：$p < 0.001$。

验证性因子分析的结果表明，基础实测变量具有较好的内部一致性，潜变量指标对其测度变量的平均解释能力较强，同时该潜变量具有很好的信度以及收敛效度，样本的各个计量尺度都比较可靠。各潜变量之间的相关系数值范围为 0.758 ~ 0.942，不包括 1，说明各潜变量之间具有一定的区别效度。

五、假设模型的验证

通过验证性因子分析，分别得到蔬菜种植户对菜博会经济影响感知的4个因子，对图7-1的模型假设进行细化，由7个测量模型组合得到如下假设种植户感知结构方程模型（见图7-3）。4个外因潜变量为生产改进、销售促进、产业发展、经济环境，3个内因潜变量为经济影响总体认知态度、参与意愿、推荐意愿。外因潜变量之间没有直接因果关系，因而假设模型验证分析时以双箭号符号分别连接4个外因潜变量。[1]采取AMOS 21软件计算所有潜变量及其对应的基础实测变量数据，进行假设模型验证及关联路径分析，得到潜变量之间的标准化路径系数。

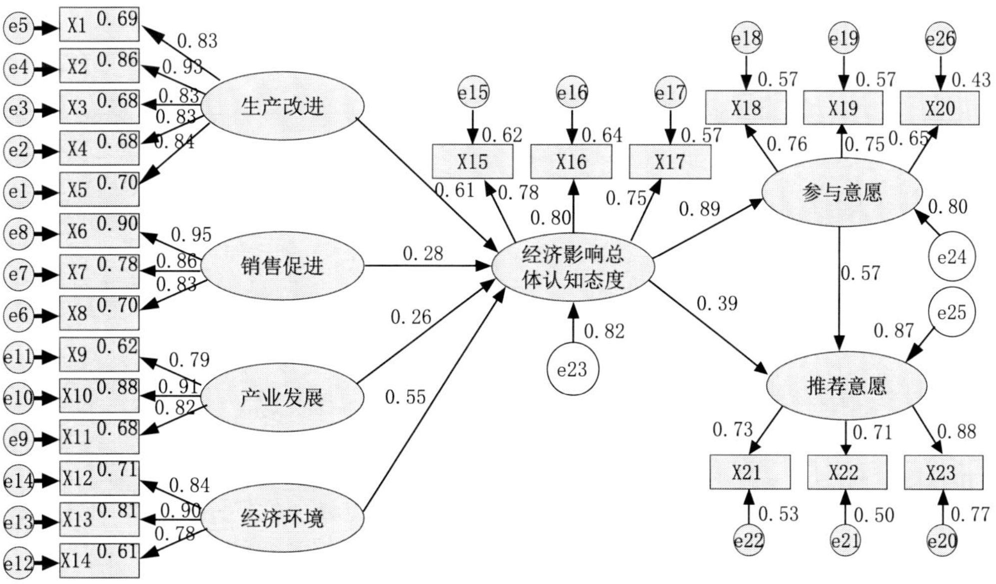

图7-3　种植户感知结构方程模型路径关系结果

对蔬菜种植户感知结构方程模型进行拟合度分析，绝对拟合指数、相对拟合指数、精简拟合指数等均达到一般临界值的要求（见表7-7）。拟合优度显示，CMIN与DF的比值（2.029）小于3，近似误差的均方根RMSEA（0.068）小于0.10，拟合优度指数GFI（0.913）大于0.9，调整拟合优度指数AGFI（0.902），规范拟合指数NFI（0.927），

[1] 吴明隆.结构方程模型——Amos实务进阶［M］.重庆：重庆大学出版社，2013.

比较拟合指数 CFI（0.962），增值指数 IFI（0.962），残差均方根 RMR（0.019）。只有卡方值 χ^2 略大，为 440.317，其显著水平 p <0.01。但是，由于卡方值与样本数量相关，当样本数量多于 200 时，在其他拟合指数均符合相应标准的情况下，可以忽略卡方值的异常。可见，本结构方程模型的拟合度良好，研究结果有效。

表 7–7　种植户菜博会经济影响感知结构模型拟合度检验

模型适配度指标	具体指标	检验结果	临界值
绝对拟合指数	χ^2	440.317	越小越好
	CMIN/DF	2.029	1 ~ 3
	GFI	0.913	>0.9
	RMSEA	0.068	<0.1
	RMR	0.019	<0.05
相对拟合指数	AGFI	0.902	>0.9
	NFI	0.927	>0.9
	CFI	0.962	>0.9
	IFI	0.962	>0.9
精简拟合指数	AIC	558.317	越小越好
	CAIC	818.605	越小越好
	PNFI	0.796	0 ~ 1
	PGFI	0.672	0 ~ 1

路径系数的方向（正负）和显著性是判断研究假说是否成立的依据。根据结构方程模型路径图的计算结果（见图 7–3），理论假设中各潜变量之间均为正向相关关系。检验结果显示，种植户菜博会经济影响感知整体模型估计结果临界比值（C.R.）绝对值在 2.635 ~ 18.271，均大于 1.96，相应的 p 值均小于 0.1，通过统计显著性检验。

六、研究结果及分析

1. 研究结果

对结构方程模型的验证结果初步分析可知，7 个关联假设均得到验证，标准化路径系数见图 7–3。

H1：β=0.61，p <0.01，检验总体通过。正向影响的相关系数最高，为 0.61，说明生产改进潜变量对经济影响感知的贡献突出。可见，作为蔬菜种植户的社区居民对

菜博会经济影响感知最为敏感的是自己所从事的蔬菜种植生产的影响。首先，品种多样化、更新化和了解更多蔬菜种植新技术数值高。菜博会对种植户的生产方面影响最大。种植户反映，虽然各自历年种植的蔬菜种类变化不大，主要是销售渠道和销往地区相对固定，大部分村镇都建立了相对稳定的产销模式。为便于规模生产和销售，蔬菜种类变化不大，但更新品种方面还是比较频繁。有些也是通过参观菜博会时，在交易会的展位上看到一些新品种，了解后尝试种植。YJ1–3 种植大棚蔬菜三十多年了，前十年种植西红柿，后二十多年一直种植茄子，其间更换过茄子品种。了解蔬菜种植技术，逐渐解放劳动力，减轻劳动量，提高种植生产效率。例如，电动卷帘机，我们从菜博会上看到后更新了大棚设施，原先大棚上的草帘子需要每天人工放和收，很费力。现在使用电动卷帘机，一摁按钮就完成了，效率提高了（YJ0–1）。新兴水靶一体化技术，电脑控制，水靶浇灌，也有种植户开始计划使用 TJ1–6。NM1–6 等多个种植户提及自己采用了这两年菜博会上推广的弥雾机，不再使用喷雾器打农药，比以前轻松。PJ1–2 是少量的绿色蔬菜种植户之一，反映自己和认识的部分种植绿色蔬菜的种植户较早接受了熊蜂授粉技术，虽然产量受限，但提高蔬菜价格也能有部分客户认可。可见，菜博会在生产改进方面贡献较大。其次，种植面积因空间限制，LX0–1、ZJ1–3 等种植户均谈及，寿光适合种植蔬菜的田地均已开发使用，近些年的种植面积不断扩展到省内其他城市和外省市的农村租赁田地建设蔬菜大棚，也有以技术指导的形式到外地开发种植蔬菜。

这一研究结果说明种植户的农业会展活动对农业生产改进的影响认知与经济影响总体感知之间存在显著的正相关关系。这显示了居民的农业会展活动感知中种植户角色起到了关键性影响。不同于既往有关居民或游客的会展及旅游活动影响感知研究中职业对居民和游客的活动感知影响微弱或者无关等结论，种植户对农业会展活动影响感知中，其个人及家庭的职业情况往往影响其经济影响收益感知，这是种植户判断是否能从农业会展活动中获得经济收益的重要标志。因此，种植户对农业会展活动在农业生产方面的影响认知最为敏感。

H2：$\beta=0.28$，$p<0.1$，检验总体通过，说明种植户的农业会展活动对农产品销售促进方面的影响认知与经济影响总体感知之间存在一定的正相关关系。从一阶潜变量的路径系数来看，种植户在对菜博会拓展销售区域和渠道等交易效应、提高知名度和品牌塑造等宣传效应方面具有较高的认知度，并且更为关注宣传效应。大多数种植户有过如下表达，“菜博会让更多人知道了寿光蔬菜”（SM0–7 等）、“菜博会宣传了寿光蔬菜，我们的菜不愁卖”（BM1–3 等）、“菜博会是寿光的名片，更是寿光蔬菜的名片，不举办不

行”（NM1–9 等）。种植户普遍认为，蔬菜销售直接关系到种植收益，进而影响家庭收入。但从二阶潜变量的路径系数来看，销售促进的认知对种植户菜博会经济影响总体感知的正向效应并不高。原因在于，菜博会的蔬菜销售促进和宣传作用更多体现在销售量达成和认可度提高的层面，对销售价格几乎没有影响，因此限制了其对种植户经济影响总体认知态度的贡献度。关于蔬菜销售价格，极少数种植户认为，菜博会推广了大棚技术导致大棚蔬菜产品竞争激烈，价格大跌，进而种植收入提升不理想。更多种植户认为，即使没有菜博会，大棚蔬菜也必然越来越多，而且菜价的影响因素很多。由此看来，销售数量和销售价格的分离性和菜价的较强敏感性的认知让种植户比较理性地评价菜博会销售促进方面的效用。

H3：β=0.26，p <0.1，检验总体通过，说明种植户的农业会展活动对农业产业发展的影响认知与经济影响总体感知之间存在一定的正相关关系，即种植户感知到的菜博会农业产业发展影响明显，越有助于其经济影响总体认知度的提高。从一阶潜变量的路径系数来看，巩固了寿光蔬菜集散中心地位的路径系数最高。可见，种植户意识到了蔬菜产业化发展的重要性，单一生产环节发展是脆弱的。菜博会既对蔬菜生产具有直接的促进效应，又通过蔬菜产业信息集聚效应和宣传效应扩大了蔬菜集散中心的全国性影响。但是，促进了农业产业多元化的路径系数，菜博会的举办本身就是农业多元化的实践之一，采摘、农业观光等有限性以及菜博会等农业旅游、会展活动均由政府主办，种植户对大型会展旅游项目的经营参与度缺乏，受限于眼界和资金，无法开展小规模会展、旅游项目经营、农产品加工项目。受访种植户表示农业多元化距离较远，比较模糊。另外，结合深度访谈也发现，大部分种植户认为产业多元化和产业链一体化发展的项目有限，而且只给那些经营者及有关部门带来发展机会，普通住户的参与几乎毫无可能，只能通过打工等形式参与，受益很小，因而总体感知不强。

H4: β=0.55，p <0.05，检验总体通过，说明种植户的农业会展活动对区域经济环境的影响认知与经济影响总体感知之间存在显著的正相关关系。种植户菜博会经济影响总体感知中区域经济环境的改善贡献较大。菜博会的招商引资功能为寿光经济发展注入了外部资金，增强了对寿光经济的开发，除了提供更多就业机会以外，还增加政府收入，提高寿光的经济水平。访谈时亦发现，种植户已经意识到了这一点，并且比较关注。一阶变量的路径系数显示，种植户对交通条件的改善感知最强烈，也表明了交通条件与蔬菜产业发展和居民生活便利息息相关。菜博会场馆附近基础设施完善，尤其是休闲设施，种植户对此感知明显。相比较而言，距离场馆较远村镇在休闲设施增建方面感知较弱。由此可见，农业会展活动经济影响在不同维度和测项上的辐射程度具有一定的地理

空间差异性。

综合 H1 与 H4，结合部分村镇的实地调研，由于蔬菜种植业的繁荣以及后来菜博会和蔬菜集散中心的运营，寿光以蔬菜为核心的农业经济持续发展，不同于其他农村地区的经济衰退和就业机会缺乏之现状，也没有出现农村人口向城市的大量流动，而是成功留住了所需的人力资源，也吸引了外来务工人员，进而为本地服务业增加发展机遇。综合 H1 反映了蔬菜种植生产改进保障了种植户生产运作的稳定性，综合 H4 反映了经济环境的改善保障了种植户生产主体的积极性，分别从实用和情感方面起到了稳定作用。据受访户反映，寿光部分村镇不断成功吸引大学生返乡创业。这与戴林琳和盖世杰研究结论基本一致，农业会展活动的举办有助于农村居民的安居乐业，也有助于实现政府“三农”问题解决中的就地就业、就地致富政策。

H5：β=0.89，p <0.01，检验总体通过，说明种植户的农业会展活动对农业经济影响总体认知与其参与行为之间存在高度的正相关性，即种植户对菜博会的经济影响认知度越高，就越愿意参加菜博会。根据实地调研结果，菜博会的经济影响被普遍感知。其中，绝大部分种植户都认为菜博会对寿光蔬菜产业和区域经济的发展功不可没，最终也直接或间接地影响了个人和家庭的经营和收入，对参加菜博会都持积极态度。但是也存在极少数例外情况，即使政府每年发放门票，仍有种植户拒绝或极少参加菜博会。这部分种植户有的认为菜博会是政府和企业的行为，与自己无关，去参观也不会获得收益；有的对菜博会持反感态度，认为菜博会的宣传效应导致大棚蔬菜生产过剩，菜价降低，自己的收入大为减少。上述种植户仍没有意识到菜博会对寿光蔬菜产业和区域经济的重要性。

H6：β=0.39，p <0.05，检验总体通过，说明种植户的农业会展活动对农业经济影响总体认知与其推荐行为之间存在一定的正相关关系。种植户对菜博会的经济影响认知度越高，就越愿意推荐菜博会。结合各测项的相关系数与实地调研的情况发现，年龄较大的种植户在推荐方式上更倾向于选择向亲朋好友口头推荐，受网络技术水平限制通过社交媒体的推荐行为相对较少，而年龄较小者与之相反。但在被咨询的情境之中，基本都持有正面评价的积极态度。

综合 H5、H6，种植户的农业会展活动经济影响感知对其支持行为起到了关键性作用，经济影响感知会直接影响农业会展活动的参与和推荐行为。与柯（Ko）等[1]的研究结论基本一致，即居民在会展活动中的收益感知对未来会展活动举办的支持度有明显的

[1] KO D W, STEWART W P. A structural equation model of residents' attitudes for tourism development [J]. Tourism management, 2002, 23（5）: 521–530.

正向影响，而本研究中的正相关性更为显著。

H7：β=0.57，p <0.01，检验总体通过，说明种植户的农业会展活动参与行为与推荐行为之间存在显著的正相关性。与高东完（Ko Dong-Wan）和威廉·P. 斯图尔特（William P. Stewart）[1]、戴林琳和盖世杰[2]等的研究结论基本一致，即居民在会展活动中的参与度对未来会展活动举办的支持度具有显著的正向影响。种植户的菜博会参加意愿强度大大正向影响着其推荐意愿。这也说明参加菜博会之后，种植户的推荐行为具有更多可能性。对于种植户而言，参加行业会展活动是一次专业知识的交流过程，直观的知识收益必然强化经济影响认知，进而促使其自觉产生推荐行为。另外，本路径系数的结果也说明了经济影响感知直接正向影响推荐行为，也通过影响参与行为间接对推荐行为产生正向效应。综合 H5、H6、H7，目前在广泛的参与度下，种植户对于菜博会的高度经济影响认知促成了“参与—推荐”这一认知关联的形成和强化，而会展活动的显著经济影响成为当地种植户是否支持菜博会持续开展的决定性影响因素。总体来看，种植户菜博会经济影响感知中的“认知—态度—行为”认知关联的验证结果表明，农业会展活动对农业经济和区域经济的影响越大，越有助于活动举办和发展获得更多的种植户支持。

2. 研究结果分析

首先，基于种植户感知视角，农业会展活动对地方经济影响显著，主要体现于农业生产改进、销售促进、产业发展及区域经济环境四个维度。根据实证研究中验证性因子分析结果，寿光蔬菜种植户对菜博会四个经济影响维度均有高度认知。这也意味着种植户非常关注菜博会的经济影响，并高度认可菜博会这一农业会展活动的举办。

由此可见，农业会展活动的实用价值收益对种植户而言异常重要。这区别于普通居民参加会展活动的价值感知状况。在唐纳德·盖茨等看来，参加会展活动在很大程度上是一种休闲体验。[3]对多数人来说，参加一项会展活动的收获往往是娱乐、逃避或放松、寻求开心。然而，参加会展活动的居民往往有着多种角色。参加菜博会的蔬菜种植户在参与过程中集社区居民角色、旅游者角色、蔬菜行业生产者的专业观众角色为一身。种

---

[1] KO D W, STEWART W P. A structural equation model of residents' attitudes for tourism development [J]. Tourism management, 2002, 23（5）: 521-530.

[2] 戴林琳，盖世杰. 基于结构方程模型的乡村节事及节事旅游影响居民感知研究——以北京长哨营村为例 [J]. 北京大学学报（自然科学版）, 2011, 47（6）: 1121-1128.

[3] GETZ D, ANDERSSON T, CARLSEN J. Festival management studies : developing a framework and priorities for comparative and cross-cultural research[J]. International journal of event and festival management, 2010, 1（1）: 29-59.

植户的休闲体验效用与专业观众行业信息搜索及获取功能并不冲突，但从长远收益看种植户更重视专业观众角色上的收益，居民和旅游者角色仅为附带角色，而且旅游者角色仅在菜博会举办期间存在，可谓瞬时角色。综合调研与统计结果，种植户的认知在更大程度上着眼于专业生产者的角色，是其感知的主导性影响力。

其次，种植户感知的农业会展活动不同维度经济影响对总体认知的贡献具有差异性，种植户最重视活动对其所从事行业生产方面的影响。感知方程结构模型路径关系显示，生产改进和经济环境改善等影响获得了种植户的广泛认同，产品销售促进和产业发展的影响也在一定程度上引起了种植户的关注。既往研究显示，经济收入水平往往成为会展活动旅游目的地居民感知的焦点，寿光蔬菜种植户对生产改进和经济环境改善的重点关注也体现了这一点。寿光大棚蔬菜产业经过三十多年的发展已给种植户带来了丰厚的收入，寿光种植户收入水平相对较高，而且种植户已认识到蔬菜种植生产改进是收入提高的根本，而经济环境改善是居民福利的重要组成部分，与居民追求生产便利和生活品质的需求具有一致性。

再次，种植户的农业会展活动参与意愿显著正向影响其支持意愿，种植户的参与行为意愿非常重要。通过结构方程模型分析，种植户参与意愿、推荐意愿在参与—推荐认知关联中的假设进行了验证。研究结果表明，种植户的农业会展活动参与意愿（行为）与推荐意愿（行为）之间存在显著的正相关性。农业会展活动越能够激发种植户的参与度，种植户对活动的推荐支持行为就越多。

最后，种植户的农业会展活动经济影响认知高度正向影响其支持行为，种植户的经济影响感知是支持行为的决定性因素。通过结构方程模型分析，蔬菜种植户经济影响认知、参与意愿、推荐意愿在“认知—态度—行为”和“参与—推荐”这两个认知关联中的假设均得到了验证，即种植户的菜博会农业经济影响各维度认知直接正向影响总体感知态度，总体感知态度与其参与行为之间存在高度的正相关性、与其推荐行为之间存在一定的正相关关系。总体上看，种植户的菜博会经济影响感知不仅直接正向影响其菜博会参与意愿与推荐意愿等支持行为，还通过影响参与行为间接正向影响推荐行为。因此，种植户的农业会展活动经济影响感知居于核心地位，经济影响感知越明显，活动举办和持续发展的支持度越高。

3. 研究结果的讨论

本章拟通过主题行业生产者对行业会展活动的认知、态度及行为进行的科学评测与研究，在一定程度上对农业会展活动参与者行为研究进行补充，从而对区域性重大农业会展活动的可持续发展研究产生一定的现实意义。但是，本研究也有局限性。其一，综合性农业会展活动不同于一般的旅游性农业节庆活动，所以菜博会经济影响感知的研究结果不同于一般会展活动的研究结果，体现了其特有规律，但也限制了其适用范围。其二，本章研究视角仅限于农业会展活动参与者经济影响感知，没有考虑农业会展活动其他维度的影响，而以往会展活动影响感知研究中一般将感知价值分为实用维度和享乐维度，并且有研究者认为，享乐维度对游览行为意向产生直接而显著影响，而实用维度的影响不显著❶，西方游客更看重会展活动体验中的享乐价值❷，居民对会展活动举办的支持态度与其社区归属感存在紧密关联。❸另有研究认为，从认知到情感再到实质性的推荐等支持行为，这是会展活动影响由浅及深的发展过程，也是长期的非线性的发展过程，需要分析其间复杂的不确定性，方能引导参与者感知的变化趋向以实现最佳经济影响及感知结果。本章限于篇幅未及纳入享乐认知、情感态度等相关变量进行分析，是一个不足之处，后续研究中将突破地方范围内考察农业会展活动经济影响的局限，开阔更大空间范围视角的研究。

---

❶ 王朝辉，陆林，夏巧云．国内外重大事件旅游影响研究进展与启示[J]. 自然资源学报，2012, 27（6）：1053−1067.

❷ GETZ D, ANDERSSON T, CARLSEN J. Festival management studies : developing a framework and priorities for comparative and cross−cultural research[J]. International journal of event and festival management, 2010, 1（1）: 29−59.

❸ DECCIO C, BALOGLU S. Nonhost community resident reactions to the 2002 Winter Olympics : the spillover impacts[J]. Journal of travel research, 2002（4）: 46−56.

本章小结

首先，综合分析国内外会展活动有关经济影响感知的文献，明确了相关研究进展，确定了本章研究视角和研究案例。其次，根据理论基础提出理论假设，结合已有研究成果和预调研结果，设计并修正了调查问卷，于2017年8—10月进行实地深度访谈和问卷调查，基于调研数据对调查样本进行描述性统计分析，分析了不同统计学特征（年龄、地理空间距离差异）及行为特征群体（主动参与、被动参与）影响感知的差异性规律。最后，构建种植户农业会展活动经济影响感知测量维度模型，由生产改进、销售促进、产业发展、经济环境改善等构成一阶潜变量，经济影响总体认知态度为二阶潜变量，将支持行为细分为参与意愿和推荐意愿两个潜变量，并通过验证性因素分析和路径关系检验，得出了如下结论：第一，基于种植户感知视角，农业会展活动对地方经济影响显著，主要体现于农业生产、产品销售、产业发展及区域经济环境四个维度。第二，种植户感知的农业会展活动不同维度经济影响对总体认知的贡献具有差异性，种植户最重视活动对其所从事行业生产方面的影响。第三，种植户的农业会展活动参与意愿显著正向影响其支持意愿，种植户的参与行为意愿非常重要。第四，种植户的农业会展活动经济影响认知高度正向影响其支持行为，种植户的经济影响感知是支持行为的决定性因素。这在一定程度上揭示了农业会展活动经济影响对种植户支持意愿及行为影响的内在机理。

第八章 研究结论与政策建议

第一节 研究结论

一、农业会展对地方经济增长具有显著影响

农业会展对于地方经济增长的影响通过直接和间接两条途径实现。直接途径主要依靠直接扩大经济规模和提高生产效率实现经济增长影响，即通过举办农业会展活动吸引参与者和投资者在本地产生支出和投资，或与当地企业达成贸易额进行交易，以直接或间接增加本地企业资金投入，从而拉动经济增长；农业会展通过对新技术和新成果集中宣传从而激励创新和加快转化，提高本地区要素生产率并进而影响地区经济增长。农业会展活动加速地方产业集聚（临时性产业集群）、优化产业结构、提升地区综合影响力，间接地正向影响经济增长，是农业会展影响经济增长的间接途径。上述途径的作用机理主要在于农业会展活动带来规模经济效应、成本降低效应、要素供给渠道拓宽、市场竞争效应、区域经济一体化提升、产业增长极的培育、组织优化效应等方面。

实证检验发现，农业会展活动发展与地方经济增长、第三产业增长、第一产业以及主题产业之间存在长期均衡的协整关系。系数估计表明，农业会展成果（由签约额代表）每增加 1%，地方的 GDP 增加 0.64%，第三产业产值增加 0.69%，第一产业产值增加 0.44%，蔬菜产值增加 0.43%。可见，农业会展对各产业增长均有较大正向影响，尤以第三产业为最。菜博会是寿光第一产业、第三产业以及经济发展的格兰杰原因，充分体现了农业会展活动对地方经济发展，尤其是农业和第三产业发展具有显著促进作用。

从整体上看，这些反映了大量学者关于会展业对地方经济影响显著的理论观点。但是，地方经济增长与会展活动发展形成互动才能获得良性持续发展，实证中的地方经济对农业会展活动发展的影响尚处于“影响较弱”阶段，其作用有待加强。

二、农业会展对地方产业结构具有明显影响

产业关联理论是农业会展对产业结构影响的理论基础。农业会展内容上横跨三次产业、农业会展环节上配套关联行业较多、农业会展形式上的产业融合等，均通过产业关联效应作用于地方产业结构的调整过程，并内化于产业结构高度化的两个层次：农业会展的发展与产业结构演进的方向一致，农业会展的发展是第三产业自身内容的扩张和发展，利于第三产业主导地位的建设；农业会展发展也与产业结构高度化的第二层次发展要求一致，主要表现在第一产业内部，推动了技术水平低下的粗放型农业向技术要求较高的集约型农业，再向生物、环境、生化、生态等技术含量较高的绿色农业、生态农业发展。归根到底，上述农业会展对地方产业结构的影响方式主要通过以下传导机制实现，即农业会展发展直接影响着三次产业的市场需求、要素分配、区域贸易、技术进步、产业机遇等方面，而这些方面又直接或间接地作用于产业结构，推动地方产业结构的高级化。

通过运用统计学上的相关性分析，计算得到寿光产业转型指标和菜博会成果增长率、规模增长率的相关系数分别为0.44、0.58。可见，菜博会成果增长率、菜博会规模增长率分别与寿光产业转型度具有一定的正相关关系。菜博会规模增长率、会展活动成果增长率越高，则地方产业转型度越大；会展活动的增长率、会展活动成果增长率越低，则产业转型度越小。进一步引入协整检验来验证农业会展与地方经济结构的长期均衡关系，结果显示，长期来看，菜博会发展对寿光市产业转型具有重要促进作用，菜博会签约额每增加1%，则寿光市的产业转型度能提高1.15%。

寿光产业结构仍处于调整优化期，2015年第三产业占比42.9%，接近第二产业占比45.5%。寿光产业结构转型的发展方向要求重视“量”的积累，也要注意转变经济增长的“类型”。因此，既要重视会展活动自身的“三低三高”特性，即低投入、高产出、低消耗、高质量、低污染、高效益，又要强调会展活动对于转变地方“三高三低”，即高投入、低产出、高消耗、低质量、高污染、低效益，将促进三次产业从粗放型转变为集约型、实现从量到质的转变。产业结构转型，既包括产业间的升级，也包含产业内的升级。政府应该利用并引导农业会展活动帮助地方，尤其是中小城市农业产业内部的加

工和科技逐步向纵深化发展，实现产业技术化和技术集约化，不断提高农业及相关产业生产效率，促进经济服务功能进一步完善。

三、农业会展对地方经济产生较大乘数效应

投资支出或消费支出的改变将带来相关产业活动增加，与其关联的全部改变即为乘数效应。农业会展活动为举办地带来大量访问者及相关支出，产生直接经济效应和间接经济效应。借鉴国外评估研究理论和实证经验，本部分通过问卷、访谈和观察等调查方法获取第 17 届中国（寿光）国际蔬菜科技博览会参与者信息及其支出数据，并运用投入产出模型评估菜博会对寿光市的经济影响。结果显示，第 17 届菜博会的直接经济影响为 2.92 亿元，间接经济影响为 3.88 亿元，二者合计为经济总影响 6.80 亿元。直接与间接影响之比为 1∶1.33；菜博会参与者对寿光的经济拉动作用依次为普通观众 6.13 亿元、参展商 4712.10 万元、采购商 1246.29 万元、销售商 754.68 万元，普通观众贡献突出；依据投入产出分析结果，菜博会对七个产业部门的带动效应按影响大小排序为租赁和商务服务业，批发和零售业，住宿和餐饮业，交通运输、仓储和邮政业，农林牧渔产品和服务业，建筑业，居民服务、修理和其他服务业，其中对农业的直接关联影响相较于其他类型会展，凸显了农业会展对主题行业的影响；投入产出表中所有投入部门，菜博会影响的前十个行业依次为食品和烟草，化学产品，农林牧渔产品和服务，交通运输、仓储和邮政，通信设备、计算机和其他电子设备，金属冶炼和压延加工品，石油、炼焦产品和核燃料加工品，造纸印刷和文教体育用品，住宿和餐饮，电力、热力的生产和供应，充分体现出农业会展对第一、第二、第三产业的广泛带动作用。

根据量化研究结果，农业会展活动对举办城市的第三产业影响明显，但受限于会展规模以及举办城市经济特点。作为中小城市寿光，其经济基础相对薄弱，关联效应较小，因此农业会展的实际影响相对较小。另外，农业会展的经济效应高低与会展活动的性质和类型紧密相关，灵活设计和丰富活动内容可以有效扩大其经济影响。

四、农业会展对地方种植户产生显著经济影响

基于种植户感知视角，农业会展活动对地方经济影响显著，主要体现于农业生产、农民收入、产业发展及区域经济环境等四个维度。根据实证研究中验证性因子分析结果，寿光蔬菜种植户对菜博会四个经济影响维度均有高度认知。这也意味着种植户非常

关注菜博会的经济影响，并高度认可菜博会这一农业会展活动的举办。同时，这也说明农业会展活动的实用价值收益对于种植户而言异常重要。这区别于普通居民参加会展活动的休闲价值追求的主导地位。[1] 参加菜博会的蔬菜种植户，虽然在参与过程中集社区居民角色、旅游者角色、蔬菜行业生产者的专业观众角色于一身，但种植户的认知在更大程度上着眼于专业生产者的角色，是其感知的主导性影响力。

种植户感知的农业会展活动不同维度经济影响对总体认知的贡献具有差异性，种植户最重视活动对其所从事行业生产方面的影响。感知方程结构模型路径关系显示，生产改进和经济环境改善等影响获得了种植户的广泛认同，销售促进和产业发展的影响也在一定程度上引起了种植户的关注。种植户的农业会展活动参与意愿显著正向影响其支持意愿，种植户的参与行为意愿非常重要。通过结构方程模型分析，蔬菜种植户经济影响认知、参与意愿、推荐意愿在“认知—行为”和“参与—推荐”这两个认知关联中的假设均得到了验证，即种植户的菜博会农业经济影响总体认知与其参与行为之间存在高度的正相关性，与其推荐行为之间存在一定的正相关关系。总体上看，种植户的菜博会经济影响感知不仅直接正向影响其菜博会参与意愿与推荐意愿等支持行为，还通过影响参与行为间接正向影响推荐行为。因此，种植户的农业会展活动经济影响感知居于核心地位，经济影响感知越明显，活动举办和持续发展的支持度越高。

第二节　政策建议

目前，我国农业会展的发展还存在一定的盲目性，主要原因在于还未充分认识清楚农业会展活动的性质和特征以及在区域经济发展中的作用和地位。同时，现阶段农业会展活动的发展过于强调其短期直接经济效应，而忽视它的间接经济效应，从而无法实现其对区域经济长期发展应有的功能。本研究从定性和定量两个方面，基于促进经济增长和优化产业结构两个视角，论证了农业会展活动影响区域经济发展的内在机理和途径，并通过实证分析为理论观点提供了量化支撑，表明了农业会展业在现阶段经济发展过程中所发挥的重要作用，在此基础上，为各区域农业会展进一步发展的政策分析提供了方向性的指导意见和具体实施建议。

[1] GETZ D, ANDERSSON T, CARLSEN J. Festival management studies : developing a framework and priorities for comparative and cross-cultural research[J]. International journal of event and festival management, 2010, 1(1): 29-59.

一、基于经济增长影响研究的政策建议

1. 选择和支持农业会展作为某些地区的优势产业，形成新的经济增长点

新兴的战略性支柱产业需要具备下述条件：市场发展前景广阔，有广阔的需求空间；相关产业的关联度高；资源消耗低，绿色、环保；产业规模大；有良好的发展契机。结合我国农业大国的实际，农业会展作为旅游产业的重要组成部分，上述优势条件更为凸显。目前，一些依托大城市的周边区县的高端农业会展活动和一些中小城市的特色农业会展活动已经具备了诸多条件。前者的发展优势包括市场潜力大，发展前景广阔；农业会展的相关产业关联度高；农业会展本身是属于绿色产业，符合低碳、环保要求；会展产业规模巨大等。后者主要是具有产业基础的部分中小城市，结合特色农业产业打造农业会展优势产业也是为最佳决策。对于寿光而言，目前蔬菜产业规模大，有广阔的需求空间，市场发展前景广阔；农业会展活动消耗资源少，符合区域经济绿色环保发展趋势；加之蔬菜产业与会展产业二者都具有较高的产业关联度。因此，寿光市打造农业会展为地区优势产业，形成新的经济增长点，是政府重视调结构、转方式的良好发展契机。

2. 培育和建设农业会展产业集群，发挥集聚效应

培育农业会展产业集群是重要农业会展举办地经济发展的必然选择。城市政府应当立足于加快地区经济健康、快速、协调发展的经济目标，将农业会展产业集群的培育纳入城市发展战略，制定农业会展产业集群的发展规划，遵循会展经济发展的内在规律，结合城市经济基础与农业产业优势和特色，科学规划，合理定位，统筹农业会展及相关产业群体协调发展，促进农业会展产业集群健康、快速发展。

虽然空间选址是企业的自主行为，企业、相关机构等实体之间的竞合关系较为复杂，但是政府可以通过城市发展规划、经济政策引导等手段，实现农业会展相关企业在地方的集聚。具体工作如下：一是在高水平农业发达的大型城市或有特色农业发展基础的中小城市内，建设农业会展场馆，创造农业与会展两种吸引力，促使相关企业在周边选址，创建农业会展产业集群。二是加强农业会展基础设施建设，结合经济优惠政策，吸引相关企业和机构集聚。三是优先推动农业会展龙头企业的平台建设，为周边企业提供信息、资金、市场网络等支持，加强集聚并优化布局。

只有重视临时性集群与永久性集群的融合发展，才能更好地发挥其集聚与创新效应。以农业会展活动这一临时性集群为着力点，推动具有会展或农业功能的企业、政府、协会、研究所、中介服务机构等集群主体在空间上集聚，加强永久性集群建设。然

后充分利用临时性集群与永久性集群中企业、机构之间存在竞合关系，增强创新，提高行业效率，使其成为举办地经济发展的助推器。此外，还要充分发挥它的其他功能，如创造就业机会、提升城市形象、扩大城市开放程度等。

二、基于产业结构影响研究的政策建议

1. 支持和加强农业会展产业链建设，提升农业会展质量与效率

我国会展业发展存在的主要问题为农业会展质量不佳，效率不高，具体表现为展馆过度闲置、会展规模小且品牌少、会展产品档次低，究其原因主要在于会展产业链条断裂、产业协同度低、缺乏龙头企业带动等。[1]上述问题同样突出表现于农业会展中，导致许多农业会展活动质量不高，大大影响了农业会展产业关联效率，限制了农业会展活动通过自身发展而发挥的资源要素配置、聚合及扩散效应。构建农业会展产业链成为最有效的解决途径，还需以农业会展产业链为基础，促进农业、会展和其他相关产业部门整合，提升农业会展效率、增强产业关联效果。

提升农业会展产业链的硬件设备水平和软件服务水平。硬件设备方面，在农业展馆建设上要有科学规划，避免小而散，要走专业化、品牌化、大型化、国际化之路，完善会展设施和配套基础设施，形成以会展设施及服务为核心、相关配套服务为支持的会展产业链，诸如与市场定位相匹配的会展场馆、酒店餐馆、发达便捷的交通网络，完善的图文传输系统、同声翻译系统和网络会展系统等现代化会展设施，优越的城市环境。软件服务方面，农业会展行业的竞争优势依赖于为主办方和参与者提供优质贴心和人性化的服务，完善相关的服务商、专业观众检录系统、法律咨询机构以及相关设施的配套工作，提升物流、商务、设计、策划和金融等相关服务的专业化，为农业会展参与者提供方便快捷的全方位服务。因此，各地政府将农业会展作为一项重要的产业给予高度重视，对场馆及其配套设施、相关设施硬件建设和软件升级给予大力支持，在农业会展重点城市建设拥有先进设施的高等级展览中心以及与其相配套的技术设施，为举办高水准的农业会展创造良好的基础。

完善产业链各环节，打造完整的农业会展产业内链与外链。产业内链方面，目前会展产业发展的制约因素是会展场馆场址选择得不合理和场馆周边配套产业的不完善。此问题对于一些致力于发展农业会展的中小规模城市而言更显严重。增强产业内链的配套

[1] 孟凡胜，宋国宇，井维雪．会展业发展的影响因素及对城市经济影响的实证研究 [J]. 技术经济，2012, 31（4）：32-37.

性，才能在有限的空间范围内使配套资源充分发挥效用，并提高服务质量和效率。产业外链方面，农业会展是会展的重要组成部分，但专业的农业会展服务商还不多，而且很多地区在细化会展商服务分工方面也十分欠缺，存在会展商无暇顾及部分相关服务而不提供，或者会展商独自承担全部服务，部分会展商即使细化了服务分工，因成本限制而在较小的半径范围内选择配套服务商，同样都降低了农业会展服务质量和效率。因此，要解决农业会展质量效率低下的种种问题，必须打造出完整的产业内链和产业外链，增加服务产品的选择范围，提高资源配置和整合效率。

2. 支持和加强产业融合，进一步拓展农业会展的发展空间

首先，注重农业会展与旅游的融合。从会展业看来，会展业的核心职能是搭建贸易平台，促进贸易关系的建立及维护和行业信息的交流。随着会展业的快速发展，农业会展活动不再拘泥于传统的静态陈列方式和会展目的的单一性，而是融合了商务洽谈、会议考察、旅游娱乐等项目的综合性需求得以满足的复合产品。农业会展业的产业边界也随之不断扩大，延伸到观光旅游、文化娱乐、休闲购物等相关行业。目前，很多会展活动和会展场所也已经成为许多地方旅游业发展的重要吸引物。农业会展凭借农业技术与产品展览展示的可持续性，以及科普、文化、科技、农业、研学等所包含内容的丰富性，为开发深度旅游提供了优质资源。从旅游业看来，旅游业的核心职能是提供满足旅游者需求的旅游产品。但其外围行业与会展业相似，包括住宿业、餐饮业、旅游交通业、旅行社业等为旅游者在旅游中产生的相关需求提供服务的部门。在农业会展利润的诱惑下，旅游企业的业务范围也已逐渐拓展到了农业会展活动的申办、组织、策划，甚至投资场馆建设等核心行业。由于农业会展业与旅游业融合发展具备产业优势和实践基础，在一些地区和一些行业已经出现了融合的实践。因此，农业会展旅游融合，要以目的地接待行业为支点，整合两个产业的有关部门形成新型的产业体，既能拓展农业会展的发展空间，又能提高两个产业部门的生产效率。

其次，加快农业会展与信息产业融合。互联网技术的提高和普及加剧了互联网与农业会展的碰撞，加快农业会展与信息产业的融合是大势所趋。支持基于网络的农业会展服务平台的构建，通过网络呈现区域农业会展的新形象。提高农业会展平台的信息化建设，提升网络推广效果，打造农业会展产业的区域网络品牌项目。线上线下结合，还有助于实体农业会展品牌的建设。在农业会展活动组织实施过程中，如宣传推广、招展招商、现场运营、展后跟踪服务等方面，广泛使用“互联网＋”技术，更能突出农业会展的专业化、市场化、国际化发展之路。这对农业会展的深度发展以及其经济影响最大化意义深远。

再次，增强农业会展与文化创意产业融合。菜博会参与者中普通观众高达90%以上，给寿光带来的第三产业收入贡献突出。由此可见，农业会展内容的创新和丰富能够带来大量的客源。一方面，展示形式与创意文化融合，挖掘地域文化特色，用农产品打造各色展品或展台，是常规方式。另一方面，农业会展中的体验成分逐渐增多，观众的参与性提高，游客重游率大大增加。农业会展与创意产业结合，既丰富视觉感受，又强化互动体验，让参与者在娱乐中充分享受农业带来的乐趣。

最后，突出农业会展与科技创新产业的融合。产业升级是生产模式由劳动密集型转向资本密集型或技术密集型的过程，也是经济持续发展的必由之路，而产业升级的核心力量是技术创新。[1]农业会展的核心资源是农业创新资源。农业会展以农业发展为依托，以科学技术为支撑。农业新产品、新技术应构成了农业会展的主题内容，并不断为更新展示方式提供创意来源。另外，围绕农业科技创新产业，打造现代农业产业园与示范区，展览展示形式科技化、多元化，推陈出新，实现农业会展持续化、常态化。

三、基于种植户感知研究的农业会展发展建议

基于种植户感知视角，综合性农业会展活动因其显著经济影响而具有一定发展空间。我国农业会展刚刚经历了数量盲目扩张的低效率发展阶段，引起了部分公众的否定和质疑，但部分农业会展活动仍然办得有声有色、成绩斐然，寿光的菜博会即为其中之一。综合调研访谈结果和研究结论，合理选择农业会展活动主题、结合地方特色经济、设计适合种植户的活动内容，才能增强种植户农业会展活动经济影响的感知程度，才能得到社区居民的支持而最终实现持续发展。

1. 农业会展活动主题选择差异化

目前，我国农业会展活动仍然存在雷同化问题，必须杜绝低质量、无特色主题的农业会展活动上马，鼓励创意高效农业会展活动，保留和完善已有成效的活动。实际上，地方性特色农业会展活动具有一定的需求市场，策划主题鲜明的特色活动既迎合地方民众的认同感，又考虑外地参与活动者的求异需求，能吸引更多参与者。

2. 农业会展活动结合特色产业经济

借助地方雄厚的产业基础是诸多品牌行业会展活动成功的重要基础，也是众多农业会展活动可资借鉴的经验。以菜博会为例，寿光的蔬菜产业起步早，先发优势较强，形

[1] 李伟庆，聂献忠．产业升级与自主创新：机理分析与实证研究[J]. 科学学研究，2015（7）：1007-1016.

成了全国性蔬菜产销中心，在全国具有广泛影响力，为菜博会的举办奠定了产业基础，吸引了大量参与者，包括参展商、采购商、专业观众，形成规模效应。

3. 设计适用种植户的会展活动内容

经济影响是当地种植户支持农业会展活动的决定性影响因素。管理者策划和实施会展活动内容时需高度重视其当地种植户生产的影响效果，吸引种植户积极参与进而得到其支持。而种植户最关注自身所从事行业的相关信息，以种植户喜闻乐见的活动形式和适合种植户认知特点的内容，加深农业会展活动的经济影响程度。

四、扩大农业会展经济影响的保障性政策

由于农业在我国经济中的公共性和弱势性，农业会展发展尤其需要注重协同政府作用和市场机制作用。在农业会展的基础设施建设、发展规划方面，强化政府角色定位与功能发挥，积极引导农业会展与城市发展规划和区域产业基础的结合。同时，农业会展活动的运营也需要市场化，发挥市场机制作用，包括吸引多元投资主体参与、创新会展运营模式等，从而实现农业会展发展和区域经济的可持续协调发展。[1]地方政府要着眼于发展区域性农业会展产业，整合地方的科技资源与人力资源，充分利用优势资源；同时，既立足区域的特色品牌，又加强与邻近区域沟通与协调，使细分区域互相利用农业会展的外部性，实现区域经济的协调发展。

1. 创新会展管理体制及配套工作

在宏观上，政府主导。农业的弱势性和农业会展的外部性决定了政府的主导作用。首先，政府宏观设计全国层面的农业会展城市体系，综合权衡各地经济基础和产业实践进行合理布局规划，制订培育不同等级、不同数量的农业会展名城的时间计划和实施计划。其次，重点加强扶持和培育农业会展产业链已初具规模的部分地区，制定有关法规以规范整条产业链的行为，实现健康有序的发展。

在中观上，协会管理。成立权威性的农业会展行业协会，一方面，积极融入全球或区域农业会展发展背景，与国际会展组织建立关系，开发国际市场，参与国际竞争；协调不同区域的农业会展发展问题，促进有效竞争。另一方面，由于会展业与旅游业的交叉重合性，农业会展产业集群的发展，首先要促进农业旅游和农业会展的协同发展与融合发展，构建统一协调的管理体制，成立农业会展旅游的管理机构或准入制度宽松的行

[1] 孟凡胜，宋国宇，井维雪．会展业发展的影响因素及对城市经济影响的实证研究 [J]. 技术经济，2012, 31（4）：32-37.

业分协会。

在微观上，基金战略。为增强农业会展推动作用的可持续性，除了制定实施保证农业会展规模和持续性的战略规划，区域内应积极构建农业会展协会基金，加强农业会展协会金融管理技能和收入提升战略，激励年轻人和相关专业毕业生参与农业会展活动，增强举办地社区公开宣传。[1]另外，多元化吸引赞助者和参展商支持农业会展，让其充分认识到支持和参与农业会展是对其业务和产品的最佳促进和宣传方式。

2. 制定农业会展产业区域品牌战略

品牌是产品和企业的生命力，是农业会展产品实现高附加值、农业会展企业实现持续发展的战略选择。农业会展市场竞争实质上是农业会展品牌的竞争，走品牌发展之路，避免无序的恶性竞争。以农业会展项目管理为抓手，品牌建设为目的，集中发挥地方经济或产业的优势，创新设计农业会展主题，提升服务质量，加强经营管理，提升市场竞争力，就是农业会展产业区域品牌发展战略。对于大范围区域而言，需统筹做好农业会展发展名牌与定位工作，逐步推进战略实施。细分大区域内各地农业会展品牌，多品牌共举且错位发展、错时举办，互相利用农业会展活动的外部性。

3. 完善区域会展人才教育培训体系

借鉴德国、美国等会展业强国的人才培养模式，以政府主导，高等院校和行业协会配合，加强对会展专业人员的境内外相结合的实践培训，特别要加强“会展策划师”“会展设计师”等会展行业核心人才的培养，使农业会展从业人员的综合素质尽快适应现代会展业发展的需要，重点加强农业会展中高层次人才的培养和引进。通过与国际、国内知名会展企业合作，借力人才优势，适当培训或引进高层次人才；逐渐培育熟悉农业产业内容和特征的会展专业人才，以改善中级人才大量空缺的问题。长期看来，需要建设一个成熟的会展经理人市场，建立一套完善的会展人才教育培训体系，创建规范化的服务标准和流程，最终打造出先进的人才培养机制。

4. 提升区域农业会展的国内和国际知名度

重视宣传效应，学习宣传技巧，加大宣传力度。我国部分城市办展条件优良，但往往忽视对外宣传和品牌塑造，在财力、物力和创意等方面的投入不足，导致知名度不高，使部分农业会展活动的影响力大打折扣。因此，需要举政府、协会与企业之合力塑造区域品牌，综合利用区域内主题产业、科技、贸易、商务、广告等服务业的优势，进行捆绑式营销，建立一个覆盖范围广且影响程度深的营销网络，塑造农业会展品牌，提

[1] Queensland Chamber of Agricultural Societies Inc. An economic & social impact study of Australian agricultural shows[R]. Mudgeeraba：Queensland Chamber of Agricultural Societies, 2012.

升地方的知名度。

5. 创建农业会展产业区域合作联盟

增进举办地内外农业会展相关产业的交流，充分实现举办地与外地的产业和资源优势互补。农业会展产业区域合作联盟的成立要以产业集群为基础，地方行政区域为突破口，融合和共享区域之间的农业会展资源，以强市带弱市，产业集群效应良好的区域带动产业集群效应不好的区域，国际龙头企业带动国内龙头企业，提升整个区域的农业会展水平。

第三节 未来研究展望

会展活动的经济影响一直是理论研究热点问题，特别是对不同行业、不同类型的会展活动对经济影响的研究，有利于丰富研究案例，客观认识各会展活动的经济影响程度，并探索其经济影响的差异性；有利于地方树立科学认识，根据资源禀赋、产业条件、市场需求等合理选择开展不同类型的会展活动，而不是盲目跟风，相近区域同类会展低层次竞争。目前，虽然农业会展对经济发展的影响研究已形成普遍共识，但仍有必要进一步深化农业会展活动对地方经济发展的影响研究。

一、农业会展活动对经济发展传导变量的影响

本书对其经济增长和产业结构方面的影响在理论模型上作了一定的分析研究，但在实证计量方面尚没有坚实的支撑，需要下一步重点探讨。它包括两个层次的问题：一是会展活动经济影响传递变量的选择，这应以大量的案例研究做支撑；二是变量度量方法的合理性需要文献研究做支撑。随着农业会展活动发展与丰富，相关数据或可替代数据的获取性大大提高，使这一问题将具有研究可行性。

二、农业会展活动对农业经济影响的系统研究

行业会展活动的举办最主要目的是推进行业的发展。本书仅对农业会展对农业产业提升做了初步研究，而农业会展对地方农业经济发展的影响机理和影响途径是最大化农

业会展经济影响的另一关键点，也是农业会展经济影响的另一切入点。这必定会引起有关研究者的关注，做进一步深入的理论和实证分析。

三、农业会展活动对地方经济的其他影响

会展活动除了产生经济影响，还包括更重要的社会功能、文化功能以及生态功能。各个学科的视角已有部分研究，但不同学科的分析相对独立，容易使农业会展影响研究产生“盲人摸象”的不足。探索一个可以统筹经济、环境以及其他影响的视角，被提上了研究日程。

四、种植户农业会展活动经济影响感知的多维度研究

本书仅评测与研究了农业会展活动主题行业生产者对经济影响认知及其与支持意愿的关联关系，但未涉及其他农业会展活动参与者的影响感知分析；仅针对经济影响维度的感知，未涉及农业会展活动其他维度的影响。后续研究将考虑纳入享乐认知、情感态度等相关变量进行更大空间范围视角的研究。

主要参考文献

中文文献

[1] 蔡礼彬，司玲．农业会展促进地方发展研究——以中国（寿光）国际蔬菜科技博览会为例［J］．中共青岛市委党校青岛行政学院学报，2015（3）：21-25.

[2] 陈方英．城市居民对重大事件感知与态度的纵向变化研究——以青岛市举办2008奥帆赛为例［J］．旅游学刊，2010，25（10）：77-85.

[3] 陈晓艳，黄震方，汤傅佳等．基于总体态度中介变量的事件旅游影响居民感知与支持行为研究——以第八届中国花博会为例［J］．人文地理，2016（5）：106-112.

[4] 戴林琳，盖世杰．基于结构方程模型的乡村节事及节事旅游影响居民感知研究——以北京长哨营村为例［J］．北京大学学报（自然科学版），2011，47（6）：1121-1128.

[5] 顾海兵，张晓燕．冬奥会对北京经济的影响预测［J］．经济与管理研究，2016，37（9）：27-36.

[6] 郭英之，臧胜男，彭兰亚．社区居民对2010年上海世博会影响感知的实证研究［J］．旅游科学，2009（3）：36-40.

[7] 胡平，杨杰．会展业经济拉动效应的实证研究——以上海新国际博览中心为例［J］．旅游学刊，2006，21（11）：81-85.

[8] 李铁成，刘力．我国会展业区域关联效应演化机理研究［J］．经济经纬，2015，32（1）：1-5.

[9] 李铁成，刘力．区域间投入产出模型（IRIO）的我国会展业经济影响分析［J］．旅游学刊，2014，29（6）：34-45.

[10] 李智玲．会展业的带动效应研究［J］．经济管理，2011，33（6）：125-131.

[11] 凌文昌，邓伟根．产业转型与中国经济增长［J］．中国工业经济,2004（12）：20-24.

[12] 刘启正．我国农业会展绩效评价与发展对策研究［D］．北京：中国农业科学院，2012.

[13] 罗秋菊，陈可耀．社区居民参与城市会展业发展的社会交换关系研究［J］．人文地理，2014（3）：50-55.

[14] 罗秋菊，陈可耀，黄霞．社区居民对会展业经济影响感知研究——以广州琶洲村村民为例［J］．热带地理，2012，32（2）：113-120.

[15] 吕超．我国蔬菜主产地形成及其经济效应研究［D］．南京：南京农业大学，2011.

[16] 毛健．经济增长中的产业结构优化［J］．产业经济研究，2003（2）：26-56.

[17] 孟凡胜，宋国宇，井维雪．会展业发展的影响因素及对城市经济影响的实证研究［J］．技术经济，2012，31（4）：32-37.

[18] 史焱文，李二玲，李小建．地理邻近、关系邻近对农业产业集群创新影响——基于山东省寿光蔬菜产业集群实证研究［J］．地理科学，2016，36（5）：751-759.

[19] 王朝辉，陆林，夏巧云．国内外重大事件旅游影响研究进展与启示［J］．自然资源学报，2012，27（6）：1053-1067.

[20] 王起静．居民对大型活动支持度的影响因素分析——以北京 2008 年奥运会为例［J］．旅游科学，2010（3）：63-74.

[21] 王起静．事件经济影响研究述评——一个评估框架［J］．旅游科学，2009，23（4）：57-63.

[22] 王晓文，张玉利，王菁娜．会展经济效应的作用机制研究——一个以创业活动为传导路径的观点［J］．旅游科学，2011（8）：49-57.

[23] 吴明隆．结构方程模型——Amos 实务进阶［M］．重庆：重庆大学出版社，2013.

[24] 许春晓，柴晓敏，叶莉．杭州休博会居民感知与支持关系变化研究——基于 SEM 的纵向研究［J］．旅游学刊，2009，24（10）：69-73.

[25] 徐丽华，王慧．区域农业产业集群特征与形成机制研究——以山东省寿光市蔬菜产业集群为例［J］．农业经济问题，2014（11）：26-33.

[26] 姚丽．区域经济一体化的经济增长效应空间计量研究［D］．长春：东北师范大学，2015.

[27] 衣莉芹，周玉玺．国外会展经济影响实证研究述评［J］．旅游科学，2015，29（4）：78-95.

[28] 于孔燕．关于农业类展会发展的思考［J］．农业经济问题，2006（8）：40-42.

[29] 余向平．会展产业链的结构及其产业延展效应［J］．商业研究，2008（8）：92-94.

[30] 余向平．会展业的产业带动效应及其经济学分析［J］．商业研究,2006（18）：173-176.

[31] 曾武佳．现代会展与区域经济发展［D］．成都：四川大学，2006.

[32] 张翠娟．会展产业对区域经济发展的影响研究［J］．学术交流，2014（5）：89-92.

[33] 张丽峰，丁于思．北京文化创意产业与经济增长关系研究［J］．科技管理研究，2015（10）：73-77.

[34] 张娜，佟连军．吉林省冰雪旅游与区域经济增长协整分析及Granger因果检验［J］．地域研究与开发，2012，31（5）：73-78.

[35] 赵驹，胡亚涛．基于产业关联理论的会展业效应——以重庆市为例［J］．财经科学，2012（12）：73-79.

英文文献

[1] AP J, CROMPTON J L. Developing and testing a tourism impact scale [J]. Journal of travel research, 1998, 37（2）：120 –130.

[2] BURGAN B, MULES T. Economic impact of sporting events [J]. Annals of tourism research, 1992, 19（4）：700–710.

[3] CHHABRA D, SILLS E, CUBBAGE F W. The significance of festivals to rural economies：estimating the economic impacts of Scottish Highland Games in North Carolina [J]. Journal of travel research, 2003, 41（4）：421–427.

[4] CROMPTON J L. Economic impacts studies: instruments for political shenanigans [J]. Journal of travel research, 2006, 45 (1): 67–82.

[5] CROMPTON J L, LEE S, SHUSTER T J. A guide for undertaking economic impact studies: the Springfest example [J]. Journal of travel research, 2001, 40 (1): 79–87.

[6] DWYER L, FORSYTH P, SPURR R. Assessing the economic impacts of events: a computable general equilibrium approach [J]. Journal of travel research, 2006, 45 (1): 59–66.

[7] DWYER L, FORSYTH P, SPURR R. Estimating the impacts of special events on an economy [J]. Journal of travel research, 2005, 43 (4): 351–359.

[8] GARTNER W C, HOLECEK D F. Economic impact of an annual tourism industry exposition [J]. Annals of tourism research, 1983, 10 (2): 199–212.

[9] GETZ D. Event tourism: definition, evolution, and research [J]. Tourism management, 2008, 29: 403–428.

[10] GETZ D, ANDERSSON T, CARLSEN J. Festival management studies: developing a framework and priorities for comparative and cross–cultural research [J]. International journal of event and festival management, 2010, 1 (1): 29–59.

[11] KIM H J, GURSOY D, LEE S B. The impact of the 2002 World Cup on South Korea: comparisons of pre– and post– games [J]. Journal of tourism management, 2006, 27 (1): 86–96.

[12] KIM S S, CHON K, CHUNG K Y. Convention industry in South Korea: an economic impact analysis [J]. Tourism management, 2003, 24 (5): 533–541.

[13] KO D W, STEWART W P. A structural equation model of residents' attitudes for tourism development [J]. Tourism management, 2002, 23 (5): 521–530.

[14] LEE M J. Analytical reflections on the economic impact assessment of conventions and special events [J]. Journal of convention & event tourism, 2006, 8 (3): 71–85.

[15] MORGAN A, CONDLIFFE S. Measuring the economic impacts of convention centers and event tourism: a discussion of the key issues [J]. Journal of convention & event tourism, 2006, 8 (4): 81–100.

[16] TYRRELL T, JOHNSTON R. A framework for assessing direct economic impacts of tourist events: distinguishing origins, destinations, and causes of expenditures [J]. Journal of travel research, 2001, 40 (1): 94–100.

附　录

国外会展经济影响评估实证研究基本情况统计

文献	研究对象	研究地域及影响范围	方法模型	产出	收入	就业	增加值	进口	税收	其他指标
阿尔伯特·J. 德拉比塔等	1976 年高桅帆船庆典	美国：罗德岛州	—	—	—	—	—	—	—	支出
威廉·C. 加特纳等	1980 年大密歇根轮船及渔业展	美国：底特律	乘数法	—	—	—	—	—	—	销售额
约翰·L. 克朗普顿等	大洋城大学生期末狂欢节	美国：大洋城	投入产出分析：规划影响分析	—	√	√	—	—	—	销售额
本·辛杰纳茨柯等	莎士比亚节等 4 个节事活动	澳大利亚：雪域地区（3 个郡）	乘数法	√	—	—	—	—	—	—
迪帕克·查布拉等	苏格兰 2 个节事	苏格兰：艾沃瑞及邻近县、罗比森县	投入产出分析及战略评价模型（SAM）	√	√	—	√	—	—	—
城市合作伙伴机构	国家宪法中心本杰明·富兰克林展	美国：费城以及宾夕法尼亚联邦	投入产出分析：规划影响分析	√	—	√	—	—	√	—
布鲁斯·索尔特	俄勒冈县交易会	美国：俄勒冈县	投入产出分析：规划影响分析	√	—	√	√	—	—	—
马克·伯恩等	盖斯派瑞拉海盗节	美国：佛罗里达州	解析数据模拟模型或规划影响分析	√	√	√	—	—	—	—

续表

文献	研究对象	研究地域及影响范围	方法模型	产出	收入	就业	增加值	进口	税收	其他指标
金圣燮等	2016 年韩国首尔扶轮国际年会	韩国：全国	投入产出分析	√	√	√	√	√	√	—
巴顿・史密斯	休士顿牛仔节	美国：休士顿地区	投入产出分析及解析数据模拟模型	√	√	√	—	—	—	—
罗德尼・B. 沃尼克等	2 个航空展、排球名人堂活动	美国：会展活动所在城市	修正的投入产出分析	—	—	—	—	—	—	支出
斯蒂芬・W. 利特温等	查尔斯顿食品 + 啤酒节	美国：查尔斯顿市	—	—	—	—	—	—	—	住宿收入
布拉德利・M. 布劳恩	会议业	美国：奥兰多市	乘数法	√	√	√	—	—	√	—
尼娜・米斯帝里斯等	会展业	澳大利亚：门户城市和非门户城市	投入产出分析	—	—	√	√	—	—	—
金圣燮等	会议业	韩国：全国	投入产出分析	√	√	√	√	√	√	—
永和米歇尔・李志峰	贸易展（行业）	新加坡：新加坡市	乘数法	√	√	√	√	√	√	—
马里恩・乔普等	多伦多贸易展和消费展（行业）	加拿大：多伦多区	投入产出基础模型（TREIM）	√	√	√	—	—	√	—
英尼格玛研究机构	全国交易会及 8 个大型交易会	加拿大：全国及所在城市	乘数法	√	—	√	—	—	√	—